미스터리
와
진실

2

미스터리와 진실 **2**

ⓒ 이종호, 2013

초판 1쇄 2013년 11월 8일 찍음
초판 1쇄 2013년 11월 15일 펴냄

지은이 | 이종호
펴낸이 | 이태준
기획·편집 | 박상문, 이동국, 김진원
디자인 | 이은혜, 최진영
마케팅 | 박상철
인쇄·제본 | 대정인쇄공사

펴낸곳 | 북카라반
출판등록 | 제17-332호 2002년 10월 18일

주소 | (121-839) 서울시 마포구 서교동 392-4 삼양E&R빌딩 2층
전화 | 02-486-0385
팩스 | 02-474-1413
www.inmul.co.kr | cntbooks@gmail.com

ISBN 978-89-91945-57-9 04900
      978-89-91945-55-5(세트)
값 16,000원

이 도서의 국립중앙도서관 출판시도서목록(CIP)은 서지정보유통지원시스템 홈페이지(http://seoji.nl.go.kr)와 국가자료공동목록시스템(http://www.nl.go.kr/kolisnet)에서 이용하실 수 있습니다. (CIP제어번호 : CIP2013022316)

THE
MYSTERY AND
THE TRUTH

미스터리
와
진실

람세스에서 메릴린먼로까지

인물편

2
이종호 지음

북카라반
CARAVAN

머리말

    고대인들이 만들었거나 관련되었다고 믿기에는 다소 의심스러운 유물이나 전설들을 다룬 미스터리 등을 따라가다 보면 한 가지 결론에 이른다. 순수한 자연 현상이 아닌 한, 대부분 인간이 만들었거나 인간과 관련이 되었다는 사실이다. 그렇지만 미스터리라는 말은 늘 우리의 호기심을 자극하고 새로운 흥미를 자아낸다. 이러한 가공된 이야기들은 인간들의 영역을 넘어서는 것처럼 보이게 하는 데 그 묘미가 있다.

    과학자들은 미스터리로 알려진 고대의 신비란 존재하지 않는다는 견해를 강력히 내세운다. 현재 보이는 고대의 유물이나 유산들은 인간이 태어난 이래 인간이 만든 것임을 의심하지 않는다는 뜻이다. 불가사의로 보이기는 하지만 과학적인 잣대로 분석해보면 모두 해석이 가능하므로 믿을 수 없는 현상들의 실상은 거의 모두 인간이 조작한 것이라고 단정하기도 한다. 우리에게 미스터리로 알려진 것들을 예전부터 내려오는 믿음과 관습대로 계속해서 미스터리라는 고정된 틀 안에 넣어두려는 것이 문제라는 시각이다. 과학 기술의 발전으로 하루가 다르게 변모하고 있는 삶을 살아가고 있는 현대인들이라면 과거부터 내려오는 미스터리를 평가하는 시각도 당연히 달라져야 한다고 지적한다.

문제는 미스터리를 지지하는 신비주의자들의 태도이다. 근래에 나온 자료라 할지라도 명백한 증거가 있고 새로이 발견되는 과학적 자료들로 검증되고 해석되었지만 고의적으로 이를 무시하거나 의미를 축소하기 일쑤다. 더불어 미스터리를 의도적으로 더욱 가필하고 신비화하는 데 주저하지 않는 경우도 다반사다. 이렇게 엄중하게 검증되고 밝혀진 사안임에도 미스터리라는 틀로 고정하려는 것은 미스터리, 즉 불가사의라는 말이 사람들의 감성을 자극하는 데 도움이 되기 때문이다. 소위 장사가 잘되는 아이템을 포기할 수 없다는 것이다.

나는 우리의 주변에서 미스터리로 정의된 수많은 사건의 실상을 파헤치기 위해 현장을 직접 방문하거나 나름의 검증을 거치면서 그동안 불가사의 또는 미지의 전설들을 다룬 책들을 꾸준히 출간해왔다. 순수한 의미로 교훈적인 차원에서 과장되거나 덧붙여진 이야기일지라도 내가 다루는 영역에 들어가게 되면 철저히 사실에 바탕을 두어 서술하는 데 주안점을 두었다. 이처럼 과학적인 분석을 토대로 새로운 각도로 해석하거나 검증한 것들은 그동안 미스터리를 보는 사람들의 시각을 바꾸어주는 데 어느 정도 기여했다고 자부한다.

나는 미스터리에 무비판적인 사람들과 과학 만능주의를 외치는 전문 학자들 사이의 논쟁일지라도 중도적인 견해를 지지하는 것을 기본으로 삼았다. 세계적으로 알려진 학자들의 주장일지라도 그들이 자신의 주장을 합리화하기 위해 고의적으로 중요한 부분을 누락하거나 축소한 경우 논쟁의 여지가 있는 내용을 모두 제시하는 데 주력했다. 불가사의로 알려진 것에 대해 불가사의라고 인정할 수 있는 것은 일부 저자들의 오도된 결론이 아니라 독자들 스스로 이해하면서 내린 결론이 되어야 하기 때문이다. 그렇지만 미스터리가 아직도 미스터리로 남을 수 있는 까닭은 현재까지 알려진 지식과 정보의 한계 때문이기도 하다.

이 책은 세계사에 비교적 관심이 많은 사람이라면 누구나 흥미 있게 읽을 수 있다는 점이 장점이다. 또한 각 장의 내용을 가능한 한 길지 않게 서술하여 누구나 언제 어디서든 부담 없이 읽을 수 있도록 했다. 특히 많은 부분 중·고등학교 수업 시간에 다루어졌던 내용이므로 독자들이 좀더 친근감을 갖고 대할 수 있을 것이다.

그동안 미스터리에 대한 많은 책을 출간해오면서 부득이 이곳에서 다루어지는 주제 중에서도 과거에 다루었던 소재가 일부 포함되기도 했지만 대부분 새로운 주제를 기본으로 삼았다. 물론 과거에 다루었던 주제라 하더라도 새로운 지식과 정보를 대폭 보강했다. 자, 이제부터 우리의 상상력을 자극하고 지적인 즐거움을 선사하는 불가사의와 전설의 세계로 함께 여행을 떠나보자.

2013년 11월

이종호

차례

1부
제왕 미스터리

THE
MYSTERY AND
THE TRUTH

람세스 2세

이집트를 방문하면 제일 먼저 눈에 띄는 것은 이집트 공항부터 카이로로 들어갈 때까지 곳곳에 있는 람세스 2세Ramses II의 유물들이다. 처음 방문하는 사람들은 거의 20미터나 되는 대형 조상에 감탄하고, 근래에 만들어진 것도 있지만 거의 전부 진품이라는 데 놀란다. 우리나라는 2,000년 전 삼국시대 초기의 유물도 많지 않은 것에 비하면 부러운 점이다.

기자에 있는 쿠푸의 대피라미드는 기원전 2,500여 년 전, 즉 4,500년 전에 건설된 것이다. 그 어마어마한 크기를 보고 놀라지 않을 사람은 거의 없겠지만, 엄청난 숫자와 규모를 자랑하는 람세스 2세의 유물들을 생각하면 어지러워질 수밖에 없다.

람세스 2세는 제18왕조의 말기인 기원전 1303년(1290년이라는 설도 있음) 이집트 귀족의 아들로 태어났다. 그의 할아버지 프라메스는 원래 제18왕조의 마지막 파라오 호르엠하브의 재상이었는데 1295년경 호르엠하브가 후손 없이 사망하자 파라오가 되면서 람세스 1세로 개칭하고, 새로운 왕조인 제19왕조를 세웠다.

람세스 1세는 1년 4개월 동안 이집트를 통치하였고 이어서 그의 아들 세티 1세가 파라오가 된다. 아버지 세티가 즉위할 때 여덟 살이었던 람세스 2세는 열 살 때 이미 국방의 책임자 지위에 올랐다. 기원전 1279년 세티 1세가 50세의 나이로 죽자 람세스 2세는 '우세르-마아트-라' 라는 이름으로 나이 스물넷에 파라오에 올랐다.

우와디 에세부아Ouadi es-Seboua의 신전에서 발견되는 기다란 리스트에 의하면 람세스 2세는 67년간 나라를 통치하면서, 최소한 정부인 6명이 있었고 후처 여러 명과 후궁들이 있으며 왕자 55명과 공주 55명이 있다. 그가 워낙 오래 살았기 때문에 많은 자식이 일찍 죽었는데 그가 88세(90세라는 설도 있음)경에 죽었을 때 13째 아들인 미네프타가 왕위를 계승했을 정도였다.

람세스 2세는 기원전 1290년경 또는 기원전 1286년, 히타이트의 무와탈리 왕과 세계 전쟁의 역사상 가장 유명한 전투 중 하나인 '카데시 전투' 를 벌여 이집트가 당대의 제국임을 세계에 알렸다. 카데시 전투에서 승리한 람세스 2세는 국내외 상황이 안정되자 곧바로 대형 공사에 착수한다(실제로는 무승부 또는 패배로 추정). 그는 북쪽의 나일 강 삼

© Charlie Phillips

이집트의 룩소르 신전에 있는 람세르 2세의 거상.

각주에 있는 타니스로부터 남쪽 누비아 지방의 아부심벨에 이르기까지 이집트 전역에 걸쳐서 방대한 도시들과 기념물들을 건설하여 '건축의 대왕'이란 이름을 얻었다. 이곳에서는 람세스의 치적으로 거론되는 아부심벨 신전과 카데시 전투의 개관에 대해서만 설명한다.

아부심벨 신전의 발견

람세스 2세가 건설한 기념물 중에서 가장 유명한 것이 아스완에서 320킬로미터 떨어진 돌산의 벽면을 깎아 만든 아부심벨 신전이다. 아부심벨 신전은 정면이 람세스 2세의 모습을 닮은 네 개의 거상으로 만들어져 있는데, 각 조각상은 높이가 20미터, 얼굴의 귀에서 귀까지의 거리가 4미터, 입술의 폭이 1미터에 달하며 정면을 지지해주는 기둥들의 높이는 31미터나 되는 엄청난 크기다.[1]

람세스의 다리 옆에 서 있는 작은 석상은 파라오의 가까운 가족을 나타낸다. 그중에는 왕비인 네페르타리의 석상도 있고 람세스의 어머니, 세 딸, 두 아들을 묘사한 석상도 있다. 왕좌에는 파라오가 전투에서 정복한 왕국들과 사람들의 모습도 새겨져 있다. 또 신전의 출입구 바로 위에는 매의 두상을 가진 라Ra 신 또는 태양의 신인 라호라크티가 새겨져 있다. 신전의 정면 맨 위에 있는 돌림띠에는 스물두 개의 원숭이가 조각돼 있다.

신전의 대기실 안으로 들어가면 여덟 개의 오시리스 원기둥이 떠받치고 있는 넓은 다주실多柱室이 나오고 이어서 좀더 작은 다주실이 나온다. 그곳을 지나 두 번째 대기실로 딜어가면 신상이 안치된 내실cella이 나온다. 내실에는

현재 장소로 이전하기 전의 아부심벨 신전 모습.

작은 제단이 있고 당시 가장 중요한 신상 네 개가 모셔져 있다. 사자死者의 왕국과 관련이 있는 멤피스의 프타 신, 테베의 아몬라 신, 헬리오폴리스의 라호라크티 그리고 신격화된 람세스 자신의 조각상이다. 이곳에 매년 춘분과 추분 아침 6시경이면 햇빛이 원숭이 상을 비추고 신전의 가장 깊숙한 곳에 있는 프타 신을 제외하고 세 개의 조상을 환하게 비추도록 설계되어 있다.[2]

아부심벨 신전이 현대인들 앞에 나타난 지는 채 200년이 되지 않는다. 1812년 스위스인 탐험가인 요한 루트비히 부르크하르트(요르단의 페트라를 발견)에 의하여 그 존재가 처음 보고되었고 1837년 이탈리아인 조반니 벨초니에 의하여 신전을 덮고 있던 모래 자갈이 제거되면서 대신전 정면의 거상이

비로소 위용을 드러낸 것이다.[3]

 아부심벨 신전이 나타나자 세계인들은 극도의 놀라움을 감추지 못했다. 이집트가 거대한 건축물로 다른 나라의 유산들을 압도하지만 단일 신전으로 아부심벨과 같은 위용을 보여주는 것은 없기 때문이다.

❋
아부심벨 신전의 현재 모습.

람세스 2세

조각상과 벽화가 가득한 아부심벨 신전의 내부 모습.

정확한 전투 기록이 남아있는 세계 최초의 군사보고서

람세스 2세는 이집트의 3200년에 걸친 역사에서 가장 영광스러운 시기인 이집트 제19왕조를 건설한 사람으로 당시 이집트의 명성을 국내외적으로 알리는데 큰 공헌을 했다. 그중에서도 가장 중요한 업적 중 하나가 카데시 전투이다.

람세스 2세는 자신이 직접 지휘했던 카데시 전투를 가장 자랑스럽게 생각하여 자신이 세운 거의 모든 건물에 카데시 전투에 대해 기록했다. 아비도스, 카르나크, 룩소르, 라메세움과 같은 여러 대신전과 두 군데의 누비아에 있는 성소들, 즉 아부심벨 대신전과 데르 대신전의 벽에도 같은 내용이 적혀 있는데 이 벽화들은 기본적으로 '파일론' 이라는 성벽에 그려져 있다. '보고서' 라 부르는 간략한 내용으로 상황을 설명한 후, 전투에 임하는 람세스 2세와 전투 상황을 자세하게 적었다.

람세스 2세의 공적과 전사들의 전투 장면을 활기 넘치도록 그린 벽면은 그 구성이 고대의 상투적인 전쟁화와 비교해 볼 때 정말로 혁신이라 말하지 않을 수 없다. 하부의 부조 벽화는 전투의 처음 시작부터 마지막 단계까지 하나하나 정교한 기록으로 나누어져 있는데 전투에 대한 독창적인 내용을 전달하는 글도 첨가되어 있다. 내용은 당연히 람세스 2세가 이 전투에서 철저하게 적을 패배시키고 자신의 권력을 국제적으로 과시했다는 것으로 추후에 어느 국가에나 있었던 개선장군의 기록과 같다.

카데시 전투는 양쪽 군대의 전략과 배치 상황을 알 수 있는 역사상 최초의 전투였다. 전투 날짜까지 기록되어 있는 이 군사 보고서는 직접 전투에 참전한 병사들의 진술을 토대로 작성된 것으로도 최초이다.

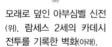

모래로 덮인 아부심벨 신전
(위). 람세스 2세의 카데시
전투를 기록한 벽화(아래).

카데시 전투는 세계 역사상 가장 유명한 국제간 외교 협정 문서를 체결케 한 장본인으로도 유명하다. 1906년 독일의 베를린 대학에서 바빌로니아와 아시리아의 설형문자를 연구하는 휴고 빙클러는 터키의 보가즈쾨이Bogazköy 에서 콘스탄티노플의 오토만 박물관과 함께, 공동으로 히타이트Hittite의 유물을 발굴하기 시작했다.

그곳에서 바빌로니아 설형문자로 적힌 판을 발견했는데 그것이 유명한 빙클러 판tablet Winckler이다. 이 판은 기원전 1270년, 람세스 2세와 히타이트의 하투실리 3세Hattushili III 간에 맺어진 평화협정인데 이 협정에 관한 내용은 이집트의 카르낙 신전 벽에 새겨져 있으므로 잘 알려져 있었다.

람세스 2세와 히타이트의 하투실리 3세 간에 맺어진 평화협정이 기록된 빙클러 판.

람세스 2세

그런데 이집트와는 2천 킬로미터나 떨어진 곳에서 유명한 외교 문서가 발견되었는데 그것은 히타이트 왕 하투실리 3세가 람세스 2세와 교환한 동맹 조약의 정본이었다(뉴욕에 있는 유엔 본부에 사본이 전시되고 있음). 이것이 특별히 교환된 정본이란 것은 이집트에서도 이때 교환한 기록이 발견되었기 때문이다. 육로로 2천 킬로미터나 떨어진 두 장소에서 교환된 동일 문서가 3천 년 이상이나 지나고 나서 발견된 것은 기적이라고 볼 수 있는 일이다.

이런 협정이 생기게 된 원인은 물론 카데시 전투 때문이다. 학자들은 양측의 자료를 철저히 분석한 결과 정황상 카데시 전투는 람세스 2세가 승리한 것이 아니라 완패했다고 생각한다. 카데시 전투 이후 시리아의 중부와 북부가 히타이트의 지배하로 들어갔기 때문이다. 당시 역사상 최대의 전투였던 역사의 현장에서 이집트가 승리했다면 그 지역을 히타이트에 내어주었을 리

견고하게 쌓은 히타이트의 성벽.

가 없다는 것이다. 그럼에도 결론적으로 이집트가 점령되거나 합병된 것은 아니므로 일부 학자들은 무승부라고 생각하기도 한다. 이에 따르면 카데시 전쟁으로부터 15년이 지난 후 두 나라는 상호 원조 조약을 체결하는 것이 더 유리하다고 판단했음이 틀림없다.

놀랍게도 그 조문은 오늘날 국제간에 체결되는 조약과 완전히 같은 체계였다. 표제는 '위대한 왕, 이집트 국왕이며 용자인 람세스와 히타이트 국의 위대한 왕 하투실리와의 사이에, 평화와 위대한 왕자에 적합한 우호관계를 수립하기 위한 조약'으로 되어 있다. 본문 일부는 다음과 같다.

> 만약에 히타이트 국에 외적이 들어오고 위대한 왕, 히타이트 왕 하투실리가 람세스에게 사자를 파견하여 "적에 대해서, 나를 도우라"라고 말씀한다면, 위대한 왕, 이집트의 국왕 람세스는 그 보병대와 전차대를 파견하여 적을 살육하고 히타이트족을 위하여 복수할 것이다.

동일한 문구로 이집트가 공격당했을 때 히타이트군이 원조한다는 조항이 기재되어 있다. 이어서 두 나라의 왕권 보호, 도망자의 추방과 망명자에 대한 사면이 적혀 있다. 불가침 조약도 체결되었다.

> 히타이트의 위대한 지배자는 결코 이집트 땅을 침범하지 않는다. 이집트의 위대한 왕인 람세스는 결코 히타이트의 땅을 침범하여 약탈하지 않는다.

이 조약을 보증하기 위해 양국 간에 체결된 조약은 은으로 된 탁자에 기록하며 하티 신 천 명과 여신, 이집트 신 천 명과 여신이 증인으로 기록되었

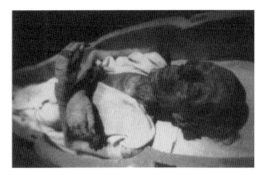

다. 또한 누구든지 조약을 어기는 자는 저주받아 그 나라와 신하들이 멸망하며 조약을 지키는 자는 축복을 받는다고 적혀 있다.

이후 양국은 자신들의 조약을 더욱 확실히 하기 위해 당시로써는 가장 자연스러운 협정의 방법인 히타이트의 사우스카누 공주가 이집트로 출가하여 람세스 2세와 결혼하는 형식을 택했다. 또한 왕후들(네페르타리와 히타이트의 왕비인 푸두케파)도 소식을 교환했고 서로 교환 방문도 했다. 이집트의 람세스 2세 유적에는 카데시 전투의 기록이 빠짐없이 등장한다. 세계 최초의 전투보고서를 보는 것만 해도 흥미로운 일이므로 이집트를 방문할 때 주의하여 살펴보기 바란다.

세계 유산을 살려야 한다

이집트의 대통령 나세르는 1952년 국토 최남단에 있던 기존의 아스완댐을 새로운 '아스완하이댐'으로 대체하는 계획을 세웠다. 이집트에서 아스완하이댐이 완성되면 매년 나일 강의 수위를 일정하게 유지하고 수십 개의 새로운 산업에 전력을 공급할 수 있기 때문이었다.

그런데 학자들은 아스완댐이 예정대로 완성되면 이집트에서 수단에 걸쳐 있는 길이 약 500킬로미터에 달하는 누비아 지방의 유적이 거대한 인공 호수 밑으로 수몰된다는 사실을 발견했다. 누비아 지방에는 세계적 유산인 아부심벨 신전은 물론 이시스 신전이 있는 필라에 섬, 데보드 신전, 덴두르 신전 등 수많은 유적이 있는데 이들 모두 수몰될 수밖에 없다는 것이다. 이에 전 세계의 학자들이 들고일어났다. 세계사적으로 중요한 의미가 있는 아부심벨 신전을 어떠한 방법을 동원해서라도 물속에 들어가게 해서는 안 된다는 것이다.

학자들은 아부심벨 신전을 보호하기 위해 전 국제사회에 동참을 요청하

나일 강의 물을 조절하여 사막을 경지화할 목적으로 1902년에 완성한 아스완댐. 1971년 완공된 아스완 하이댐으로 대체되었다.

람세스 2세

아스완하이댐의 건설로 수몰 위기에 처한 아부심벨 신전을 구제하기 위한 이전 공사. 람세스 2세의 좌상을 이전하고 있다.

고 나섰다. 이집트와 수단은 유네스코에 지원을 요청했고 유네스코는 1960년 3월 전체 가맹국에 유적을 구제해달라고 호소했다. 50여 국가들이 구난 작업에 기꺼이 참여하겠다는 의사를 표명했다.

아부심벨 신전을 구제하는 방법은 두 가지로 좁혀졌다. 신전 주위에 제방을 구축하자는 안과 신전을 콘크리트 상자로 싸서 수압 잭jack(작은 기중기)으로 들어 올리자는 안이다. 그러나 최종적으로 결정된 방법은 생각보다 단순했다. 아부심벨 자체를 아스완댐이 건설되더라도 수몰되지 않는 65미터 상류로 옮기기로 한 것이다. 따라서 람세스 2세의 좌상과 강 양쪽에 있는 2개의 사원을 고지대로 옮겨 원형대로 복원하면 되었다. 단순한 것이 아름답다Less is more는 설명처럼 유적을 이전시킬 대상 지역 또한 원래 유적이 있던 곳과 비슷하게 조성하기로 했다.

1963년부터 아부심벨 신전 이전 공사가 착수되었다. 공사팀은 제일 먼저 바위 절벽을 깎아 만든 신전에 모두 1만 7,000개 구멍을 뚫고, 그 안에 33톤에 달하는 송진 덩어리를 밀어 넣어 신전의 바위 돌들을 단단하게 굳혔다. 그리고는 거대한 쇠줄 톱을 동원해 신전을 모두 1,036개의 블록으로 잘랐다. 블록 하나의 무게가 30톤에 달했으며 신전 주변의 바위들도 1,112부분으로 나누어졌다.

신전을 옮길 절벽 위쪽의 바위에는 거대한 콘크리트 돔 2개를 만들어 덮어 단단한 인공 산을 만들었다. 계획대로 모든 돌이 상부로 옮겨지자 재조립 작업이 시작되었고 공사는 순조롭게 이어졌다. 1969년 2월 마침내 3,200년 전에 탄생한 신전이 다시 완벽한 원래 모습을 갖춘 채 안전지대로 옮겨졌고, 1969년 3월 춘분에 정확히 람세스 2세가 설계한 '태양의 기적'이 일어났다. 3,200여 년 전처럼 햇빛이 성역에 있는 동상들을 비춘 것이다.[4]

이전된 아부심벨 람세스 2세 좌상의 현재 모습.

이 공사에는 총 4200만 달러라는 비용이 들었고 작업 기간도 4년이 소요됐는데, 여기에 한국도 50여만 달러를 지원했다. 어쨌든 이 사건은 인류 문화재를 국제 공동으로 지킬 수 있다는 선례를 남겼으며 자연과 환경을 도외시한 개발이 얼마나 무서운 것인지를 알려주는 지표가 되었다.

수몰 위기에 몰렸던 다른 유적들은 다른 섬이나 국가로 이축되어 재건되었다. 이는 이집트가 각국에 지원을 요청하면서 수몰 위험에 있는 작은 신전을 기증하겠다고 약속했기 때문이다. 그래서 스페인에 기증한 데보드 신전은 지금 마드리드에 있고 덴두르 신전은 뉴욕 메트로폴리탄 박물관에 원형대로 복원되어 있다. 엘레시아 신전은 이탈리아 토리노에 있는 이집트 박물관, 칼라브샤 신전의 관문은 베를린 이집트 박물관에 있고 타파 신전은 네덜란드 라이덴에 있는 국립고대유물박물관에 보관되어 있다.[5]

그런데 한편으로는 아스완 댐의 건설로 엄청나게 증가한 습도가 문제가 되고 있다. 일 년 내내 강수량이 거의 없던 룩소르 지역에 두 달간 계속 비가 오는 등 기후 변화가 오기 시작한 것이다. 기제 피라미드 주변에 산성 안개가 끼는 바람에 쿠푸와 케프렌의 피라미드가 이미 파괴되고 있다는 충격적인 보고도 있다. 특히 불충분한 하수 시설 때문에 땅 위를 흘러다니는 하수가 스핑크스에까지 들어갔을 것으로 짐작되며, 유물들이 차량에 의한 진동으로 흔들리고 공기 오염 때문에 침식당하고 있다는 조사가 있다.

아스완 댐의 영향으로 지하 수위가 상승하여 지표 가까이에 잠자고 있던 소금이 결정되어 유적을 침식시키고 있는 것이다. 현재 나일 강의 염분은 리터당 0.2그램인데 아스완 댐 저수지의 염분은 1.2그램이 넘는다. 우선 쿠푸의 대피라미드는 관광객에 의한 오염 문제가 시급히 제기되고 있다. 하루 6,000명의 관광객이 찾아오면서 한 시간에 150그램의 물과 많은 양의 칼로리가 침투해 벽 표면에 소금 성분이 응축되고 있다.

스핑크스에 대한 보존 문제는 더욱 심각한 상황이다. 스핑크스 붕괴의 위험은 동체胴體가 침식되고 있다는 것이다. 스핑크스의 동체는 원래 현장의 산을 깎은 것인데 거기의 모암母岩이 깎여나가고 있다. 모암을 지탱해주던 로마 시대에 붙여진 석회석 타일이 떨어져나가는 바람에 그 틈새로 수분을 포함한 공기가 들어가 붕괴를 유도하고 있기 때문이다. 1980년대 말에는 스핑크스 동체 중에서 어깨 부분이 떨어져내려 세계를 경악시킨 적도 있다.[6] 세계의 학자들이 이집트에 있는 세계유산을 보호하기 위한 대안들을 강구하고 있지만 아직 뾰족한 대안을 내놓지는 못하고 있다. 이들에 대한 연구가 초미의 관심사임은 물론이다.

진시황제와 불로초

중국의 도교는 불로불사를 한몸에 구현한 '선인仙人'을 목표로 했던 종교다. 물론 그 시조라 불리는 노자와 장자가 일반인들이 알고 있는 것과 같이 현실 도피적이고 염세적인 가르침을 펼쳤던 사상가만은 아니다. 그들의 사상은 중국 고유의 신선사상과 결부되어 민간에 퍼지면서 도교라는 전대미문의 종교를 탄생시켰다. 도교의 가르침에 따르면 불로불사의 신선이 되는 방법은 여러 가지다.

복약服藥 신선이 되는 약을 먹을 것

피곡皮穀 곡물을 먹지 않을 것

도인導引 기공 체조

행기行氣 호흡술

방중房中 남녀교접술

이 중에서 가장 많이 시도된 것이 복약으로 한 마디로 선약仙藥을 만들어

먹는 것이다. 다섯 가지 방법 중에서 가장 간단하기도 하다. 늙지 않는 선약이 불로초만은 아니라고 알려졌지만 간단하게 먹을 수 있는 식물이라면 더욱 환상적이지 않을 수 없다. 이러한 선약 찾기는 진시황제만 했던 것은 아니다.

중국 최초의 황제 진시황. 불로불사를 꿈꾼 황제로 유명하다.

중국 전국시대 제齊나라의 위왕威王(기원전 356~320년)과 선왕宣王(기원전 319~301년), 연燕나라의 소왕昭王(기원전 311~279년)이 신화를 시켜 발해渤海의 삼신산三神山에 가서 신선을 만나 불사약을 구해 오게 하였다는 기록이 있다.

삼신산三神山이라는 곳은 전하는 말에 의하면 발해 한가운데 있는데 속세로부터 그리 멀지 않다. 금방 다다랐다 생각하면 배가 바람에 불려 가버린다. 언젠가 가본 사람이 있었는데 신선들과 불사약이 모두 그곳에 있고 모든 사물과 짐승들이 다 희고 황금과 은으로 궁궐을 지었다고 한다. 도착하기 전에 멀리서 바라보면 마치 구름과 같은데 막상 도착해보면 삼신산은 물 아래에 있다. 배를 대려 하면 바람이 끌어가버려 끝내 아무도 도달할 수 없었다 한다.

제나라는 산둥반도에 있던 고대국가로 '삼신산'을 신앙하여 제사를 지내는 풍습이 있었다. 이런 신선 사상은 제나라의 사상가 추연(鄒衍 또는 騶衍)의 음양오행설陰陽五行說과 결부되어 보다 업그레이드된다. 그는 맹자보다 약간

늦은 시대 사람으로 세상의 모든 사상事象은 토土·목木·금金·화火·수水의 오행상승五行相勝 원리에 의하여 일어나므로 역사의 추이推移나 미래에 대한 예견도 가능하다고 설명했다. 이런 사상을 아우르면 삼신산 즉 불로초는 당연히 존재해야 했다.

불로초 찾기에 가장 열을 올린 사람이 바로 진시황제秦始皇帝다. 사마천의 『사기』「진시황 본기」에 선약(불로초) 찾기와 방자 서복(또는 서불)에 관한 기록이 남다르게 보이는 이유다. 『사기』에는 진시황이 서복을 통해 불사약을 구하려는 내용이 매우 구체적으로 적혀있다. 시황 28년(기원전 219년)에 다음과 같은 기록이 있다.

> 제齊 땅 사람인 서불徐市 등은, 바닷속에 삼신산三神山이 있는데 봉래산蓬萊山·방장산方丈山·영주산瀛洲山이라 하며 그곳에 신선들이 살고 있으니 재계齋戒한 후 동남동녀童男童女를 데리고 신선을 찾으러 가게 해달라고 간청하였다. 서불은 동남동녀 수천 명을 데리고 신선을 찾으러 바닷속으로 들어갔다.

서복은 기원전 255년 제 나라 산둥반도 랑야琅邪 군에서 태어나 천문, 지리, 해양학 등 다양한 분야에서 뛰어난 실력을 보인 방사로 알려진다. 진시황의 불로초 찾기는 계속되어 시황 32년(기원전 215년)에 진시황이 갈석산碣石山에 가서 연燕나라 출신 노생盧生을 파견하여 선문羨門과 고서高誓(전설상의 신선 이름)라는 신선을 찾아보도록 했다는 기록도 있다. 시황 35년(기원전 212년)에는 노생이 진시황에게 자신들이 영지靈芝, 선약仙藥, 신선을 찾으러 나섰으나 항상 찾을 수 없었던 것은 아마도 무언가가 이를 방해하고 있기 때문으로 보인다며, 진시황이 항상 신분을 숨기고 비밀리에 다니면 악귀가 피하고 비로

서복 조각상.

진시황제와 불로초

소 진인眞人이 나타나 불로초를 얻을 수 있다고 말했다. 진시황은 진인이 한없이 부럽다고 했는데 노생과 후생은 불로초를 찾지 못하자 자신들에게 화가 미칠 것을 두려워했다. 결국 진시황이 천성이 포악하고 고집스럽게 자기주장만 내세운다며 도망갔다. 이 사건은 진시황에게 방사에 대한 큰 배신감을 심어주었는데 후대에 두고두고 비난받는 분서갱유焚書坑儒의 단초를 제공한 것으로도 알려진다. 진시황이 불로초에 집착하자 그동안 진시황에게 불로초를 찾겠다고 공언한 서복은 자신에게도 화가 미칠 것으로 생각해 시황 37년(기원전 210년)에 다음과 같이 말한다.

> 봉래산의 선약은 구할 수 있으나 커다란 교어(鮫魚, 상어)가 방해하여 접근할 수가 없었습니다. 청컨대 활 솜씨가 뛰어난 사람들을 저희와 함께 보내 주시어 상어가 나타나면 쇠뇌連弩를 이용하여 집중적으로 화살을 쏠 수 있게 해주십시오.

이 말을 들은 진시황은 자신이 직접 쇠뇌를 들고 대어가 나타나면 쏘려고 기다렸다. 랑야에서 북쪽으로 영성산榮成山에 이르도록 계속 올라가면서 초조하게 기다린끝에 대어 한 마리를 발견하고 사살한다. 마침내 바다를 따라 서쪽으로 가지만 병이 생겨 죽는다.

궁극적으로 진시황제는 불로초를 구하지 못하고 사망했지만 불로초에 대한 믿음은 중국 황제에게 계속 매력적인 주제로 전해졌다. 한漢의 무제武帝(기원전 148~87년) 역시 여러 사람을 삼신산에 보내어 신술神術을 익히고 불로초를 구해오게 했다. 위·촉·오 삼국시대에 오의 손권도 230년경 장생불사를 꿈꾸던 진시황이 선약을 구하기 위해 서복을 파견했다는 전설의 땅 이주夷洲

와 단주_{亶洲}로 군대를 파견했다.[7]

그런데 여기에서 한국인들의 관심을 자아내는 것은 삼신산이 봉래산(금강산), 방장산(지리산), 영주산(한라산)을 의미한다는 설이다. 바로 서복이 한국을 찾게 된 이유가 바로 이들 산에 있는 불로초를 찾기 위한 것이었다는 주장이다.

서복, 한국에 왔다

경남 남해군 상주면 양아리 금산_{錦山} 기슭에 거북바위가 있다. 필자가 제2의 김정호로 불리는 고 이형석 박사와 이곳을 찾았는데 이곳을 여러 번 방문했던 이형석 박사도 쉽사리 찾지 못할 정도로 외진 곳에 있었다. 거북바위에 새겨져 있는 암각문이 예전부터 서복이 새긴 것으로 알려진 이유는 위창 오세창 선생과 관련이 있다. 오세창 선생의 아버지인 오경석이 암각의 탁본을 1860년에 중국으로 가져가 금석학 전문가에게 감식을 의뢰한 결과 '서불과차_{徐市過此}(서복이 이곳을 지나갔다)' 라고 해석했다는 것이다.[8]

서복은 시황 28년(기원전 219년)에 진시황제의 허가를 받아 동남동녀 수천 명을 데리고 불로초 찾기에 나섰지만 첫 출항은 실패했다. 전설에 따르면 서불은 그 후 2차 대규모 선단을 거느리고 출항했는데, 한국 남해의 영악인 보타산과 지금의 금산 산하 앵강만의 포구인 벽련포와 두모포에 기착하였다. 이들은 이곳을 중심으로 수년간 불로초를 찾다가 당시 상륙한 지점에 암각문을 새긴 후 다음 목적지로 출발했다고 한다.

서복이 정말로 한국을 찾아왔는지 궁금하지 않을 수 없지만, 한국인들이 가장 알고 싶어하는 것은 한국의 삼신산이 어디에 있느냐는 점이다. 서복이 삼신산이 있는 곳으로 선단을 움직였을 것임은 자명한 사실인데 이에 대한 자료는 사마천의 『사기』를 비롯하여 여러 사료에 등장한다. 『사기』 「회남 형산 열전」에 다음과 같은 글이 있다.

> 서복으로 하여금 바다에 들어가 신선神仙에게 기이한 물건을 구하게 하니, 그는 돌아와 거짓으로 말하기를 "신이 바닷속의 대신大神을 만났는데 '네가 서황(진시황)의 사자이냐?' 묻기에 신臣이 '그렇습니다' 라고 대답하자 '너는 무엇을 구하느냐' 라고 묻기에 '수명을 연장시키는 약을 원합니다' 라고 대답하였더니, 그 신神은 '너는 진왕秦王의 예禮가 박하여 그 약을 볼 수는 있으나 얻어 취하지는 못할 것이다' 라고 하고는 바로 신臣을 데리고 동남 쪽에 있는 봉래산으로 갔습니다. 영지초靈芝草로 이루어진 궁궐이 보이고 사자使者가 있었는데 구릿빛에 용의 형상이었으며 그 광채가 하늘까지 비추었습니다. 그래서 신臣이 재배하고 '마땅히 어떤 예물을 바쳐야 합니까' 라고 묻자 해신海神은 '양갓집 사내아이와 계집아이 그리고 백공(百工, 장인)들의 제품을 바치면 그것을 얻을 수 있다' 고 하였습니다" 라고 하였다. 진시황이 크게 기뻐하며 동남동녀 3천 명을 보내고 갖가지 오곡과 백공들의 제품을 가져가게 하였습니다. 서복은 평원平原과 넓은 곳을 얻어 그곳에 머물러 왕이 되고 돌아오지 않았습니다.

서복에 관한 이야기는 『한서』 「교사지」에도 나오는데 여기서는 삼신산이 발해 안에 있다고 적었고 『괄지지』에는 단주가 동해에 있다고 적었다. 『후한서』 「동이 왜지倭地」 조에 보다 구체적으로 나타난다.

회계會稽의 바다 밖에 동제인東鯷人이 있는데 20여 나라로 나누어져 있다. 또 이주夷洲와 단주亶州가 있다. 전하는 말로는 진시황이 방사方士 서복을 파견하여 동남동녀 수천 명을 거느리고 바다를 건너 봉래산의 신선초神仙草를 구하고자 하였으나, 얻지 못하자 서복이 주살誅殺될 것이 두려워 감히 돌아오지 못하고 마침내 이 주洲 머물러 대대로 이어져 전해 내려오다 수만 가구가 되었다고 한다. 사람들은 때때로 회계會稽의 저잣거리에 나온다. 회계의 동야현 사람이 바다를 건너다 태풍을 만나 표류하여 단주에 다다른 적이 있다고 한다. 그곳은 아득히 멀어 왕래할 수 없다.

불로초를 찾아 출항하는 서불.

진시황제와 불로초

『후한서』에는 심영沁榮의 『임해수토지』를 인용한 또 다른 기록이 있다.

이주夷洲는 임해臨海의 동남에 있는데, 해군海郡에서 2천 리 떨어져 있다. 그 땅에는 서리와 눈이 없으며 초목이 죽지 않는다. 사면이 산과 계곡이다. 사람들은 머리를 깎고 귀를 뚫었으나 여인들은 귀를 뚫지 않았다. 토지가 비옥하고 오곡이 이미 다 자라있으며 또한 고기와 짐승이 많다. 개가 있는데 꼬리가 짧아 마치 노루 꼬리 같다. 이 오랑캐들은 부모와 아들 내외가 커다란 침대 하나에서 같이 누워서 쉬는 등 거의 서로 간에 꺼리는 것이 없다. 땅에는 구리와 쇠가 있으나 오직 사슴의 뿔을 사용하여 창을 만들어 이것으로 전투하며, 청석靑石을 갈아서 화살촉을 만든다. 살아있는 물고기를 큰 항아리에 섞어 담아 소금으로 간을 한 다음, 한 달 남짓 지난 다음에 그것을 그냥 먹는데 아주 좋은 음식으로 여긴다.

서복은 일본과도 밀접한 관계가 있는데, 일본『소도경전』에 다음과 같은 글이 있다.

일본의 기이紀伊에 서시라는 제명의 각자가 있다. 기이국紀伊國의 신궁에는 서시의 묘와 사당이 있다고 한다. 서복은 일명 서시이니 불은 복福의 음이 혼동된 것이다.

서복이 한국에 왔다

위의 자료를 보면 삼신산이 발해에 있고 동해에 이주와 단주가 있음을 알수 있다. 서복이 불로초를 얻기 위해 단주와 이주를 향해 떠났음이 틀림없는데 발해와 동해는 한국인에게 너무나 친근한 단어다. 발해와 동해를 한국의 지명으로 간주한다면 서복이 한국을 방문했다는 것은 너무나 자연스러운 일이다.

서복이 한국에 왔다고 추정하는 근거도 보인다. 고려의 문신 이인로는 『파한집』에 신선국神仙國이라는 봉래와 영주가 고려와 접경하고 있다고 적으면서 접경지대가 어느 곳인지는 밝히지 않고 있다. 조선 중기 학자 이수광은 『지봉유설』에서 다음과 같이 적었다.

> 세상에서 말하는 세 개의 산은 조선에 있다. 금강산을 봉래산이라하고 지리산을 방장산, 한라산을 영주산이라 한다. 내가 말하는 삼신산설은 서복에서 나온 것인데 서복은 일본으로 들어가 죽어 신이 되었는즉 삼신산은 응당 동해의 동쪽에 있어야 한다. 노두老杜는 방장산이 삼한에 있다 하지 않고 삼한의 밖이라고 하였다. 그 말은 믿을 수 있다.

중국 산둥사회과학원 리융셴 박사는 다음과 같이 말했다.

> 서복은 한국에서 진한辰韓을 개발, 건설하였고 그 후예들은 한민족에 융합되었다. 그는 일본에서 당지 토착민들과 평화적으로 거居하면서 벼를 심는 방법, 고래 잡는 방법, 누에치고 비단을 짜는 방법, 초약을 채집하여 병을 고치

는 방법을 가르쳤다.

진한은 한국의 삼국시대 전의 원삼국시대를 말하는데 진시황제는 기원전 3세기를 의미하므로 년대로도 부족함이 없다. 이를 근거로 하면 동남동녀 수천 명을 데리고 불로초를 찾아 나선 서복이 배를 타고 동해를 항해하여 한반도 남쪽에 왔으며 그 증거로 남해의 양하리와 서귀포 정방폭포 암벽에다 '서불과차徐市過此'라는 글씨를 새겨놓았다는 설명이다. 또한 제주도의 서귀포라는 이름도 서복과 연관 짓는다. 서귀포는 '서복이 서쪽으로 돌아갔다'는 뜻

남해 상주리 석각. 서불제명각자徐市題名刻字라고도 하는 그림문자로 상주면 양하리의 평평한 자연암에 새겨진 특이한 형태의 조각이다. 이 바위에 새겨진 문자 또는 문양은 일반적으로 '서불이 이곳을 지나다'라는 의미의 '서불과차'로 해석되고 있다.

으로 명명되었다는 것이다.

제주도가 2003년 제주도 서귀포시 정방폭포가 한눈에 내려다보이는 약 1만 6,500제곱미터(5,000여 평)에 서복공원을 조성하고 서복전시관을 개관한 것도 이 때문이다. 서복전시관에는 서복을 알리는 여러 자료와 중국 허베이성 친황다오秦皇島 시가 기증한 '서복동도상徐福東渡像'을 비롯한 조각상 등이 설치되었다.

그러나 서복이 제주도를 방문했다고 주장하는 사람들도 삼신산 중 하나인 한라산(영주산)을 찾은 서복 일행이 불로초를 찾아보았지만 실패했다고 인식한다. 참고로 일부 학자들은 제주도에서 발견되는 시로미와 영지버섯을 불로초로 이야기하기도 한다. 이후 서복은 서귀포를 떠나는데 풍랑을 만나 표류를 하는 등 악전고투하다가 구사일생으로 살아나는데 끝내는 일본 규슈 사가 현 부바이 해안에 상륙, 사가 현 모로토미에서 정착했다고 전해진다. 이곳에서 서복은 벼농사와 고기잡이 방법 등을 주민에게 가르쳐주었으며 와카야마 현 신구 시에서 사망했다고 알려진다. 현재 이곳 서복공원과 아스카신사에 서복궁 사당이 건립되어 있으며 일각에서는 서복이 일본의 초대 천황이라는 주장을 하기도 한다.[9]

참고로 『네이처』는 불로장생 약초에 대해 적었는데 아이러니하게도 이 불로장생 약초는 중국이 원산지인 황기Astragalus membranaceus였다고 한다. 황기는 한약재이면서도 닭백숙 같은 요리에도 즐겨 쓰는 콩과 식물로 귀한 인삼 대신 '꿩 대신 닭'으로 사용한다. 황기가 불로장생 약초였다니 허탈하다는 사람도 있지만 불평할 필요는 없다. 황기도 먹고 인삼도 먹으면 효과가 배가 될지 모른다.[10]

서복은 한국에 오지 않았다

앞의 설명을 보면 서복이 불로초를 찾아 한국을 방문했다는 것은 틀림없는 사실처럼 보인다. 동해와 발해가 한국과 연계된다고 믿기 때문이다.

그런데 위에 제시된 사료를 면밀히 검토한 일부 학자들은 서복의 한국 방문설을 간단하게 부정한다. 한마디로 서복이 한국을 방문했다는 것은 어불성설이라는 얘기다. 고조선답사회의 김세환은 서복이 처음 신선을 찾아간 곳은 발해였으며 돌아와서 진시황에게 거짓으로 보고하고 동남동녀 3천 명을 데리고 간 곳이 동해라는 데는 인식을 같이한다. 그런데 당시 발해와 동해가 한국인이 생각하는 곳과는 전혀 다른 곳이라고 설명한다.

『후한서』「왜지倭地」 조에 이주와 단주가 있는데 서복이 마침내 이 주에 머물렀다 했다. 문제는 『임해수토지』에 "이주는 절강성 임해의 동남 2천 리에 있다"고 적혀 있다는 사실이다. 임해에서 동남 2천 리 되는 곳에 지금의 대만이 있다. 서복이 바다를 건너간 이주와 단주는 한반도의 남해나 제주도가 아니라는 설명인데 이를 부연하여 설명하면 다음과 같다.

> 중국에서 부르는 동해는 장강 하구에서 대만해협까지다. 그러므로 이주夷洲는 지금의 대만이고, 일본의 이칭異稱에 단주가 없으므로 단주는 유구 군도硫球群島의 충승沖繩 본도라고 추정할 수 있다.

위 견해에 따르면 한국 남해 양하리에 있는 암각문을 '서불과차'라 읽는 자체가 서복이 한반도를 거쳐 일본으로 갔다는 선입견에서 나온 착각이며 오류라는 설명이다. 특히 서복이 간 곳도 일본이 아니라 왜지倭地임을 분명히

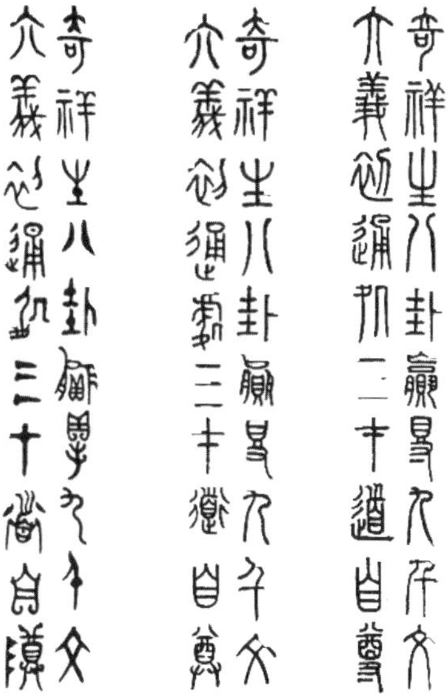

춘추전국시대가 되면서 제후국마다 서로 다른 글자체를 쓰다가 진시황이 나라를 통일하면서 진나라에서 사용하던 대전체를 바탕으로 문자를 통일했는데 이것이 소전체다.

고문古文　　대전체　　소전체

했다. 왜냐하면 진시황 때는 왜국은 있었으나 일본국은 없었기 때문이다. 남방 왜인은 주나라 때에도 북상한 바 있고, 대만과 유구 군도는 그들의 북상 이동 경로이기도 하였다.

　남해 양하리의 암각문 서체도 서복이 한국에 오지 않았다는 증거로 제시된다. 진시황이 통일하기 전 각국의 글이 달라 소통에 문제가 있자 대전大篆을 소전小篆으로 자형을 통일시켰다. 서복이 동남동녀를 데리고 바다에 들어가 돌아오지 않은 해는 기원전 210년이었으므로 서복이 소전을 습득했다는 것은 자연스러운 일이다. 그러므로 만약 서복이 한반도의 남해에 왔다고 한다면 그는 의당 소전으로 새겼을 터인데 남해의 암각문은 소전의 서체가 아니므로 서복이 한국의 남해나 제주도에 온 적이 없다는 것을 반증한다는 것이다.

진시황제와 불로초

© Fanghong

평라이각에서 포착된 신기루 현상. 바다 건너에 마치 커다란 궁궐이 있는 것처럼 보인다.

중국인들이 삼신산이 발해에 있다고 믿은 이유에 대한 설명도 흥미롭다. 산둥반도 끝자락에 있는 평라이 시에 평라이각이 있는데 이곳은 여덟 신선이 바다를 건넜다는 전설이 서려 있는 곳으로 중국 신선 사상의 근원지라고 알려진다. 학자들은 이곳 산둥반도가 신선 사상의 근원지가 된 이유를 그동안 부단히 찾았는데 근래 그 증거를 제시했다. 다소 아쉽기는 하지만 학자들이 제시한 증거는 신기루 현상이다. 1988년 한 시간 넘게 지속된 신기루 현상이 포착되었는데 마치 커다란 궁궐이 서 있는 것처럼 보인다. 신기루는 해수면의 기온 차로 생기는 착시 현상인데, 옛날 신선을 신봉하던 중국인들에게는 이 신기루가 바로 신선들의 세상으로 비쳤다는 것이다. 진시황도 이곳 평라이각에 세 차례나 올랐으니 신기루를 보고 신선이 바다 안에 있다고 믿었을 것이다. 그 일로 불로초를 더욱 갈망하여 서복으로 하여금 삼신산을 갔다오라고 명령했다는 것이다. 즉 신기루를 삼신산으로 착각했다는 설명이다. 이 지적은 현재 제주도의 서복전시관, 남해 상주리 석각 등의 내용과는 매우 상충하지만 전문가들의 지적이 날카롭다는 선에서 이해하기 바란다.

허베이 성 친황다오는 만리장성이 시작되는 산하이관山海關이 있는 곳으로 유명한데 친황다오라는 이름은 서복을 출발시킨 항구라는 데서 이름이 유래했다. 산하이관의 진시황에 대한 역사는 친황다오의 둥산공원에서 보이는데 둥산공원은 진시황이 불사약을 구하려고 하늘에 제사를 지낸 곳이다. 둥산공원 정문을 들어서면 진시황제의 거대한 마차 군단이 보이는데 마차 군단은 진시황제가 탄 마차를 선두로 문무백관들이 마차를 타고 가는 모습을 조각한 대형 조각상이다. 명나라 헌종이 세운 '진황구선입해처秦皇求仙入海處'라는 비석이 있다. 바닷가에는 신선에게 장생불사를 기원하던 진시황의 조

❀
중국 허베이 성 친황다오에 있는 제스 산.

제스 산의 궁궐터.

각상을 세워놓았는데 높이 6미터, 무게가 80톤이나 된다.

친황다오에서 북서쪽으로 약 30킬로미터 지점에 있는 제스 산碣石山도 진시황이 신선놀음하는 주 무대로 등장하는데 제스 산은 한국과 크게 연계된다. 제스 산은 산 전체가 바위로 이루어져 얼핏 보면 산 전체가 한 뭉치로 보이는데 이 지역이 한국 학자들에게 큰 주목을 받는 이유는 고조선의 중국 남쪽 하한으로 인식하기 때문이다. 일부 학자들은 제스 산에 고조선의 '신시'가 있었다는 주장도 한다. 이곳은 진시황이 연나라 출신 노생을 파견하여 신선으로 알려진 선문과 고서를 찾아보라고 했을 정도로 신선에 관한 전설이 많은 곳이다. 진시황 때의 것은 아니지만 제스 산 입구에는 비석이 남아있는데, 산이 예사롭지 않다는 것은 먼발치에서 그 비석만 보아도 알 수 있다. 제스 산은 약 1,800년 전 조조가 주둔했다고도 알려지는데 중국에서도 워낙 기

랑야타이의 서복 출항지.

氣가 센 곳으로 알려져 기를 받으러 오는 사람들이 줄을 잇는다.[11]

산둥 성에는 진시황이 타이산泰山에서 봉선 의식을 치른 랑야타이琅琊臺가 있다. 진시황제는 이곳에 행궁을 짓고 석 달 동안 머물렀는데 서복이 진시황의 명을 받아 불로초를 구하러 나간 동기를 기록한 '서복의 출항 기념비'가 랑야타이 바닷가에 세워져 있다.

진시황이 세 차례나 왕림했던 펑라이각도 산둥반도 끝자락에 있는 펑라이 시 바닷가 위에 있다. 봄과 가을에 이들 랑야타이나 펑라이각에서 내려다보이는 동쪽 바다 위에 신기루 현상이 일어난다는 것은 잘 알려진 사실이다. 이들 신기루를 보고 신선들이 사는 삼신산이 반드시 존재한다고 생각한 것을 무조건 나무랄 일만은 아니다. 신선처럼 살 수 있다는 걸 마다할 사람이 있을까?

진시황제와 불로초

네로의 누명

로마의 수많은 황제(서로마의 경우 아우구스투스 황제로부터 약 80여 명) 중에서 가장 악명 높은 황제로 알려진 네로Nero Claudius Caesar Drusus Germanicus는 37년 12월 안티움에서 태어났다.

1905년 노벨문학상을 받은 폴란드의 작가 헨리크 시엔키에비치의 대표적장편소설 『쿠오바디스』에는 서기 64년 7월 18일부터 약 일주일 동안 일어났던 로마 시의 대화재와 당시 황제였던 네로에 대해 적나라하게 적혀 있다. 이책을 원전으로 한 영화 〈쿠오바디스〉도 공전의 흥행에 성공하여 네로와 대화재 사건을 더욱 극명하게 부각시켰다.

대화재는 네로의 대경기장 안에 있는 노점에서 일어난 불이 삽시간에 상가 지대를 모두 태워 버린 후 무려 일주일간이나 계속 타면서 로마 시 절반을 잿더미로 만들고 수많은 사상자와 이재민을 낸 사건이다.

네로가 비난받는 이유는 여러 가지이지만 더 근본적으로 들어가면 로마의 대화재와 그 처리 방법에서 비롯된다고 볼 수 있다. 화재는 시르쿠스 막시무스(대전차 경기장으로 길이 약 610미터, 너비 약 183미터의 직사각형 형태이며 30

만 명을 수용할 수 있었다고 함)에서 일
어났는데 바람을 타고 곧바로 로마
전역으로 퍼졌다.

로마는 서기 1세기경 면적으로는 세계
최대는 아니지만 인구로 따지면 세계 최대의 거
대한 도시로 무려 125만 명에 달하는 인구가 살고 있
었다. 문제는 로마가 일곱 개의 언덕 위에 건설되었
기 때문에 도심지를 직각으로 관통하는 간선도로
가 부족했다는 점이다. 도로 체계 자체가 미비한
데도 유럽 전역에서 몰려든 인구 때문에 로마는
아수라장이 되지 않을 수 없었다. 특히 집들이
촘촘히 들어서 있는 데다가 좁은 길이 굽어 있
고 상수도 시설이 완벽하지 않았다. 게다가 조
명으로 등유燈油를 쓰고 있었으므로 일단 불이
나기만 하면 순식간에 큰불이 되곤 했다.

폭군의 대명사 네로 황제.

서기 6년 아우구스투스 황제 시절에도 여
러 차례 화재 사건이 일어나 7,000명으로 구성된 소방대가 창설될 정도였다.
티베리우스 황제 시대에는 첼리우스 언덕 전체가 불에 타서 없어졌고 원형
극장이 붕괴되면서 5만 명이 불에 타죽거나 질식사하기도 했다. 칼리굴라와
클라우디우스 황제 시대에도 대형 화재 사건이 있었다. 54년 클라우디우스
는 대화재가 발생하자 자신이 직접 소방대장 역할을 맡아서 진화 작업을 진
두지휘했다. 그 당시에도 마르티우스 광장 전체가 전소되었다.

그런데 네로 시대의 막시무스 경기장에서 시작된 불은 상상을 초월했다.

네로의 누명

일주일간 계속된 불은 일반주택과 공공건물들을 비롯하여 로마 시 거의 전부를 잿더미로 만들었다. 로마의 14개 행정 구역 중 화재 피해를 보지 않은 구역은 4개 행정구에 불과했다. 완전히 잿더미로 변한 곳도 3개 구역이나 되었는데 일반적으로 학자들은 화재 때문에 도시의 10분의 1 정도가 완전히 파괴되었다고 추정한다.

문제는 네로에 대한 악평이다. 기록에는 네로가 불타는 로마를 보면서 제금이라는 악기로 자신의 자작시 「트로이의 붕괴」를 읊었다고 하지만 이것은 사실과 다르다. 네로가 노래와 춤을 좋아했다는 것은 사실이지만, 화재가 시작되었을 때 네로는 로마에서 50마일 떨어진 안티움에 있었기 때문이다.

네로는 대화재가 일어났다는 소식을 듣자마자 로마로 달려와 화재 수습

막시무스 경기장의 대전차 경주(왼쪽)와 경기장 복원도(오른쪽). 로마의 대화재는 이 경기장 근처에서 시작되었다.

에 최선을 다했다. 집 잃은 사람들을 위해 자신의 정원 시설인 마르티우스 광장과 개인 건물들을 개방하여 이재민들에게 피난처를 제공했고, 곡물 창고에 비축된 식량을 방출하면서 곡물 가격을 낮추었다. 이 내용은 네로에게 결코 좋은 점수를 주지 않는 타키투스의 글에서도 볼 수 있다.

네로는 안티움에 있었다. 그는 마에카나스 정원과 팔라티네 산 사이의 별장에 있다가 불길이 닥치는 걸 보고 로마로 돌아왔다. 불길은 그의 별장뿐만 아니라 팔라티네 산 전체를 잿더미로 만들었다. 네로는 집을 잃은 군중을 위해 마르스 광장으로 통하는 문을 개방했고 아르리파의 별공과 자신의 정원까지 대피 장소로 사용케 했다. 게다가 이재민들을 위한 긴급대피소를 짓기까지

네로의 누명

했다. 오스티아와 인근 도시에서 식량을 긴급 조달하고 가격도 파운드당 사분의 일 세스테르티우스를 못 넘게 했다.[12]

그런데 로마가 화재로 황폐해지자마자 네로는 새로운 로마 건설에 박차를 가했는데 이것이 로마인들의 의심을 사기 시작했다. 네로에 의해 재건된 신시가는 화재 이전보다 한층 거창했고 아름다웠다. 네로가 새로운 도시를 건설하기 위해 로마를 고의적으로 불태웠다는 것이다.

그러나 현대 학자들은 네로가 방화를 지시했다는 설을 단호히 부정한다. 자료를 철저히 연구한 결과 네로가 기독교인들에게 방화 책임을 뒤집어씌워서 잔인하게 박해한 것은 사실이지만 네로가 명령하여 방화했다는 소문은 사실이 아니라는 것이다. 테르툴리아누스도 서기 160년에서 220년 사이에 주로 기독교 박해 사건에 관한 저술을 남겼지만 네로를 방화범으로 지목하

고대 로마의 원형경기장인 '시르쿠스 막시무스' 유적.

지는 않았다.

네로의 방화설은 처음부터 모순을 드러낸다. 가령 일부 후대 역사가들의 주장처럼 네로가 로마를 아름답게 재건하기 위해 불태울 계획을 세웠다면 자신의 승리를 상징하는 막시무스 경기장과 자신이 거주하는 황제 궁전은 불태우지 않았을 것이라는 추정이다. 그는 궁전에 상당히 많은 로마 미술품과 그리스 예술품을 소장하고 있었는데 새로운 궁전을 새로 건설할 계획이라면 옛 궁전을 태워버리기에 앞서 작품을 안전한 곳에 보관하는 조처를 했을 것이기 때문이다. 네로는 예술품을 확보하기 위해 다소 불법적인 방법을 동원하기도 했는데 이처럼 공들여 수집한 미술품을 일부러 태울 리는 없는 일이었다.

최고통치자로서 도시를 재건하는 데 총력을 기울인 네로는 초토화된 로마의 재건에 힘을 썼고 특히 로마의 골목길이 좁아서 화재가 더욱 커졌다는데 생각이 이르자 또다시 대형화재가 발생하면 불을 쉽게 진압할 수 있도록 건축방식을 규정하고 화재 진압용 수로를 확장하는 등 유용한 법규들을 공표했다.

또한 네로는 신들을 위해 제물을 바치는 의식을 거행하기도 했다. 이것은 대화재로 불안해하던 시민을 진정시키기 위한 중요한 행사였다. 따라서 네로는 대화재 직후 로마의 상황을 진정시키고 이 도시를 신속하게 재건하기 위해 자신의 모든 역량을 총동원했다고 볼 수 있다.[13] 그럼에도 네로가 고의적으로 방화했다는 소문이 줄어들지 않자 네로는 희생양을 찾았다. 희생양은 당시 급속도로 퍼지던, 로마의 신들을 부정하는 기독교인들이었다.

특히 로마가 불에 타고 있을 때 기독교인들이 (속죄의 날이 왔다고) 기뻐 날뛰며 찬송가를 불렀다는 소문이 퍼지자 로마인들은 기독교인을 짐승 같은 존재로 간주하며 더욱 증오했다. 네로는 기독교인들의 재판에 직접 참석하지 않았지만 방화는 살인과 같은 행위이므로 모두 사형이 언도되었다. 그들의 처형은 로마인의 구미에도 맞는 일이었다. 타키투스는 기독교인의 최후에 대해 다음과 같이 적었다.

기독교인들은 조롱을 당하면서 처형됐다. 일부는 원형경기장에서 짐승의 가죽을 덮어쓰고 개에게 물려 죽었고 투기에 나올 동물의 먹이가 되었다. 일부는 십자가에 묶인 채 맞아 죽거나 몸뚱이에 콜타르가 칠해진 후 어둠이 찾아온 뒤에 횃불을 밝히듯이 불쏘시개처럼 화형에 처해진 사람들도 있었다. 네로는 이와 같은 장관을 연출하기 위해 원형경기장에서 서커스 경기를 개최했

막시무스 경기장에서 기독교인들을 처형하는 모습.

고 자신도 전차 경주 선수 복장으로 군중 사이에 섞이거나 직접 전차를 몰았다.

타키투스가 이 글을 쓴 시기는 네로 시절보다 기독교 박해가 훨씬 심각할 때였다. 도미티우스 황제는 기독교 신자였던 자신의 사촌을 처형하고 그 아내를 유배시켰다. 트라야누스 황제는 기독교인에 대한 박해를 로마에만 국한하지 않았다. 그럼에도 네로가 기독교인 박해의 주범처럼 낙인찍힌 것은 네로에 의해 로마제국에서 저질러진 최초의 공식적인 기독교도 박해이기 때문이다. 예수의 열두 제자인 베드로와 바울도 네로 통치기에 고문을 받아 처형되었다.

그러나 학자들 대부분은 네로가 기독교 자체를 박해했다는 소문은 근거가 없다고 믿는다. 오히려 네로 시대 때 기독교가 널리 유포되기 시작했기 때문이다. 그러므로 로마 대화재로 말미암은 기독교인들에 대한 박해는 기독교도를 박해한 것이 아니라 방화범을 응징하는 차원이라는 것이 오히려 옳은 이야기라고 볼 수 있다.

네로도 일반 반역자와 마찬가지로 처형된다

네로가 국민에게 인기가 있었음에도 몰락을 자초한 것은 자신을 진심으로 도와줄 수 있는 측근들을 제거했기 때문이다.

우선 네로가 대내적으로 계속 인기를 유지할 수 있었던 요인 가운데 하나는 로마의 현인 세네카가 적시 적소에 충언을 해주었기 때문이다. 그런데 네로는 장성하면서 점점 세네카의 잔소리에 싫증을 내기 시작했고 그를 멀리했다. 마침 세네카가 황제의 비호 아래 개인적으로 재산을 착복했다는 고발이 들어오자 네로는 세네카의 은퇴를 허락했다.

세네카가 모든 공직에서 물러나서 은둔 생활에 들어간 것도 네로에게는 불행의 씨앗이었다. 네로를 성장하게 해준 세네카를 헌신짝같이 차버린 사건은 다른 사람들에게 분명한 메시지가 되었다. 언제 자신에게도 위험이 닥칠지 모른다고 생각한 귀족들이 자구책으로 원로원 의원, 근위군 장교 등과 손을 잡고 네로를 제거할 음모를 꾸미기 시작했던 것이다.

네로도 신하들이 반역을 꿈꿀 것으로 생각하여 정보원을 곳곳에 심었는데 마침 함대사령관인 프로쿨루스가 누군가 자신을 포섭하여 네로를 제거하려는 음모를 꾸미고 있다고 고발했다. 로쿨루스를 포섭하려던 여자 해방 노예 에피카리스는 심한 고문에도 음모에 가담한 사람들을 불지 않았다. 공모자들을 알 수 없게 되자 오히려 많은 귀족이 처형되었다. 네로가 조금이라도 의심나는 사람들을 가차 없이 죽인 것이다.

네로는 세네카가 암살 음모에 연루되어 자살하자 세네카와 마찬가지로 사사건건 네로의 명령에 제동을 건 술라도 제거하도록 명령했다. 술라의 목이 네로에게 도착하자 그는 "머리카락이 회색이다"라고 말했다. 플라우투스도 제거의 대상이었는데 그의 목이 도착하자 "코가 매우 크군"이라고 말했다. 그는 두 사람의 야심이 제국의 안전을 불안하게 한다며 원로원에 글을 보내 살해를 합리화했다.

이때 시저에 의해 정복당한 골족(현 프랑스)이 카이셀리우스 율리우스 빈덱스의 지휘 아래 반란을 일으켰다. 그는 폭군 네로에 대항하여 제국 군대가 봉기할 것을 요구하며 세르비우스 술피시우스 갈바(로마의 6대 황제, 재위:

(68~69년)가 네로의 뒤를 이어 황제가 되어야 한다고 주장했다. 갈바는 72세가 된 노인이었지만 네로가 세상에 태어나기 전에 법무관, 아퀴타니아 속주 총독, 집정관, 게르마니아 부사령관, 아프리카 총독 등 고위 관직을 지낸 인물로 제국을 경영할 수 있는 소양과 능력을 갖추었다고 믿었으므로 네로의 후계자로는 적정하다는 평가였다.

그러나 네로가 갈바를 제국의 적으로 선포하고 그의 재산을 몰수하자 마침 에스파냐에 있던 갈바는 네로의 재산을 몰수하는 것으로 응수했다. 다행하게도 율리우스 빈덱스가 네로가 지휘하는 로마 군단에게 패배하여 자살했지만, 그가 일으킨 반란의 불씨는 꺼지지 않았다. 네로가 취할 수 있는 행동은 안전한 곳으로 피해 시간을 버는 일이었다. 네로는 이집트로 탈출할 계획을 세웠다.

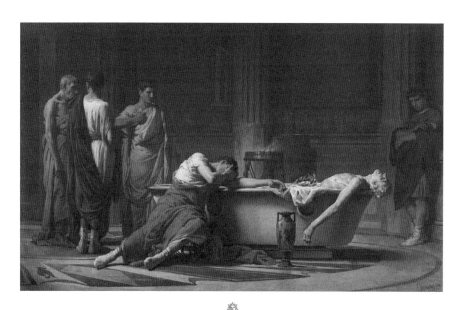

스스로 목숨을 끊은 로마의 현인 세네카. 그의 죽음은 네로의 몰락을 재촉했다.

그런데 로마를 탈출한 네로는 자신이 달아났다는 소문이 퍼지자 로마 시민이 환호성을 질렀다는 보고를 받았다. 네로는 귀족들이 자신을 지지하지 않을 수 있어도 일반 백성까지 등을 돌렸다는 사실을 믿을 수 없었다. 적어도 그럴 이유가 없다고 생각했기 때문이다.

네로를 찾기 위한 수색이 본격화되었고 원로원에서 네로를 반역자로 선언했다는 소식이 들어왔다. 자신의 은신처가 발각되는 것은 시간문제였고 황제는 흔해 행해지는 방식대로 처형당할 운명이었다. 네로가 처형 방법을 묻자 하인은 "죄인을 발가벗겨서 형틀에 목을 매달아 놓고 몽둥이로 때려죽이는 것입니다"라고 대답했다.

충격을 받은 네로는 최후가 임박했음을 알고 무덤을 파라고 명령한 후 스스로 자신의 목을 칼로 찔렀다. 그가 묘지에 묻히는 것을 본 사람은 그를 끝까지 따랐던 유모 둘뿐이었다. 네로는 칼로 자살하면서 다음과 같이 말했다고 전해진다.[14]

나 같은 예술가가 죽다니 정말 유감스러운 일이군.

후대의 평가가 어떠하든, 경기와 서커스를 통해 로마인들을 즐겁게 해주었던 네로가 자살하자 오히려 그에 대한 인기가 올라가기 시작했다. 네로가 죽은 후에도 오랫동안 그의 무덤엔 꽃과 그를 기리기 위한 흉상들이 놓여 있었다. 네로가 초기에 내린 칙령들은 로마인들을 위한 조처들이 대부분이었으므로 그가 다시 부활하여 자신의 적들에게 복수할 것이라는 말도 퍼졌다.[15]

그러므로 후일의 황제들은 네로에 대한 기억을 완전히 지우기 위해 부단히 노력했다. 그들은 네로를 새긴 조각상에 자신들의 얼굴을 조각했고 네로

최후가 임박했다는 것을 알고 스스로 자신의 목을 찔러 자살한 네로. 그의 마지막 말은 "나 같은 예술가가 죽다니 정말 유감스러운 일이군"이었다.

가 세운 황금 궁전을 파괴했으며 호수가 있던 자리에 현재도 남아있는 거대한 원형경기장인 콜로세움을 건설했다. 콘크리트와 돌로 세운 이 거대한 건물은 가로, 세로가 각각 190미터, 155미터에 이르며 4단으로 된 관람석은 4만 5천 개 좌석과 5천 명 규모의 입석을 갖추었다(최대 8만 명까지 입장 가능). 콜로세움은 뜨거운 햇볕으로부터 관중을 보호하기 위해 직물로 만든 베라리움이란 천막 지붕을 설치하였는데 지붕 가운데는 둥근 구멍이 뚫려 있어서 채광은 물론 환기구 역할을 했다고 한다. 관중은 입구 번호표를 갖고 들어가 관람석으로 통하는 층계를 올라가게 되어 있는데 이런 좌석 배정 및 출입 통제 방법은 오늘날에도 똑같이 사용된다.

원형경기장은 서기 72년 베스파시아누스 황제 때 공사를 시작하여 8년 후 그의 아들 티투스 황제 때 완공되어 티투스 원형경기장이라고 부른다. 세간 에는 콜로세움으로 더 잘 알려졌다. 콜로세움이란 이름은 원형경기장 앞에 있었던 네로 황제의 거대한 동상 '콜로소Colosso'에서 따 온 것으로 이는 '거 대하다'는 뜻의 라틴어 '콜로수스Colossus'에서 유래한 것이다.

수많은 영화나 자료에서 네로가 콜로세움에서 기독교인들을 학살했다고 하지만 그것은 사실이 아니다. 네로는 68년에 사망했고 콜로세움은 72년부 터 건설되기 시작했기 때문이다.[16]

무측천武測天[*]의 생애는 그야말로 화려하다. 그녀는 두 번 황궁에 들어가 28년 동안 황후로, 6년 동안 태후로, 15년 동안 황제로 있었다. 그녀가 정치에 참여하고 대권을 장악하여 중국 천하를 통치한 기간은 40여 년에 이른다. 그녀가 중국 역사상 유일한 여성 황제가 될 수 있었던 요인은 무엇일까? 탁월한 미모와 자질을 거론하지 않을 수 없지만 그것만으로는 황제가 될 수 없었다. 더 결정적인 요인이 있었다는 이야기다.

　　무측천은 태종의 공부상서가 된 무사확武士彠의 딸로 이름은 조照이다. 특히 태종이 직접 무측천을 정5품인 재인才人에 봉했다는 것은 그녀를 대단히 중시했다는 것을 의미한다. 당태종은 그녀를 보고 '꽃 같고 옥같이 예쁘다'며 '무미武媚'라는 이름을 내려주었다. 그러므로 사람들은 그녀를 '무미랑武媚郞'이라 불렀다.

＊
일반적으로 무측천은 측천무후로 잘 알려져 있는데 그녀가 당나라 고종의 황후였기 때문이지만, 공식적으로 여성 황제였다는 점을 강조하여 무측천으로 설명하는 경우가 많으므로 무측천으로 적는다.

재인은 내관 명칭의 하나로 비빈의 한 등급이다. 당나라는 수나라 제도를 계승해 황후 외에 궁중에 많은 비빈을 두었다. 그 중 귀비·숙비·덕비·현비는 각 한 명으로 정1품이고 소의·소용·소원·수의·수용·수원·충의·충용·충원도 각 한 명으로 정2품이었다. 첩호는 정3품으로 아홉 명이었고 미인은 아홉 명으로 정4품이었다. 재인은 아홉 명으로 정5품, 보림은 스물일곱 명으로 정6품이었고 어녀는 정7품, 채녀는 정8품으로 각각 스물일곱 명이었다.

재인으로 입궁한 무측천

비빈들은 황제의 총애를 얻어야 한다. 아무리 재주와 미모가 뛰어나더라도 황제를 만나야 소용이 있다. 하지만 황제에게는 수많은 후궁이 있으므로 이런 기회를 얻는다는 것이 수월한 일은 아니다.

무측천 역시 재인으로 황궁으로 들어온 지 10년이나 되었음에도 태종은 그녀에게 이렇다할 관심을 기울이지 않았다. 그런데 태종의 병세가 나날이 심해지고 임종이 가까이 다가오자 무측천과 다른 비빈들이 번갈아가면서 태종을 모셨다. 그것이 그녀에게 기회를 주었다. 매일 태종을 문안하러 오는 황태자 이치李治의 눈에 무측천이 들어온 것이다. 원래 이치는 황태자에 오를 수 없었다. 그는 문덕황후의 아홉 번째 아들로 첫째 형 이승건이 법도에 따라 황태자로 정해진 데다 이승건이 어렸을 때부터 비교적 총명하여 태종의 총애를 받았기 때문이다.

그런데 이승건이 둘째인 이태와 경쟁하면서 아예 태종을 제거하려다 실

무측천의 모습을 재현한 조각상.

패하여 폐서인이 되는 사건이 일어났다. 당연히 이태가 태자가 되어야 하지만 태종은 이치를 황태자로 봉했다. 이태를 앞세우면 이승건과 이치 등 모두가 온전할 수 없지만 이치를 세우면 두 명 모두 안전할 것이라고 생각했기 때문이다.

무측천과 이치는 명목상 모자 관계이다. 당대의 윤리 도덕에 의하지 않더라도 그들은 상궤를 벗어나는 행위를 해서는 안 되는 상황이다. 그런데 이치가 자신의 미모에 반했다는 걸 알게 된 무측천은 이를 절호의 기회로 여겼다. 오랫동안 당태종으로부터 냉대를 받았는데 이치에게서 한 가닥 희망을 본 것이다.

중국 역사상 가장 태평하고 부강한 제국을 건설했던 당태종.

그러나 기대와는 달리 이번에도 일은 예상대로 진전되지 않았다. 649년 5월, 태종이 중난 산終南山에 있는 함풍전에서 사망하자 당시의 전통에 따라 무측천을 포함한 태종의 비빈들은 감업사로 들어가 머리를 깎고 비구니가 되어야 했기 때문이다. 황궁에서 풍족한 생활에 길들여진 비빈들이 절에 들어가는 것은 지옥에 들어가는 것과 다름없다. 절의 생활 여건이 비교적 열악한 이유도 있지만 비구니들이 지켜야 할 계율이 엄격했기 때문이다. 더구나 비구니는 먼저 삭발을 해야 하는데 황제의 사랑을 받던 비빈들이 머리를 깎는다는 것은 속세와 완전히 이별한다는 것을 의미했다.

그런데 태종 서거 1주기가 되자 고종은 성대한 제전 의식을 거행하고 감업사로 와서 분향하고 절을 올렸다. 의식이 끝난 뒤 고종은 무측천을 만났는데 이 순간을 절호의 찬스라고 생각한 무측천은 여성의 비기를 선보였다. 바로 눈물이었다. 그녀의 눈물은 고종의 마음을 사로잡았고 그 후 고종은 자주 감업사에 와서 무측천을 만났다. 무측천은 고종이 옛정을 잊지 않고 자신을 찾아오는 것에 감격했고 보다 확실하게 그의 마음을 빼앗는 데 열중했다.

고종도 무측천을 자신의 비빈으로 간주했고 곧 감업사에서 빼내주겠다고 약속했다. 문제는 무측천이 비구니라는 점이다. 아무리 황제라도 어떤 명분

없이 비구니를 황궁으로 데려올 수는 없는 일이었다. 고종이 감업사에 들르는 횟수가 점점 적어지자 무측천도 초조하지 않을 수 없었다. 쇠뿔을 단김에 뽑지 않으면 어떤 미인이 고종의 총애를 받을지 모를 일이었다. 무측천은 직접 시를 적어서 고종에게 전했다. 엄밀한 의미에서 태종의 비빈이었던 무측천이 그의 아들인 고종에게 사랑의 편지를 보내는 것이 정상은 아니다. 일부 학자들이 무측천의 행위를 좋지 않은 시각으로 보는 사례 중 하나지만 여하튼 무측천은 고종의 마음을 돌리는 데 성공했다.

은혜를 원수로 갚다

황제가 무측천을 좋아한다고 해도 비구니를 황궁으로 불러온다는 게 간단한 일은 아닌데 마침 무측천에게 두 가지 유리한 사건이 일어난다. 첫째는 무측천이 감업사에서 고종의 아들을 출산한 것이다. 그가 훗날의 태자 이홍李弘이다. 이홍의 탄생은 고종으로 하여금 어떻게 해서든지 무측천을 감업사에서 빼내야 한다는 생각을 굳히게 해주었다.

또 하나의 사건은 고종의 황후 왕씨와 후궁 소숙비蕭淑妃의 사랑 다툼이다. 당시 왕씨는 아이를 낳지 못했는데 소숙비는 아들 하나와 딸 둘을 두었기 때문에 왕 황후의 자리를 직접 위협하고 있었다. 당연히 두 사람은 암투를 벌였다.

왕 황후로서는 우선 고종과 소숙비를 떼 놓을 필요가 있었는데 그 중간 역할을 고종이 사랑하는 무측천이 할 수 있다고 생각했다. 무측천이 고종의 아들을 낳았으므로 만약 무측천을 고종 곁에 둔다면 소숙비에 대한 총애가

무측천과 고종의 밀회를 그린 삽화. 고종은 아버지의 재인이던 무측천을 불러들여 자신의 비빈으로 삼았다.

사라져 결국 자신이 어부지리를 얻을 수 있다고 생각한 것이다.

왕 황후가 고종에게 무측천을 황궁으로 데려오라고 건의하자 고종은 이를 곧바로 수락하고 그녀를 소의昭義로 책봉했다. 무측천이 감업사에서 비구니가 된 지 4년 만의 일이며 그녀의 나이는 고작 스물아홉이었다. 처음에 무측천은 왕 황후를 여러 면에서 보좌했다. 왕 황후는 몹시 기뻐하며 자신의 인물 선택이 옳았다고 생각하면서 고종 앞에서 여러 차례 무측천을 칭찬하기도 했다. 그러나 무측천은 왕 황후와 소숙비를 철저하게 제거해야만 자신의 위치가 확고해진다는 사실을 잘 알고 있었다. 그녀는 과거 당태종의 비빈으로 황궁에서 살았던 경험도 있어 궁정의 권모술수에 대해 잘 알고 있으므로 왕 황후일지라도 언제 자신에게 비수를 들이댈지 모른다고 생각했다.

더구나 무측천에게는 왕 왕후와 소숙비와는 다른 커다란 약점이 있었다. 두 사람에 비해 출신이 다소 비천한 것은 물론 태종의 재인이었다는 사실이다. 물론 고종은 공식적으로 무측천을 데려올 그럴듯한 명분을 부여했다. 고종이 무측천을 데려오면서 내린 조서는 다음과 같다.

옛날 내가 황태자였을 때 특히 돌아가신 아버님의 은혜를 입어 항상 선제 옆에서 시중을 들며 조석으로 떨어지지 않았다. 깊숙한 궁궐 안에서 항상 행동을 삼갔고 비빈들을 똑바로 쳐다본 적이 없었다. 선제께서 모든 것을 살펴보고 늘 칭찬을 해주셨다. 드디어 무시를 내게 내려주서 한나라 선제 때의 왕정군처럼 받들었다.

이와 같은 조서를 내린 것은 당태종의 비빈인 무측천을 아들인 고종이 취했다는 비난을 잠재우기 위한 목적으로 태종이 자신에게 무측천을 취하라고 허락했다는 식으로 합리화하기 위해서다. 학자들은 이 조서를 고종이 만들어 낸 가짜 조서로 인식한다. 반면 무측천에게는 왕 황후와 소숙비가 갖지 못한 장점이 있었다. 고종의 사랑과 지략이다. 그녀는 우선 왕 황후에게 배척당한 후궁 몇 명을 포섭하여 자신의 세력으로 끌어들인 후 그들로부터 두 사람에 대한 동정을 사사건건 보고받았다.

이들 정보를 토대로 거짓을 보태서 고종에게 미주알고주알 알렸다. 당연히 고종은 두 사람의 말을 듣지 않고 무측천의 말만 믿었다. 무측천이 바라는 것은 왕 황후를 폐하고 자신이 그 자리를 차지하는 것이다. 적어도 고종의 아이를 낳았으므로 명분만 쌓아놓는다면 결코 불가능한 일은 아니었다. 문제는 고종이 왕 황후를 폐위시킬 마음이 조금도 없다는 점이다. 당장 힘겨루기를 한다면 자신이 패배자가 될 확률이 높았다. 자신은 소의에 지나지 않지만 왕 황후는 고종의 정식 왕비였다. 더구나 자칫 잘못하면 은혜를 원수로 갚는다는 비난을 받을 수도 있었다.

그러나 시간을 끌다가는 왕 황후의 역습을 받을 가능성이 매우 높았다. 그녀는 카드를 던져야 했다. 그런데 이런 상황을 역전시키기 위해 무측천이 던진 카드는 그야말로 일반인들로서는 상상할 수 없는 일이었다.

653년 말 무측천이 고종의 딸을 낳았다. 고종이 매우 좋아하여 애지중지 했고 왕 황후도 자식을 두지 못했으므로 자신이 천거한 무측천이 딸을 낳았다고 하자 매우 좋아했다. 그런데 654년 초, 무측천은 왕 황후가 어린 공주를 보기 위해 무측천의 처소에 들렀다 돌아갔다는 것을 알았다. 무측천은 이를 절호의 기회로 알고 공주를 몰래 비단 천으로 목 졸라 죽인 후 이불을 덮어씌웠다.

잠시 후 고종이 들어왔다. 무측천은 이불 채 딸을 안았다. 그리고 이불을 벗기고는 놀라 어쩔 줄 몰라 하면서 대성통곡하기 시작했다. 왕 황후가 방금 다녀갔다는 대답을 듣고 고종은 크게 진노하며 황후가 한 짓이 분명하다고 말했다. 무측천은 자신이 꾸민 음모가 성공한 것을 확인하며 왕 황후의 죄상을 간곡하게 늘어놓았다. 이 사건이 고종으로 하여금 황후를 폐위하고 무측천을 황후로 책봉하게 하는 단초가 되었다.

이 사건은 일반인들로서는 생각해 낼 수 없는 일이므로 이 사건을 놓고 사실이냐 아니냐로 현재까지 논란이 있는 것은 사실이다. 문제의 초점은 무

고종의 황후인 왕씨는 무측천의 어린 딸을 매우 귀애했으나 무측천은 권력을 위해 자신의 딸을 목 졸라 살해하고 그 죄를 왕씨에게 덮어씌웠다.

측천이 자신의 입지를 공고히 하기 위해 정말로 딸의 목을 졸라 죽일 만큼 사악한 여자인가이다. 일부 학자들은 무측천의 성격이 다소 모나기는 해도 적어도 자신이 직접 딸의 목을 조를 정도로 악당은 아니라고 말한다. 그 증거로 당대의 사건을 기록한 『구당서』, 『신당서』에 그런 내용이 기록되어 있지 않다는 점을 들었다.

그런데 『자치통감』에는 무측천이 딸의 목을 졸라 죽였다는 기록이 분명히 남아있다. 조문윤 박사는 이 기록을 근거로 무측천의 행위를 완전히 부정할 수는 없다고 말한다. 또한 그녀라면 그런 행동을 능히 할 수 있는 사람이라는 게 추후의 사건에서도 충분히 입증된다는 설명이다. 여하튼 고종은 왕황후를 폐위시키기 위해 일부 신하들에게 은밀히 이를 추진토록 사주했다. 그런데 태종의 충복이었던 고명대신 장손무기(고종의 삼촌) 등은 왕 황후의 폐위는 물론 무측천의 황후 복원을 강력히 반대했다. 가장 큰 명목은 무측천이 당태종의 비빈이었다는 점이다.

이런 상황에서 왕 황후는 악수를 둔다. 무측천이 갈수록 고종의 총애를 받고 자신은 냉대받는 데다가 황후에서 폐위될지도 모른다는 생각으로 어머니 유씨와 함께 박수무당을 찾아가 염승술을 행한 것이다. 무측천은 이 사실을 고종에게 보고하면서 황제를 저주한 일은 주살시켜도 모자라는 죄라고 말했다. 이 일이 결정적인 사건이 되어 655년 10월 왕 황후는 폐위되고 무측천이 황후에 오르게 된다.[17]

무측천은 황후의 자리에 오른 뒤 황태자를 폐하고 자신이 낳은 아들 이홍을 태자로 봉했다. 그런데 무측천이 무자비하게 살해한 소씨의 두 딸이 아직 옥에 갇혀 있는 것을 가엾이 여긴 이홍이 그들을 구해주려고 하자 이홍을 독살하고 동생인 이현을 태자의 자리에 앉게 했다. 이현李賢은 학자로서 뛰어난

측천무후

인물로 『후한서』에 장회태자章懷太子라는 이름으로 주석을 단 사람이다.

　　그러나 무측천은 이현 역시 후일 모반을 꾀했다는 명목으로 쓰촨 성으로 유배시킨 후 자살토록 했다. 그리고 그의 동생인 이철李哲을 황태자로 봉한 후 이현李顯이라 개명시켰는데 683년 12월 고종이 죽자 이현이 중종으로 등극했다. 그런데 중종이 무측천의 비위대로 일을 처리하지 않자 동생인 이단李旦에게 제위를 물려주도록 했으니 그가 예종이다. 무측천은 예종으로 하여금 정사에 전혀 관여치 못하게 한 후 자신이 직접 국정을 맡아 다스렸고 6년 후 스스로 제위에 올랐다.[18]

황제 등극 준비

　　무측천은 자신이 황제가 되는 데는 결정적인 하자가 있다는 사실을 잘 알고 있었다. 그것은 중국 역사상 여자의 몸으로 황제가 된 예가 단 한 건도 없다는 점이다. 653년 당나라에서 농민반란이 일어났을 때 여성인 진석진이 자신을 문가황제文佳皇帝라 칭한 적이 딱 한 번 있었는데 곧 도적으로 몰려 진압당했다. 현대 학자들도 진석진이 왕조를 통치한 적이 없으므로 황제로 공인하지 않는다.

　　무측천에게 가장 중요한 것은 여성도 순리에 따라 황제가 될 수 있다는 논리를 찾아내는 것이다. 그런데 중국의 『시경』, 『서경』, 『예경』, 『역경』, 『춘추』는 물론 도가의 『도덕경』에도 남존여비를 조장하고 여성의 정치참여를 불허하는 계율만 있었다. 예컨대 『서경』에는 "암탉은 새벽을 알리지 못한다. 암탉이 새벽을 알리는 것은 가정이 망할 때뿐이다"라고 적혀 있고 『시경』에는 "부녀자는 공무에 참여하지 말고 양잠과 방직을 훌륭히 해야 한다"라고 못을 박아놓았다. 그런데 설희의와 법명 등이 불교 경전에서 여자가 왕이 될 수 있다는 논리를 찾아냈다. 『대방등무상대운경』(대운경이라 부름)에는 다음과 같은 글이 있다.

> 정광淨光이란 천녀가 있다. …… 부처님이 정광 천녀에게 이르길 "너는 잠시 나의 대열반경을 들었다. 이러한 인연으로 지금 천상의 몸을 얻었다. 내가 속세를 떠날 때 (너는) 심오한 뜻을 다시 듣고 천상의 몸을 버리고 여자의 몸으로 왕이 되어 전륜왕이 통치하던 사방 중의 하나를 얻게 될 것이다. …… 그때 너는 실제로는 보살이지만 중생을 위해서 여자의 몸으로 나타나게 될 것이다.

한마디로 더할 수 없이 높고 무상한 '부처님'이 성모신황에게 천명을 내려 그녀로 하여금 왕조를 바꾸어 동방 세계를 통치하게 한다는 것이다. '부처님'의 뜻이기 때문에 어겨서는 절대 안 되며 부처님의 힘은 지극히 높아 미치지 않는 곳이 없어서 어기는 자는 기필코 멸망한다는 뜻도 갖고 있다.[19]

690년 9월 9일 무측천은 당나라를 주周나라로 바꾸고 낙양을 수도로 하며 연호를 천수天授로 바꾼다고 선포했다. 신하들은 무측천에게 '성신황제聖神皇帝'라는 존호를 올렸다. 예종은 무씨 성을 내려받고 예전처럼 동궁에 거처하며 황태자의 예우를 받았다. 무측천이 황관을 쓰고 용포를 걸친 중국 역사상 유일한 여성황제가 된 것이다.

무측천이 국호를 '당唐'에서 '주'로 바꾼 이유는 두 가지이다. 우선 자신의 족보를 대외적으로 확실하게 공표한다는 것이다. 고종은 무측천의 아버

지 무사확을 주국공周國公으로 봉했다. 아버지가 주국공이었으므로 국호를 '주'로 한 것은 자신의 가문에서 나라가 세워졌다는 것을 뜻한다. 또 다른 이 유는 고대 왕조인 주나라 때 태평성대를 이루었으므로 이를 본받아 새로운 기적을 만들겠다는 뜻이다.

황제가 된 후 그녀는 모든 면에서 자신감을 보였다. 객관적인 관점에서 보더라도 무측천이 황제가 된 후의 기간은 중국 역사상 가장 안정되고 화려 한 시기로 정치 경제·사회가 모두 비약적으로 발전했다. 그녀가 황제가 된 후 가장 심혈을 기울인 일은 인재들을 구하는 것이었다. 그녀는 상벌을 분명 히 했으며 관리들을 독려하고 감시할 사자들을 수시로 파견했다.

무측천의 공헌 중에서 가장 잘 돋보이는 것은 과거제도이다. 즉 과거제를 통해 선발한 인원수를 증가시키는 동시에, 황제 앞에서 과거시험을 치르는 전시제殿詩制를 설치하여 제도의 위상을 높였다. 이후 무측천이 세운 주나라가 멸망하고 당이 재건됐을 때 활약한 명신 중 상당수가 이 당시의 획기적인 인재 선발 정책을 통해 관계에 진출했던 인물들이다.

송나라 때부터 더욱 발전하기 시작한 과거제는 중국에서 통일 제국이 오랫동안 유지되는 비결 중 하나였다. 과거제는 관직 임용 시에 출신보다는 능력을 우선하여 우수한 인력이 황제를 위해 봉사할 수 있게 한 제도적 장치였다. 또한 일반 서민들에게도 사회적 신분 상승의 숨구멍을 터줌으로써, 사회적 안정을 도모하고 제국의 질서가 탄탄한 토대 위에서 유지되게 했다.

아울러 과거제의 실시로 새로운 성격의 지배층이 중국 사회에 출현했다. 과거에 급제한 사람에게만은 일반인들의 출입이 허용되지 않던 장안성 북문의 출입을 허용하여 이들을 '북문지사北門之士'라고 부른다. 이 북문지사라 불린 인재들의 활약으로 곧 이어지는 현종의 황금기인 '개원의 치'에서 당 문화는 활짝 꽃피게 된다.

여하튼 무측천 이후 중국의 지배층은 과거제를 통해 관료를 역임했거나 예비적인 관료군으로 올라선 사대부에 의해 구성됐다. 측천무후의 정책이 이후 중국의 역사를 움직인 지배층의 기본 뿌리를 이루었다고 할 수 있다. 이들 지배층은 실제로 토지나 상업 자본과 같은 경제적 기반을 바탕으로 형성됨으로써, 세 가지의 다른 얼굴, 즉 지주·상인·지식인의 면모를 동시에 지녔다. 이처럼 토지·상업자본·학식이 결합된 지배층 기반이 과거제를 통해 확립되면서 전제 왕정은 장기간 비교적 안정을 유지할 수 있었다. 역설적이지만 중국 역사상 수많은 농민 봉기 등이 일어났는데, 무측천의 통치하에는 단 한 차례도 민란이 발생하지 않은 진기록이 세워지기도 했다.

그러나 엄밀한 의미에서 이와 같은 안정을 이룬 까닭은 사실 악명 높은 밀고 제도를 활용했기 때문이다. 소위 스파이 정치를 한 것인데 주로 반대 세력의 관리들이 희생물이었다. 이를 위해 그녀는 중국 역사상 가장 악명 높은 혹리酷吏들을 조장하는 데 앞장섰다. 혹리는 잔인하고 포학하며 형벌을 남용하는 관리를 말한다. 이것은 무측천을 세기의 악당으로 당당하게 자리매김하게 할 수 있을 만큼 커다란 오점이 된다. 밀고 제도를 전담한 기관이 추사원인데 추사원의 정문인 여사문은 한 번 들어가면 다시 나오는 자가 드물어 이곳의 부름을 받은 관리들은 아예 가족에게 유언을 하고 나왔다고 한다.[20]

남총은 내가 거느린다

무측천이 다른 사람과 다소 다르다는 것은 여자로서 황제가 되었으므로 매사가 과거와 다르다는 사실을 직시했고 그것을 마음껏 즐겼다는 점이다. 그녀는 옥좌 앞에 문무 대신들이 무릎 꿇고 엎드리는 것을 즐겼지만 신체 건장한 미남자들 즉 남총들이 그녀의 치마 아래 엎드려 절하는 것도 좋아했다.

그녀의 생각은 명쾌했다. 과거 남자 황제가 수많은 비빈을 거느렸으므로 자신이 많은 남총을 거느리는 것은 당연한 일이라는 것이다. 그러므로 무측천은 만년의 남총으로 설회의, 장창종, 장역지 형제 등이 자신의 공식적인 남총이란 사실을 공개하는 데 주저하지 않았다. 그녀가 남총들을 거느리는 것에 대해 전혀 거리낄 것이 없었다는 것은 다음의 일화로도 알 수 있다. 당시 우보궐 주경측이 다음과 같은 상소를 했다.

폐하께서 총애하는 장역지와 장창종으로 충분한데 최근에 우감문위장사 후

상 등이 부끄러운 줄도 모르고 자신의 성기가 크다며 봉신 안에서 시봉하고 싶어 한다는 말을 했다고 들었습니다. 간언을 올리는 것이 신하의 직분이므로 감히 폐하께 아뢰지 않을 수 없습니다.

무측천은 주경측의 상소에 전혀 화를 내지 않고 오히려 그의 직언을 칭찬하고 채주 100단을 상으로 내리기까지 했다. 그렇다고 그녀가 남총을 좋아하는 것마저 중단한 건 아니다. 당나라 사람들의 개방적인 생각의 일단을 보여주는 기록이라고도 평하지만 무측천의 이러한 행동은 자신이 과거에 태종과 고종의 비빈이었던 것에 대한 반발로 보는 사람도 있다.

그녀는 남총들에게 둘러싸여 있으면서도 어려운 국정을 직접 챙겼고 틈틈이 저술과 시를 지었으며 글씨도 썼다. 그녀의 시문집은 무려 100여 권이나 되는데 문장술이 당대의 어느 작가와 비견해도 빠지지 않을 정도로 탁월하다고 중국인 세위안량이 평가하기도 했다.

무측천이 황제로 등극했을 때 그녀의 나이는 이미 67세로 중국 역사상 가장 많은 나이로 즉위한 황제다. 그럼에도 황제가 될 초기에는 건강했기 때문에 모든 일을 정력적으로 처리했다. 그런데 무측천이 여자 황제인데다가 점점 나이가 들어감에 따라 당연히 대두되는 문제는 누구를 후계자로 세우느냐였다. 그녀는 집권 초기에 명분을 세워 조카들인 무씨들을 왕에 봉해 특권을 주었고, 넷째아들 예종 이단의 성을 무씨로 바꾸고 황사皇嗣(황제의 뒤를 이을 황태자)로 삼아 동궁에 거하게 하면서 황태자에 준하는 의례를 갖추도록 했다.

무씨 종실의 정치적 지위를 높여가면서 이씨 성의 자식에게는 '제위 계승 후보자'라는 미끼를 던진 것이다. 그러나 시간이 갈수록 제위 계승 문제는 골치 아픈 문제 거리가 되었다. 무씨와 이씨 간의 세력 다툼 때문이다. 무씨 세력은 무측천이 나름대로 중용했기 때문에 그녀가 황제가 된 후에 무시하지 못할 세력으로 성장해 있었다. 한편 당나라에서 주나라로 왕조가 바뀌면서 이씨가 큰 타격을 받았지만 그래도 그들의 세력은 곳곳에 분포되어 있었다.

고종과의 사이에서 난 이씨인 아들에게 제위를 물려준다면 자신이 세운 주나라는 사라질 것이 분명하고 자신의 조카들인 무씨에게 제위를 물려주면 주나라라는 국호는 유지될 수 있지만 조카는 친자식만 못하다. 황실을 잘 알고 있는 그녀로서는 장차 자신의 친계인 아들과 손자들이 몰락하리란 사실을 누구보다도 잘 알고 있었다.

껄끄러운 사건에 휘말리면 몸보신이 어렵다는 것을 잘 알고 있는 신하들이 무측천의 눈치만 보고 있는데 하루는 적인걸에게 자기가 꾼 꿈을 해석해 달라고 의뢰했다. 꿈속에서 큰 앵무새의 두 날개가 꺾이는 장면을 보았다는 것이다. 적인걸은 다음과 같은 해석으로 무씨 즉 조카를 후계자로 삼아서는 안 된다고 못 박았다.

앵무鸚鵡의 무자 중 무武자는 폐하의 성씨이고 두 날개는 두 자식입니다. 폐하가 두 자식을 세우면 두 날개가 떨쳐진다는 것입니다.

결국 무측천은 자신의 아들 중에서 예종이 아니라 중종을 698년 황태자로 옹립했다. 그녀가 이단을 제치고 이현(이철)을 태자로 삼은 것은 이현이 형이므로 서열 관념에 어긋나지 않는다고 여겼기 때문이다. 즉 이씨 간에 제위 때문에 다툼이 있어서는 안 된다는 뜻이다. 이단도 어머니인 무측천의 뜻을 알고 이현에게 제위를 물려주기를 청했다. 무측천은 황사 이단을 상왕으로 낮

건릉의 무자비. 무측천은 자신의 묘비에 아무런 글자도 새기지 않는 '무자비'를 세우게 했다.

추고 이현을 황태자로 삼았다. 가장 골머리를 썩일 후계자 문제를 일단 봉합한 것이다.

그러나 후계자 문제는 언제든 다시 벌어질 수 있는 상황이었는데 예상치 못한 돌발 사고가 일어났다. 장간지가 무측천이 요양하던 곳을 포위하고 이현에게 제위를 양여할 것을 요청한 것이다. 무측천은 이를 수락하지 않을 수 없었다. 705년 정월 25일 중종이 복위했다. 또한 열흘 후에 국호를 당나라로 회복했고 모든 것을 고종 이전으로 돌렸다. 무측천은 상양궁으로 압송되어 300여 일을 더 살다가 705년 11월 26일에 사망했다.

무측천은 후세 사람들이 자기를 평가할 때 양극단으로 엇갈릴 것을 예상

건릉. 당고종의 무덤으로 산을 뚫어 관을 안치해 산 자체를 능으로 삼았다. 무측천 또한 후일 건릉에 함께 묻혔다.

했기 때문인지 자기의 묘비에 아무런 글자도 새기지 않는 '무자비無字碑'를 세워달라고 했다. 그러나 10~12세기에 그녀의 유지를 어기고 13개의 비문이 새겨졌는데 여진족의 문자도 확인할 수 있다.[21]

중국 역사에서 무측천처럼 명실공히 국가를 경영한 여자는 없다. 남다른 중국 역사를 만들었다는 뜻인데 중국 정부는 2007년 1월 매우 놀라운 사실을 발표했다. 무측천의 능에 보물 500톤가량이 묻혀 있다는 것이다. 중국은 무측천릉의 발굴을 검토 중인데 사전 조사 결과 능묘와 함께 하궁下宮이라는 지하궁전이 존재하고 있으며, 이곳에 당시 당나라 최고의 보물이 함께 묻혀 있는 것으로 확인됐다는 것이다. 조사에 참여한 산시 성의 한 고고학자는 현재 매장품의 70퍼센트를 조사했는데 각종 진귀한 보물과 유물이 최소 500톤에 이른다고 말했다.

무측천의 능은 중국 내에서 유일하게 도굴당하지 않고 완벽하게 보존된 황릉으로 유명하며(현존 진시황릉도 도굴되지 않은 것으로 추측하나 그중 일부는 항우에 의해 도굴된 것으로 알려짐) 특히 고종이 유언에서 자신이 애호하던 서화를 함께 매장토록 했다는 기록이 남아 있어 고고학자들은 '서성書聖'으로 불린 왕희지王羲之의 불후의 명작인 난정서蘭亭序도 함께 묻혀 있을 가능성이 있다고 내다봤다.[22]

측천무후

나폴레옹의 암살

　유럽에 있는 정신병원에서 가장 인기 있는 사람은 남자로는 나폴레옹 1세 Napoléon I이고 여자로는 클레오파트라다. 이들 정신병 환자들은 아직도 자신들이 나폴레옹이나 클레오파트라의 현신이므로 사람들이 자신에게 봉사할 의무가 있다고 강변한다. 실제로 정신병자가 주인공으로 나오는 영화나 연극에서도 이 두 사람은 빠지지 않고 나온다.

　정신병자들이 가장 많이 애착을 갖는 사람이라면 아마 인류가 태어난 이래 가장 성공적인 생활을 한 인물이라고도 볼 수 있다. 그러나 그들이 수많은 사람에게 선망의 대상이 된 이유는 누구보다 많은 미스터리를 남긴 사람이기 때문이기도 하다.

　나폴레옹은 프랑스가 자랑하는 영웅이며 아직도 전 세계의 수많은 사람이 파리의 앵발리드에 있는 그의 묘지를 찾는다. 파리를 점령한 히틀러가 제일 먼저 찾은 곳도 나폴레옹 무덤이었다. 나폴레옹은 살아있을 당시에 수많은 적과 동지를 만든 장본인으로 후대의 평가는 사람마다 다르지만 그의 사망처럼 많은 의혹을 불러일으키는 사건은 많지 않다. 의혹이란 나폴레옹이

파리 앵발리드의 나폴레옹 묘지에 있는 나폴레옹 동상.

나폴레옹의 암살

비소로 독살되었다는 것이다.

나폴레옹은 독살되었다

세인트헬레나 섬은 브라질 해안에서 3,500킬로미터, 아프리카 해안에서 1,900킬로미터나 떨어진 대서양의 섬으로 당시 약 4천여 명의 주민이 살고 있었다. 연합군이 나폴레옹의 유배지로 이 섬을 선택한 것은 엘바 섬에서와 같은 탈출 사건을 일으키지 못하게 하려는 비상조치였다. 한마디로 나폴레옹일지라도 탈출할 수 없는 절해의 고도다.

나폴레옹의 유형지까지 따라간 사람들로는 총보좌관인 베르트랑 백작, 몬트롱 백작, 글루고 장군, 한때 수상이자 비서였으며 저술가인 라스카스 백작 등이 있다. 베르트랑과 몬트롱은 각각 아내를 동반했고 그 외에 시종장인 마르샹을 비롯해 하인 10여 명도 함께였다.

1815년 10월 15일, 프랑스·이탈리아의 황제 자리에서 물러난 후 세인트헬레나 섬에 도착했을 때의 나폴레옹은 비록 유배라고는 하지만 매우 활기 있고 건강했으며 규칙적인 생활에 곧바로 적응했다. 아침 9시에 일어나서 10시에 아침 식사를 하고 별로 외출하지 않으면서 한때 비서 라스카스에게 자신이 구술하는 것을 받아쓰게 했다. 저녁 7시에 식사를 하고 11시까지 소리 내 고전을 읽다가 잠자리에 드는 것이 그의 일과였다.

그런데 이렇게 정력적이고 활동적인 나폴레옹이 1821년 5월 5일, 유배된 지 5년 반 만에 사망하였다. 그는 자신이 명대로 죽지 못할 것을 잘 알고 있었다. 즉 자신이 사망한다면 자신의 죽음이 정상적이 아니며 특별한 이유가 있

ⓒMLWatts

나폴레옹 무덤이 있는 파리의 앵발리드(위)와 나폴레옹이 잠든 관(아래).

나폴레옹의 암살

다는 말을 분명하게 적었다.

> 나는 내 명을 다 살지 못하고 죽으며, 영국의 소수 권력 집단과 그들이 고용한 암살자들의 손에 의해 살해된다.

그러므로 나폴레옹은 죽기 얼마 전부터 자신이 사망하면 반드시 해부하고 어떤 하찮은 것이라도 절대 놓치지 말고 기록하라고 했을 정도다. 결국 그의 희망대로 그가 죽은 다음 날 그가 최후의 날을 보낸 롱우드 하우스의 별실에서 시의들이 시체를 해부했다. 해부를 집행한 의사 일곱 명 가운데 여섯은 영국인 군의관이었고 나머지 한 명인 안톤 마르키는 코르시카인 의사로 마지막 일 년 동안 시의로서 나폴레옹을 섬긴 사람이었다. 집도는 나폴레옹의

잭슨 리유트닝이 그린 〈세인트 헬레나섬의 롱우드 하우스와 낮은 층계 위의 나폴레옹 1세〉.

희망에 따라 마르키가 맡았다.[23] 약 두 시간이 지나 검시檢屍를 마친 의사 일곱 명은 서로 다른 의견을 보였다.

위에서 십이지장 사이에 궤양이 있다는 것은 모두 인정했지만, 안톤 마르키는 '암성 궤양'으로 보았고, 영국인 군의관들은 '암으로 발전할 가능성이 있는 악성 종양'으로 판단했다. 의사 두 명은 나폴레옹의 간장이 겉으로 보기엔 멀쩡한 데 비해 상당히 늘어나 있다는 데 관심을 보였다. 결국 일곱 의사들은 나폴레옹이 위암이나 유문幽門(위의 아래쪽 끝의 십이지장에 연결되는 부분)암으로 죽었다고 기록했다. 당시의 사망 소견서에는 다음과 같은 설명이 추가되었다.

> 첫째, 나폴레옹은 체질적으로 위암의 유전적 소인이 있었다.
> 둘째, 나폴레옹 스스로 자신의 암 중세를 인정했다.
> 셋째, 시신을 부검했을 때 이미 그의 위에는 상당한 궤양이 진행되어 있었고 간장도 부어 있었다. 그 밖의 장기는 양호한 상태였다. 다만 특이한 것은 나폴레옹은 날이 갈수록 체구가 비대해졌다.[24]

사실 나폴레옹이 위궤양으로 사망했다는 데는 아무런 의문이 없다. 나폴레옹의 집안은 유달리 위궤양 환자가 많았으며 그의 아버지도 위궤양으로 38세에 세상을 떠났다. 사실 당시의 의학적인 소견으로는 위궤양으로 병명이 적혀있지만 현대 의학적으로 볼 때 말기 위암과 간암으로 추정하는데 이 병은 현대 과학으로도 고치지 못하는 병이다.

1821년 봄부터 시작하여 나폴레옹은 위와 간의 통증으로 심한 고통을 당하고 있었다. 게다가 발작적인 구토에다 세인트헬레나에서 옮은 아메바성

1820년의 나폴레옹.

이질로 급성 설사가 겹쳐서 심한 탈수 상태에 빠져 있었다. 그의 주치의 안톤 마르키는 그에게 토주석(구토제로 독성이 강함)을 레모네이드에 타서 주었다. 주석 구토제는 유독한 안티몬 혼합물로 당시 의사들이 표준으로 사용하는 설사약이었다. 이 약을 마시고 나폴레옹은 방바닥에서 고통스러워했으나 의사는 아랑곳없이 투약을 계속했다. 두 번째 주치의였던 군의관 아치볼드 아노트는 설사약을 더 많이 쓰는 것이 황제에게 도움이 된다고 말했다.

이 당시 의사들은 죽어가는 허약한 환자들에게 대량의 설사 출혈을 유도하는 발포관장을 하는 것이 보통이었지만, 현재의 의학자들은 나폴레옹에 대한 이런 치료가 고의적이라고 생각한다. 실제로 위암 환자에게 설사약을 투여하여 위를 비우도록 시도하는 것은 의도적인 살인이나 마찬가지라는 뜻이다. 나폴레옹의 고통이 심해지자 아노트는 설사약으로 사용하는 유독성 염화 제1수은 열 개를 투약했는데, 이는 최대 허용치를 세 배나 초과하는 분량이었다. 나폴레옹은 몇 시간 내에 의식을 잃고 1821년 5월 5일 오후 5시 49분에 사망했다.

증인으로 채택된 나폴레옹의 머리카락

1950년대 초에 나폴레옹의 사인에 대한 학자들의 조사가 본격화되었다.

프랑스와 독일에서는 나폴레옹의 증상을 면밀히 검토한 결과 위암이 아니라 열대병 감염에 의한 사망이라고 발표했다. 나폴레옹은 이집트와 리비아 등의 원정길에서 말라리아와 같은 열대병을 앓았었는데, 열대기후와 유사한 세인트헬레나 섬에 유폐되었던 기간에 이러한 증세가 재발하였다는 주장이다.[25]

한편 1955년 스웨덴의 치과의사 스텐 포르스후프부드Sten Forshufvud는 나폴레옹의 시중을 들었던 시종장 마르샹의 수기를 읽던 중 의아한 생각이 들었다. 쏟아지는 졸음과 불면증의 반복, 다리의 부종, 체모의 탈모, 비만 등 죽기 직전에 보인 나폴레옹의 증상은 만성 비소 중독 증상이었다. 포르스후프부드는 의사 두 명이 남긴 시체의 간이 이상하게 비대했다는 기록에도 주목했다. 이것도 비소 중독자에게 자주 있는 증상이었다.

비소는 나폴레옹 시대에 흔히 쓰였던 독약으로 독살에는 안성맞춤이었다. 특히 쥐를 잡는데 자주 쓰였으므로 어디에서나 쉽게 구할 수 있었고 맛과 냄새가 없어 다른 음식물과도 잘 섞였다. 여기에서 중요한 사실은 비소를 몇 년에 걸쳐 조금씩 먹게 되면, 흔히 볼 수 있는 여러 질병의 증상과도 비슷한 증상을 보인다는 점이다. 그리고 토주석과 감홍甘汞(염화제일수은의 약품명으로 설사제)을 함께 먹이면 확실하게 사망한다. 그리고 그 경우 시신을 해부해도 비소의 흔적이 남지 않는다. 그 당시 의사는 여러 질병에 토주석과 감홍을 처방하는 것이 보편적이었으므로 누군가를 흔적 없이 살해하는 데는 적격이었다.[26]

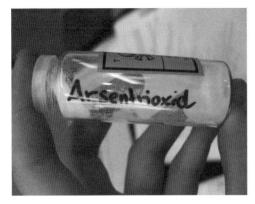

삼산화비소As₂O₃. 서양에서 불치병을 다스리는 특효약으로 쓰이기도 했지만, 독살하기에 안성맞춤인 독약이기도 했다.

포르스후프부드는 나폴레옹의 병세가 악화되었던 1820년 9월부터 사망한 1821년 5월까지 약 8개월 동안의 병상 기록을 조사하기 시작했다. 8개월 동안 나폴레옹은 여섯 번이나 급성 중독 증세로 발작을 일으켰고, 그 사이 만성 비소 중독 증세는 깊어져 가고 있었다. 조사 결과 나폴레옹이 세인트헬레나 섬에 유배된 1815년부터 그의 몸 안에 상당량의 비소가 축적되고 있었다는 사실도 알게 되었다.

여하튼 포르스후프부드는 나폴레옹에 관한 모든 기록을 검토한 결과 비소 중독의 서른 가지 징후 가운데 적어도 스무 가지 이상이 나타났다는 사실을 알았다. 그러나 물적 증거가 없었다. 여기에서 나폴레옹의 머리카락이 등장한다. 비소에 중독되면 사람의 신체는 머리카락을 통해 비소를 몸 밖으로 내보내려고 하므로 머리카락은 몸 안에 축적된 비소의 양을 밝히는 데 아주 좋은 재료가 된다.

나폴레옹은 화장하기 전에 자기의 머리를 깎아서 그 머리카락을 세인트헬레나의 수행원들에게 나누어주도록 유언했다. 포르스후프부드는 그 당시 나폴레옹이 시종 두 명에게 준 머리카락의 소재지를 알아내었다. 마침 스코

틀랜드의 글래스고대학 법의학과 스미스 교
수가 한 올의 머리카락으로도 당사자의 신체
상황을 예측할 수 있는 중성자 유도방사화
분석이라는 기술을 개발하였다.

포르스후프부드는 파리나폴레옹연
구회의 주요 회원인 라슈크 사령관으로
부터 나폴레옹의 머리카락을 구했다.
라슈크는 원래 앵발리드 군사 박물관
관장으로 시종장 마르샹의 회상록 편
집에도 참여한 인물이었다. 그는 나폴
레옹이 죽은 다음 날 나폴레옹의 머리
에서 자른 머리카락 한 줌을 '황제의

병이 깊어져 죽음이 임박한 나폴레옹의 모습.

유발'로 간직하고 있었는데 그 중 한 올을 포르스후프부드에게 주었고 그는
곧바로 스미스 교수에게 전달했다. 수일 후 스미스 교수가 다음과 같은 답장
을 보냈다. 스미스의 친필이었다.

> 보내주신 시료를 조사한 결과 머리카락 1그램이 10.38마이크로그램의 비소
> 를 함유하는 것으로 확인됐습니다. 이는 피험자가 비교적 다량의 비소에 노
> 출되었다는 것을 의미합니다.

스미스의 답장은 포르스후프부드의 가정에 정확히 부합되었다. 나폴레
옹의 머리카락에서 정상인들의 13배 분량에 해당하는 비소가 발견되었기 때
문이다. 인간의 머리카락이 함유하는 비소의 평균치는 1그램 당 0.8마이크로

나폴레옹의 암살

그램으로 그것도 현대인에게 적용되는 경우이다. 즉 나폴레옹 시대에는 지금보다 환경이 오염되지 않아 머리카락의 비소 함유량이 더욱 적었을 것이라는 뜻이다.

스미스 교수는 외부로부터 비소가 침입할 가능성은 거의 없으며 분명히 몸 안에서 머리카락으로 옮겨 간 것이라고 단언했다. 그러나 단 한 올의 실험으로 나폴레옹이 비소 중독이라고 단정하는 것은 문제가 있었다. 좀 더 많은 머리카락의 실험이 필요했다.

그런데 포르스후프부드에게 처음 머리카락을 제공한 라슈크는 그에게 더 이상 머리카락을 제공하지 않겠다고 했다. 당초와는 달리 머리카락을 제공하지 않은 이유는 만일 나폴레옹이 독살되었다면 그 범인은 나폴레옹을 섬긴 프랑스인일 가능성이 높았기 때문이다.

프랑스인들 입장에서는 나폴레옹을 세인트헬레나 섬으로 귀양 보낸 영국인을 범인으로 지목하는 쪽이 좋았다. 그러나 세인트헬레나 섬의 상황으로 미루어 보아 나폴레옹과 함께 생활하던 사람이 아니면 독살할 수 없었다.

여하튼 라슈크의 반대로 나폴레옹의 머리카락에 대한 조사가 답보에 빠지자 포르스후프부드는 다른 수단을 떠올렸다. 기왕 나폴레옹의 머리카락을 수배하기 어렵다면 조사 결과를 공개로 하여 다른 머리카락을 찾자는 것이다. 그는 1961년 10월 『네이처』에 스미스 교수와 함께 나폴레옹의 머리카락을 감정한 결과를 발표했다. 그러자 수많은 사람이 벌떼와 같이 항의하고 나섰다. 머리카락 한 올로는 불충분하다는 둥, 정말 나폴레옹 머리카락이냐는 둥, 머리카락이 외부로부터 오염될 가능성도 있다는 둥 다양했다.

그러나 포르스후프부드가 기대하던 연락도 있었다. 나폴레옹의 하인이었던 노베라스로부터 나폴레옹의 머리카락을 물려받은 스위스 직물학자 프뢰가 머리카락을 제공하겠다는 것이다. 포르스후프부드는 머리카락을 받자마자 곧바로 스미스 교수에게 전달했다.[27] 스미스 교수의 두 번째 실험 결과도 예상과 같았다. 나폴레옹의 머리카락에 평균치보다 많은 비소가 함유되어 있었다.

13센티미터 길이의 머리카락을 5밀리미터 폭으로 잘라 측정한 비소량이 변화를 나타내는 것으로 보아 반드시 일정량의 비소가 함유된 것은 아니라는 사실도 알려졌다. 아울러 나폴레옹의 병세가 악화하여감에 따라 머리카

나폴레옹의 머리카락(위)과 친필
문서(아래).

락에 함유된 비소량 역시 늘어나고 있다는 사실을 발견했다. 또한 나폴레옹이 세인트헬레나 섬에 유배된 1815년부터 그의 몸 안에 상당량의 비소가 축적되고 있었다는 사실도 파악되었다.[28]

누가 범인인가

포르스후프부드는 누가 과연 나폴레옹을 살해할 수 있는지 일일이 체크하기 시작했다. 그는 몬트론 장군에 주목했다. 나폴레옹을 독살하기 위해서는 항상 나폴레옹 옆에 있어야 하기 때문이다.

포르스후프부드는 그가 세인트헬레나 섬으로 들어간 것은 상식에 어긋나는 일이라고 지적했다. 그는 귀족출신 장교이기는 하지만 한 번도 전장에 나간 일이 없었으며 나폴레옹은 몬트론에 대해 아무것도 알지 못했다. 그 역시 나폴레옹에게 은혜를 입은 일은 없었다.[29] 포르스후프부드는 자료를 찾던 중 몬트론에 관한 놀라운 사실을 발견했다. 휘하의 군사들에게 지급하는 월급에서 6천 프랑을 횡령했다는 것이다. 유죄가 인정되면 군법회의감인데 이상하게도 그는 아무런 제재를 받지 않았다.

포르스후프부드의 추론은 간단했다. 기록에 따르면 몬트론은 술 창고 담당으로 포도주가 저장된 창고 열쇠를 가지고 있었다. 나폴레옹은 자신이 아껴 마시는 술을 매일 같은 술병에 담아서 마셨는데 술 창고 담당인 몬트론이 술을 병에 옮기는 과정에서 비소를 넣었다는 것이다.

음식물에 독을 넣는 것보다 현장을 들킬 위험도 적다. 음식물은 그때마다 독을 넣어야 하지만 술통은 수개월 분의 독을 한 번에 넣을 수 있다. 포도주

관리인인 몬트론이 포도주 병에 독을 넣는다고 해도 발각될 리 없는 상황이었다. 결론을 이야기하자면 몬트론은 나폴레옹을 독살할 목적으로 세인트헬레나 섬에 온 사람이었다. 포르스후프부드는 독살 명령을 내린 사람이 샤를르 10세라고 추정했다. 그는 몬트론의 양아버지를 통해서 이 명령을 따르지 않는다면 공금 횡령죄로 감옥에 보내겠다는 협박을 했을 것이다.[30]

반면에 근래 나온 설명 중에는 나폴레옹의 사인이 독살이 아니라는 주장도 있다. 2001년 프랑스의 법의학 전문가들이 나폴레옹의 머리카락에 대해 실시한 화학분석에서 정상치보다 7~38배의 비소 성분이 검출되자 독살설은 의심의 여지가 없는 듯 보였다. 그러나 『시앙스에비』 2002년 10월호는 나폴레옹이 유배 생활에 들어가기 전인 1805년과 1814년에 채취한 머리카락의 비소량을 분석한 결과 1821년 사망 당시의 머리카락과 유사한 비소량이 검출되었다고 발표했다. 나폴레옹은 유배되기 훨씬 전부터 많은 양의 비소에 중독되어 있었다는 것이다. 결국 나폴레옹이 비소로 독살된 것은 아니라는 결론이다.

2004년 영국의 『뉴사이언티스트』는 지금까지의 나폴레옹 사망설은 완전한 오류라고 주장한 샌프란시스코 의학연구소의 법의학 생리학자 스티브 카치의 주장을 게재했다. 나폴레옹은 직무에 지나치게 충실한 의사들의 의료적 실수로 사망했다는 것이다. 카치 박사의 주장은 다음과 같다.

> 의사들이 나폴레옹의 배 속과 장 경련을 다스리기 위해 매일 관장제를 주었으며 엄청나게 큰 더러운 주사기 모양의 관장기를 사용했다. 이는 구토를 유발하는 안티모니 포타슘 타탈산염이라는 화학약품과 함께 쓰였기 때문에 나폴레옹은 위험할 정도로 포타슘 부족에 시달렸다. 또한 심장 상태가 치명적

으로 악화돼 불규칙한 심장 박동으로 뇌로 가는 혈류가 방해받는 증상 Torsades de Pointes을 일으켰다.

카치 박사에 의하면 위와 같은 의사들의 처방으로 나폴레옹의 체내 전해질의 균형이 깨졌으며 그 때문에 심박에 이상이 생겼고 결국 심장마비를 초래했다는 것이다. 병리학자들의 설명으로는 나폴레옹이 사망한 직접적인 원인은 의료 과오에다 장기간에 걸친 비소 노출로 악화된 부정맥이다.[31]

그는 나폴레옹의 음모설에 등장하는 비소에 대해서도 부정적이다. 나폴레옹의 몸에서 검출된 비소는 흡연이나 석탄 연기 등 여타의 환경요인에 의한 것으로 비소 때문에 심장 상태가 악화된 부분은 있었지만 비소 중독만으로 사망에 이르지는 않았을 것이라고 주장했다. 또한 19세기 일반적인 사람들의 머리카락에도 비소 함량이 매우 높았다는 점을 지적했다. 물론 정통 의

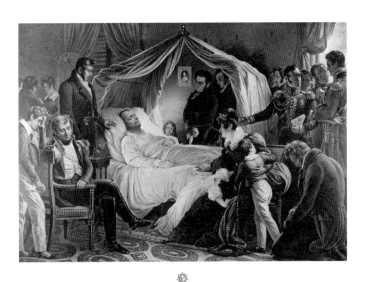

1821년 5월 5일 롱우드 하우스에서 숨을 거둔 나폴레옹.

학자들은 카치 박사의 주장은 억지 주장이라며 "나폴레옹은 분명히 병을 앓고 있었으며 치료법과는 달리 종양으로 사망했다"라고 주장한다.[32]

나폴레옹이 평소에 앓고 있던 질병 때문에 사망했다는 주장도 만만치 않다. 프랑스의 역사학자 장 툴라르는 부검에서 보고된 대로 암과 궤양이 사망 원인이라고 주장한다. 그는 비소 중독을 증빙한다는 머리카락조차 정말 나폴레옹의 것인지 정확하지 않다고 반박했다. 특히 나폴레옹의 모발 표본이라고 주장하는 머리카락이 예수의 십자가 파편으로 추정되는 나무 조각보다도 많다고 지적하며 모발의 신빙성에 이의를 제기했다.

나폴레옹의 사망 원인이 아무리 흥미롭다고는 하지만 명확하게 밝혀질 것 같지는 않다. 파리 조르주 퐁피두 병원의 폴 포르느 박사는 1821년의 부검 보고서를 비롯한 여러 사료를 검토한 후 다음과 같이 설명한다.

> 나폴레옹은 암에 걸린 상태에서 사망했을지는 모르지만 암 때문에 사망하지는 않았다. 모발에서 비소가 검출되었다고 해도 누군가가 그에게 계획적으로 비소를 주었다거나 그 때문에 죽었다고도 단정할 수 없다.

폴 포르느 박사는 누군가가 독살 혐의로 기소되었다 해도 법정에서 기각되었을 것이라고 주장했다.[33]

2부

역사 인물 미스터리

THE
MYSTERY AND
THE TRUTH

제갈량의 칠종칠금

　나관중의 역작인 『삼국지연의』의 약 3분의 1은 중국인과 소위 오랑캐와의 싸움을 다뤘다. 위나라가 연나라와 벌인 전투도 큰 틀에서 오랑캐와의 싸움이라고 볼 수 있으며 촉나라가 남만의 맹획孟獲과 벌인 전투도 오랑캐와의 전투임이 분명하다. 『삼국지연의』가 오랑캐의 이야기를 많이 다루고 있는 이유는 간단하다. 당대의 패권을 잡기 위해 부단히 오랑캐와 전투를 하였고 또한 오랑캐만이 가진 여러 가지 특성이 『삼국지연의』에서 중요한 역할을 하기 때문이다.

　그런데 매우 의아한 것은 천하의 작

중국 역사상 가장 유명한 인물 중 한 명인 제갈량.

전가로 알려진 제갈량諸葛亮의 매우 이상한 원정을『삼국지연의』에서 대단히 길게 설명했다는 점이다.『삼국지연의』에서 제갈량은 남만의 왕인 맹획을 일곱 번 사로잡은 후 일곱 번 풀어주는 소위 '칠종칠금七縱七擒'의 아량을 베푼다. 술래잡기와도 같은 싸움에서 제갈량은 맹획을 잡을 때마다 그를 풀어주었고, 결국 맹획은 제갈량의 신출귀몰하는 재주와 아량에 감복하여 마음으로 촉나라에 복종했다고 전해진다.

그런데『삼국지연의』의 전반에 흐르는 전투 상황을 볼 때 제갈량의 행동은 이해하기 어렵다. 당대의 전투 공식에 의하면 패자를 죽이거나 살리는 것은 승리자의 몫이며 패배자가 갖고 있던 영토는 승리자가 흡수하는 게 당연한 수순이다. 제갈량의 칠종칠금으로 맹획이 마음에서 우러나는 복종을 하게 됐다고는 하나 그 과정에서 수많은 병사가 희생돼야 했다. 제갈량의 촉나라 군사는 습지와 열대우림을 돌파하는 과정에서 악전고투를 거듭하며 엄청난 희생을 치러야 했다. 그럼에도 제갈량은 남만을 공경하면서 생긴 엄청난 피해까지 감수하고 맹획에게 다시는 반란하지 말라고 다독거리며 철수했다. 그야말로 당대의 전략가인 제갈량이 밑지는 장사를 했다는 이야기다. 지략가로 소문난 제갈량이 왜 그런 손해를 감수한 것일까?[1]

'칠종칠금'의 고사 속 주인공인 남만 왕 맹획.

악전고투하는 남만 정벌

『삼국지연의』에는 제갈량이 남만을 공격하는 이유를 다음과 같이 적었다. 제갈량이 남만을 원정하겠다고 하자 '읍참마속泣斬馬謖'으로 유명한 마속이 말한다.

> 남만은 중원과 거리가 멀고 산천이 험하므로 항상 마음으로 복종하지 않은지 오래입니다. 비록 오늘 승리를 거두어도 내일 또다시 반할 것입니다. 승상의 대군이 나서면 평정되기는 하되 만약 군사를 돌려 북벌에 나간다면 곧바로 반발할 겁니다. 대저 용병하는 법은 공심公心이 상공上攻 법이고 공성攻城은 하계입니다. 그러므로 심전心戰이 상승이요 병전兵典은 하책입니다. 승상께서는 마음으로 복종하도록 하십시오.

제갈량은 마속의 건의를 받아들여 맹획을 일곱 번이나 잡았음에도 그를 죽이지 않고 일곱 번 풀어주었다. 마음으로 복종케 하기 위해서였다. 중국의 관찬사서인 진수의 『삼국지』「제갈량전」에는 이 사건을 다음과 같이 간략하게 적었다.

> 제갈량은 군대를 인솔하여 남쪽으로 정벌을 나서 이해 가을, 전부 평정시켰다.

그야말로 간단하기 짝이 없는 설명인데도 나관중의 『삼국지연의』에는 남만의 맹획이 건령태수 옹개와 연합하여 10만 명의 병사를 움직여 국경을 침입했다고 설명한다. 그러나 제갈량의 침입을 받은 맹획의 이야기는 이와 다르다. 그는 첫 번째 포로가 되었을 때 제갈량에게 다음과 같이 대든다.

> 나는 대대로 이곳에 살아온 사람이다. 너희가 무례하게 내 땅을 침범했으면서 오히려 나더러 배반했다고 하느냐.

위의 내용 중 어느 설명이 옳은지는 불분명하나 옹개가 반란을 일으켰다고 해도 제갈량이 맹획까지 공격한 것은 의아한 일이다. 맹획의 이야기처럼 제갈량이 자기 땅을 침공했다면 이에 대항했다는 것은 자연스러운 일이다. 게다가 『삼국지연의』에도 묘사되었다시피 남만 지역은 불모지지不毛之地인데다 장기瘴氣(충토병)와 역질疫疾(천연두)이 유행하는 곳이므로 제갈량에게 남방 원정은 불가능한 일이었다. 그럼에도 『삼국지연의』의 기록에 의하면 제갈량은 무려 50만 명을 동원했고 예상대로 남만의 기후 등으로 그야말로 악전고투한다. 노수瀘水 하류를 건너다가 독기 때문에 상당히 많은 장병이 희생되었고 나는 새, 기는 짐승도 살 수 없다는 독천毒泉에서도 많은 군사를 잃는다.

제갈량이 퇴각할 때도 문제가 생긴다. 물속에 있는 창신猖神(원귀가 된 미친 귀신) 때문에 배를 탈 수 없게 되자 맹획은 제사를 지내라고 조언한다. 제사에는 49명의 머리와 흑소黑牛, 흰양白羊이 필요했다. 제갈량은 전쟁이 겨우 끝났는데 사람을 죽일 수 없다며 유명한 만두饅頭를 만들게 한다. 『삼국지연의』에는 소와 말을 잡아서 면麵으로 고기를 반죽해 만든 사람의 머리를 만두라고 했다. 제갈량이 만두를 만들어 제사 지내며 노수에 뿌리자 노수가 잔잔해져 제갈량의 군이 무사히 강을 건널 수 있었다고 한다.

송나라의 고승高承은 『사물기원』에서 보다 구체적으로 이 당시의 정황을 적었다. 당시 남만 지역에는 사람의 목을 잘라 제사를 지내는 풍습이 있었으므로 제갈량이 이를 금지하고 양고기와 돼지고기를 밀가루로 싼 다음 사람 머리 모양으로 만들어 제사를 지냈더니 귀신이 속아 넘어가 군대를 지나가게 했다는 것이다.[2] 이는 제갈량이 만두를 만들어야 할 정도로 남만 정벌에서 악전고투했다는 뜻인데 중국 역사학자들은 제갈량의 남만 정벌에 대해 다음과 같은 의구심을 제기한다.

> 제갈량이 남만을 정복한 일은 당시의 전설로서 과대 포장된 점이 있다. 예를 들면 맹획이 일곱 번 풀려났다가 일곱 번 사로잡혔다는 칠종칠금 고사는 사리에도 맞지 않는다.[3]

사실 『삼국지연의』에는 나관중에 의해 역사적으로 가필된 장면이 여럿 등장한다. 그중에서도 가장 심한 예로 거론되는 것 중 하나가 제갈량의 남만 정벌이다. 『삼국지연의』에 의하면 제갈량과 맹획의 술래잡기 과정은 다음과 같다.

❋
만두는 제갈량의 지혜에서 기원했다고 한다.

© Clementina

첫 번째는 위연에게 생포되고 두 번째는 자신의 부장인 동도나와 각 부장의 추장들에게 잡혀 제갈량에게 끌려간다. 세 번째는 마초의 사촌 동생인 마대의 꾐에 빠져 붙잡혔으며 네 번째는 제갈량과 좁은 길에서 맞닥뜨렸다가 함정에 빠졌다. 다섯 번째는 연회가 벌어지는 도중 사로잡혔고 여섯 번째는 맹획이 체포된 것처럼 위장하여 거짓 투항한 후 제갈량을 죽이려다 실패했고 마지막으로 역시 마대에게 생포되었다. 이에 비로소 맹획이 "일곱 번 잡았다가 일곱 번 놓아준 예가 자고로 없습니다. 제가 비록 오랑캐이지만 예의가 무엇인지 잘 알고 있습니다. 승상의 하늘 같은 위엄에 우리 남쪽 사람들은 절대 배반하지 않을 겁니다"라고 무릎 꿇고 사죄했다.[4]

　문제는 '칠종칠금'의 주인공인 옹개와 맹획의 인물 설정이 완전히 변형됐다는 데 있다. 옹개는 삼국시대 익주군益州郡(현재 윈난 성 일대)의 지방 호족으로 유비 편에 섰다가 유비가 사망하자 촉에서 임명한 태수 정앙을 죽이고 오나라에 항복해 손권이 임명한 영창태수가 된 사람이다. 또한 225년 제갈량이 남방 정벌에 나서서 진군 중일 때 부하에게 피살되었으므로 사실상 제갈량과는 관련이 없다. 그럼에도 『삼국지연의』에서는 건녕태수로 변형되어 맹획과 손잡는 반란의 주도자로 나온다.

　맹획도 억울하기는 마찬가지다. 그는 원래 초나라의 익주군 사람으로 한나라 사람과 인근의 소수민족들로부터 신망을 얻고 있었는데 223년 태수 옹개가 오나라에 항복할 때 함께 투항했다. 제갈량에 의해 포로가 된 그는 다시 촉나라에 투항하며 어사중승 벼슬을 했다. 그러나 『삼국지연의』에서는 남만의 왕으로 변형되어 제갈량과 일곱 번이나 맞서다 번번이 살아나는 장군으로 나온다. 『삼국지연의』에서 그는 제갈량을 높이기 위해 철저하게 각색된

다섯 번째로 붙잡힌 맹획. 그러나 제갈량은 맹획을 잡을 때마다 놓아준다.

것이다. 실제로 제갈량이 남만 정벌에 나선 것이 사실이라면 적어도 제갈량이 이처럼 악전고투하면서 남만을 정벌해야 했던 진짜 이유가 무엇인지 궁금하지 않을 수 없다.[5]

오랑캐의 무기가 필요하다

『삼국지연의』에는 오랑캐의 습속이나 장기들이 많이 등장한다. 기마술, 각궁, 동복 등도 그중 하나다. 특히 기마술은 고대 전투에서 결정적인 역할을 했다.

조조가 위험을 무릅쓰고 오환을 정벌하고 유비군에 서량의 마초가 합류한 것은 모두 이들이 기마 부대를 운용했기 때문이었다. 기마부대는 중장기병과 경기병으로 나뉜다. 『삼국지연의』에서 철갑군이 있다는 것은 이들도 유명한 중장기병, 즉 개마 무사를 운용했음을 의미한다. 서량태수 마등의 아들 마초가 유비에게 항복하기 전, 제갈량의 지휘하에 움직이는 유비의 장군 위연과 마초의 동생 마대가 격돌한 적이 있다.

> 위연과 마대가 어우러져 싸운 지 10여 합, 마대는 위연의 무예를 당할 수 없다는 듯 급히 말 머리를 돌려 달아났다. 위연이 급히 마대를 쫓았는데 홀연 몸을 피해 달아나던 마대가 급히 몸을 돌리며 활에 살을 메겨 위연의 왼편 팔뚝을 맞혔다.

마대가 말을 타고 몸을 돌려 화살을 쏘았던 방법을 파르티안 기사법이라

제갈량의 남만 정벌을 그린 청대의 연화. 제갈량은 맹획과 술래잡기에 가까운 일진일퇴를 일곱 번이나 반복하는 동안 수많은 병사를 잃어야 했다.

🌸

고 하는데 아마도 한국인이라면 모르는 사람이 없을 것이다. 고구려 고분인 무용총의 벽화를 보면 무사가 말을 달리면서 뒤로 몸을 틀어 각궁의 줄을 귀까지 당기고 짐승을 겨누어 쏘는 모습이 있다. 이 방식이 파르티안 기사법이다. 이런 자세는 경주에서 발견된 수렵문전狩獵紋塼에도 보이는데 이 파르티안 기사법은 기본적으로 북방 기마민족의 전형적인 고급 기마 궁술이다. 이와 같은 기사법은 말만 잘 타면 되는 것이 아니다. 활이 몸을 돌려 뒤로 쏘기에 적합해야 하고 또한 몸을 뒤로 돌릴 때 몸이 흔들리지 않도록 하는 버팀대가 있어야 한다. 이를 위해 두 가지가 반드시 필요한데 전자는 만궁이고 후자는 등자다.

파르티안 기사법이 개발된 것은 말 타고 활을 쏠 때의 문제점을 개선하기 위해서다. 활을 앞으로 쏘려면 말 머리의 방해로 시야에 사각지대가 생긴다.

고구려 고분벽화인 무용총 수렵도(위)에도 보이는 파르티안 기사법(아래). 파르티안 기사법은 북방 기마민 족의 전형적인 고급 기마 궁술이다.

그러므로 말을 타고 사격할 때는 목표를 측면에서 뒤로 가도록 하고 쏘는 것이 시야도 넓고 효율적이다. 신체 구조상으로도 앞으로 쏘기보다 뒤로 돌아 쏘는 경우가 사격 자세도 안정적이어서 명중률이 높다. 이 기술 덕분에 기사는 말을 타고 달리면서 360도 중 어느 방향으로든 화살을 날릴 수 있었다.

파르티안 기사법은 일반적으로 등자라는 획기적인 마구馬具(말갖춤)가 있기 때문에 가능해졌다. 마구는 모두 세 가지로 구성되어 있다. 첫째, 사람이 말 등에 올라앉기 위한 안장, 발을 딛는 등자, 말다래 그리고 그것을 장착하는 말띠와 띠고리이다. 둘째는 말을 다루기 위한 자갈·굴레·고삐 등이며 셋째로 이들 기구들의 장식으로 행엽杏葉·운주雲珠·방울 등이 있다. 마구 중 가장 먼저 나타난 것이 말자갈이고 가장 늦게 나타난 것은 등자이다.[6]

등자란 장시간 말을 탔을 때 생기는 다리의 피로감을 예방하기 위해 발을 받쳐주는 가죽 밴드나 발주머니를 의미한다. 등자가 발명되기 전에 말 등에 올라탄 기수는 자리가 불안정하므로 허벅지와 발로 말의 몸통을 꽉 조여서 떨어지지 않도록 힘을 주고 있어야 한다. 이래서는 노련한 기병조차 한두 시간만 말을 타고 달리면 엉덩이와 사타구니에 온통 멍과 물집이 생기기 마련이다. 또한 등자가 없는 경우 혼자 말에 오르기조차 어려우므로 기수는 다른 사람의 허리를 밟고 올라가거나 다른 사람의 부축을 받아야 했다. 상황이 시시각각으로 변하는 전쟁터에서 말 타는 것조차 어려웠으니 말의 효용은 단지 이동에만 있었다.[7]

삼국의 실상을 정확하게 파악하고 있던 제갈량도 당대의 전투에서 차지하는 기마 무사의 중요성을 누구보다 잘 알고 있었다. 사실 『삼국지연의』에서 수없이 벌어진 전투 중 적벽대전과 같은 수전, 관도대전과 같은 공성전 등을 제외하면 거의 전부 보병과 기병의 전투였다.

등자. 파르티안 기사법을 구사하기 위해 반드시 필요한 마구다.

당대에 강력한 전력을 자랑하던 위나라를 격파하기 위해 총력을 기울인 제갈량에게 기마 부대는 빼놓을 수 없는 필수 요소였다. 제갈량은 유명한 비군飛軍을 운용했는데 이는 기마 궁수 부대를 의미한다. 학자들은 제갈량이 기마 부대를 확보할 수 있었던 것은 촉 진영에 서량의 마초 등이 합류했기 때문으로 추정한다.[8]

문제는 기마 부대가 말만 있다고 해서 운용되는 것이 아니라는 점이다. 기마 무사가 파르티안 기사법으로 화살을 쏘려면 중국의 한漢족이 기본적으로 사용하던 한식 활과는 분명히 다른 활을 사용해야 했다. 일반 궁수들이 사용하는 활은 기마 부대에서 사용하는 것과 완전히 다르다. 등자가 마련된 말을 타면서 흔들림 없이 뒤로 몸을 돌릴 수 있다고 하더라도 그 자세에서 화살을 날리려면 적당한 활이 있어야 한다.

거기에 적합한 활이 각궁이다. 각궁은 흑각黑角, 수우각水牛角 등으로 불리는 물소 뿔로 만드는 것이 특징이며 흑각궁黑角弓이라고도 부른다. 흰색이나 황색이 나는 물소뿔로 만든 것은 백각궁白角弓, 황각궁黃角弓이라 불렀다. 각궁을 만들 때에는 물소 뿔의 바깥쪽 한 면만 쓸 수 있고 뿔 두 개로 활 한 자루를 만든다. 때문에 각궁 제조에는 물소 뿔이 대량으로 필요했다. 조선에는 물소가 없어 어려움을 겪었는데, 몇 차례 물소를 수입해서 남부 지방에서 키워보려고 했지만 기후가 맞지 않아 번번이 실패했다.

구하기 어려운 물소 뿔을 활의 기본 재료로 사용한 것은 물소 뿔을 활 채의 안쪽에 붙여서 당겼을 때 당시의 어떤 재료보다도 탄력이 좋고 오래 활용할 수 있었기 때문이다. 게다가 물소 뿔은 가공하기도 좋고 활채의 한쪽 마디를 이음매 없이 댈 수 있을 정도로 길이가 길었다. 물론 각궁의 강력한 힘의 비밀이 반드시 물소 뿔에만 있었던 것은 아니다. 민승기에 따르면 각궁은 활채의 바깥쪽에 소의 힘줄을 붙이는데 이 힘줄은 활을 당겼을 때 강한 인장력으로 활 채를 당겨서 활이 부러지는 것을 막고 활의 복원력을 극대화해준다.

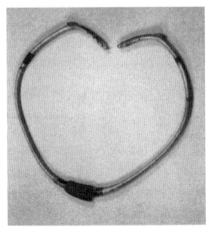

15세기 조선의 각궁.

활채를 접합시키는 접착제로는 원래 소의 부산물로 얻어지는 아교가 사용되었다. 그러나 세종 전후로 민어의 부레로 만든 어교魚膠를 사용했다. 민어 부레풀은 접착력이 우수할 뿐만 아니라 다 마른 후에도 실리콘처럼 상당한 유연성을 유지하기 때문에 각기 다른 연신율延伸率(재료가 늘어나는 비율)을 가진 여러 종류의 재료를 접합시켰을 때에도 재료 간의 연신율 차이로 생기는 힘의 손실이 거의 발생하지 않는다. 복합 재료를 사용해서 만든 각궁이 활시위를 풀었을 때 재료 간에 풀림이 없이 완전히 반대방향으로 휠 수 있는 것은 어교를 사용했기 때문에 가능한 것이다.

더구나 각궁은 제작하기가 매우 어렵다. 각궁 하나를 완성하는 데 최소한 5년 이상이나 걸린다. 그럼에도 고구려 등 승마에 남다른 재주가 있는 기마병들이 이 같은 활을 사용한 것은 크기가 작아 다루기가 편리하고 위력이 대단하기 때문이다. 일반적으로 경기병이 사용하는 활은 매우 작다. 기병용은 보통 80센티미터(다 폈을 때의 길이이므로 실제로 사용할 때의 길이는 60센티미

궁시장이 각궁을 만드는 모습. 탄력을 유지하기 위해 죽심竹心을 넣고 그 안팎에다 쇠뿔과 쇠심줄을 민어 부레 풀로 접착시킨다.

터)인데 위력은 사수의 힘에 따라 큰 차이가 나지만 가까운 거리에서는 갑옷도 뚫는다. 어떤 장수는 화살 한 발로 사람과 말과 안장을 함께 꿰뚫었다는 기록도 있다.

조선은 물소 뿔이 항상 부족했기 때문에 조금 변형된 활이 제작되었다. 후궁帿弓이 그것으로 이는 활 안쪽의 일부에만 물소 뿔을 붙여서 만든 것이다. 물소 뿔이 정 없으면 황소 뿔도 사용했는데 이를 향각궁鄕角弓이라 한다. 그러나 향각궁은 흑각궁보다 위력이 떨어졌고 또한 자주 부러지기도 했다. 『만기요람』에는 흑각궁보다 향각궁이 약 30퍼센트 정도 저렴하다고 적혀 있다. 물소 뿔 대신 사슴뿔을 이용한 녹각궁鹿角弓을 사용하기도 했다. 녹각궁은 우천시에도 사용할 수 있으므로 평소에 녹각궁을 사용하고 여름철에는 흑각궁 등을 사용했다. 흑각궁은 온도와 습도를 조절해주어야 하기 때문이다.[9] 그러나 기마 무사의 기본 무기는 어디까지나 흑각궁이다. 당연히 물소 뿔을 어떻게 확보하느냐가 관건이 아닐 수 없다.

중국의 삼국시대도 사정은 다르지 않았다. 열대에 사는 동물인 물소가 초원에서 살았을 리는 만무하므로 물소 뿔은 결국 태국이나 베트남, 중국 남부에서 수입하지 않으면 안 됐을 것이다. 기마민족의 필수 전투장비 제작에 꼭 필요한 물소 뿔은 중요한 군수물자였으니 이를 확보하기 위해 상당한 노력을 기울이는 것은 당연한 일이다. 남만은 물소가 많은 곳이었다. 결국 제갈량으로서는 물소 뿔의 보급원을 마련하기 위해서라도 위나라와의 대전을 앞두고 남만을 먼저 정벌해야 했던 것이다.[10]

삼국시대에 물소 뿔이 매우 중요한 전략물자로 이해되었다는 것은 『삼국지연의』「오주전」에 적힌 조비와 손권의 머리싸움에서도 알 수 있다. 220년, 조조가 세상을 떠난 후 조비가 위나라의 황제가 되고 다음 해 유비가 촉나라

물가의 물소와 베트남 소녀. 태국이나 베트남 등에는 물소가 많아서 전쟁 물자 확보가 용이하다.

의 황제가 되자 오나라의 손권은 놀라운 결정을 내린다. 조비에게 사신을 보내 번국瀋國을 자처한 것으로 한마디로 더는 대항하지 않고 항복하겠다는 뜻이다.

손권의 항복서를 받은 조비는 손권의 항복이 진실인지 아닌지 가늠이 되지 않았다. 그러므로 손권에게 사신을 보내어 작두향, 대패大貝, 명주, 상아, 서각犀角(물소의 뿔) 등을 보내라고 했다. 조비가 손권에게 정말로 항복했는지를 알기 위해 당대의 전략무기로 볼 수 있는 물소 뿔 등을 보내라고 한 것이다. 그러자 조비의 뜻을 잘 알고 있는 손권의 신하들이 들고 일어났다. 형주와 양주에서 바치는 물품들은 일정한 법도가 있는데 위나라에서 진귀한 애완물을 요구하는 것은 예의가 아니라는 것이다.

신하들이 전략물자인 물소 뿔 등을 보내서는 안 된다고 말하지만 손권은 조비의 뜻대로 물건들을 보내라고 한다. 분명 물소 뿔은 위나라의 전력을 증강시킬 물건이었으나 손권이 이를 허락한 것은 시급히 해결해야 할 과제가 있었기 때문이다.

사실 손권이 황제를 칭한 조비에게 예상치 않은 항복서를 보낸 것은 진정으로 오나라를 넘겨주기 위한 것이 아니었다. 그것은 조비가 손권을 오왕으로 봉하고 구석九錫(임금이 신하에게 내리는 은전)으로 삼으면서 손권의 아들을 임자任子로 임명하려고 하자 이를 거부한 일화로도 알 수 있다. 임자란 일종의 인질 제도로 당시 임자 제도는 상당한 효과를 보았다. 자신의 자식이 인질로 있으니 함부로 반란을 일으키지 못하는 것은 당연한 일이다. 조비가 손권에게 항복한 사람의 관례대로 자식을 인질로 보내라고 했는데 손권은 이를 거절했다. 당시의 정황상 이런 거부는 항명이나 마찬가지이지만 조비도 섣불리 손권을 응징할 수 없었다. 그래서 조비는 다음 대안으로 전략물자인 서각 등을 보내라고 말한 것이다.

손권이 이 제안을 받아들인 이유는 그 역시 황제가 될 생각을 하고 있었기 때문이다. 사실 손권은 조비와 유비가 황제를 칭하자 별점을 잘 치는 자를 불러 자신의 성기星氣가 어떠냐고 물었다. 역술가가 그의 입맛대로 황제의 재목이라고 말하자 그 역시 참칭할 의사를 갖게 되는데, 손권은 오나라의 전력으로 촉과 위나라를 동시에 상대할 수 없다는 사실을 잘 알고 있었다. 이보전진을 위한 일보 후퇴는 당연한 선택이라는 논지였다.[11]

이처럼 제갈량이 어느 곳보다 먼저 남만 원정을 나간 이유는 227년부터 그가 죽을 때까지 벌인 북방 정벌 즉 '육출기산六出祁山'을 위한 토대를 마련하기 위해서였던 것이다.

제갈량의 칠종칠금

헨리 스탠리

1871년 10월 아프리카 오지인 우지지에서 영양실조와 말라리아로 죽음을 눈앞에 둔 데이비드 리빙스턴David Livingstone 박사가 미국의 헨리 스탠리Henry Morton Stanley 기자에 의해 발견된 것은 아프리카 탐험 사상 가장 극적인 사건 중의 하나로 알려져 있다. 그들이 만날 수 있는 확률은 모래사장에서 바늘을 찾는 것보다 더 어려운 일이었기에 이들의 만남은 아프리카 탐험사상 가장 가슴 벅찬 장면이라 하지 않을 수 없다.

그러나 이들의 만남은 아프리카로서는 가장 불행한 순간인 동시에 가장 사악한 사건이 태동하는 순간이기도 하다. 리빙스턴이 스탠리와 헤어지면서 자신이 탐험한 지역을 그린 지도를 스탠리에게 한 장 주었기 때문이다. 리빙스턴은 틈날 때마다 자신이 탐험한 곳을 지도로 만들었다. 미지의 아프리카 대륙은 그의 발길을 따라 조금씩 베일을 벗어갔다. 그가 스탠리에게 자신이 평생을 걸쳐 탐험한 지도를 준 목적은 순수했다. 아프리카의 현대화와 노예 사냥 금지에 힘을 써달라는 것이었다.

그러나 리빙스턴이 선의의 목적으로 준 지도 한 장은 아프리카 현대사를

헨리 모턴 스탠리. 영국 출신의 미국 언론인이자 탐험가이다. 1871년 중앙아프리카에서 고립된 리빙스턴
을 구하면서 널리 알려진 인물로 리빙스턴이 준 지도를 이용해 아프리카 식민 사업의 물꼬를 텄다.

완전히 뒤바꿔놓는 계기가 되었다. 스탠리는 지도를 받자마자 꼼꼼하게 그려진 지도의 중요성을 곧바로 간파했고 이를 이용하면 큰 재산을 모을 수 있다고 생각했다. 리빙스턴의 지도야말로 서방세계가 갖고 싶어 했던 정보, 즉 아프리카를 식민지화할 수 있는 결정적인 단서였기 때문이었다.

리빙스턴도 놀란 아프리카 탐험기의 명성

리빙스턴은 1813년 스코틀랜드 라나크셔 주 블란타이어에서 가난한 니일 리빙스턴의 둘째 아들로 태어났다. 10세부터 지방 면직 공장의 방적공으로 일했지만 공부에 대한 의지가 남달라 야간학교에 다니면서 라틴어와 그리스어를 공부했다. 스물한 살 때, 중국에 보낼 의료 선교사를 구한다는 공고가 나자 시간제로 공장에 근무하면서 글래스고 대학에서 2년간 희랍어, 신학, 의학을 배우고 '런던 선교회'에 가입하는 등 중국에 갈 준비를 했다.

그러나 1839년 아편전쟁이 일어나면서 중국에 가려던 리빙스턴의 꿈은 사라지고 말았다. 하지만 1840년에 의사면허를 받은 후 성 올번즈 교회에서 정식으로 선교사로 임명되자 그는 선교해야 할 대상을 변경한다. 아프리카 남부에서 선교하던 모패트 목사의 권유에 따라 1841년 3월 케이프타운에 가기로 한 것이다. 케이프타운에 도착하자 혈기 왕성한 리빙스턴은 곧바로 포트 엘리자베드를 거쳐 기독교가 전파되지 않은 곳을 찾아 북쪽으로 올라갔고 크루만에서 아프리카 원주민들의 말과 풍속을 익혔다.

1844년, 백인이 가본 적 없는 곳을 향해 더욱 깊숙이 들어갔던 리빙스턴은 사자에게 습격당해 왼쪽 어깨뼈가 으스러져 평생 왼팔을 위로 쳐들지 못하는 불구자가 되었지만 그의 아프리카 탐험과 전도에 대한 열정은 식지 않았다. 그는 "그 사자는 마치 테리어 개가 쥐를 다루듯이 나를 흔들어댔다"라고 당시를 회상했다.

1845년, 리빙스턴은 모패트 목사의 딸인 메리와 결혼했다. 리빙스턴에게 이 결혼은 행운이었다. 그녀는 아프리카에서 태어났고 원주민 말도 잘해서 리빙스턴이 아프리카에서 정착하는 데 가장 큰 힘이 되었기 때문이다.

데이비드 리빙스턴. 스코틀랜드의 선교사이자 탐험가다. 순수한 의도에서 시작된 그의 탐험은 지도로 남으면서 추후 아프리카 식민 사업의 토대가 됐다.

1849년 6월 리빙스턴은 칼라하리 사막을 건너 북쪽에 정착하여 의술을 베풀고 새로운 곳을 탐험하겠다고 발표했다. 그러나 그 소식을 들은 주변의 모든 사람이 미친 짓이라며 그를 말렸다. 사막이 끝나는 곳은 풀 한 포기 없는 곳이며 사막을 넘는다는 것 자체가 무모한 짓이라는 이유 때문이었다. 그러나 아내 메리의 적극적인 협조를 받으면서 악전고투 끝에 60일 만에 사막을 건넌 리빙스턴과 그 일행은 그만 놀라고 말았다.

그곳은 풀 한 포기 나지 않는 곳이 아니라 푸른 들판과 수많은 동물들이 있는 낙원이었다. 그는 자신이 발견한 누가미 호수에 대해 왕립지리학협회에 보고했고 학회는 그에게 금메달을 수여했다. 그 후 리빙스턴은 협회와 긴밀한 협력을 유지하면서 지리적 탐험에 더욱 큰 관심을 두기 시작했다. 그는 틈나는 대로 오지를 탐험하는데 시간을 바쳤고 둘레가 100킬로미터나 되는 엔가미 호수를 발견하기도 했다. 1853년에는 잠베지 강 탐험에 나섰다. 강의 물줄기를 찾아 서쪽으로 가면 대서양이 나오리라는 생각에서였다. 그렇게 된다면 유럽에서 케이프타운까지 먼 길을 둘러가지 않아도 될 터였다.

리빙스턴은 숱한 고생 끝에 대서양이 닿는 루안다에 도착했다. 그러나 잠베지 강은 대서양까지 흐르지 않았다. 그는 허탈한 마음을 감추며 발길을 돌려 동쪽으로 인도양을 바라고 나아갔다. 그렇게 몇 날 며칠을 여행하던 리빙스턴은 천지를 울리는 천둥소리를 내며 쏟아지는 어마어마한 폭포를 발견하였다. 그는 너비 1,700미터, 높이 100미터가 넘는 이 폭포를 영국 여왕의 이름

가족들과 함께 있는 리빙스턴.

을 따서 빅토리아 폭포라고 명명했다. 그리고 1856년 5월 마침내 잠베지 강이 인도양으로 흘러드는 곳, 켈리마네에 다다랐다. 리빙스턴은 16년 만에 아프리카 동서를 가로지른 최초의 유럽인이 되었는데 이를 '리빙스턴의 제1차 탐험' 이라고 한다(학자들은 최초의 중앙아프리카 횡단은 혼혈 노예상인 페드로 바티스타와 아나스타시오 호세가 리빙스턴보다 50여 년 앞서 달성했다고 확신한다).[12]

이들 탐험에서 그는 충격적인 일을 직접 목격했다. 일부 흑인 부족이 아랍 상인들로부터 총을 교환받기 위해 여러 부족과 연합하여 노예를 습격하는 장면이었다. 한마디로 흑인들 자신도 유럽인의 사주를 받고 노예사냥에 나서는 것으로 이때부터 리빙스턴은 노예무역에 대항할 결심을 굳힌다.[13]

1856년 12월 리빙스턴은 자신이 탐험한 것을 학회에 보고할 겸 영국을 방문하였다. 영국에 도착하자마자 리빙스턴은 국민적인 영웅으로 환영을 받았다. 국민의 환대에 어찌나 놀랐던지 자신이 꿈을 꾸고 있는 것 같다고 실토할 정도였다. 아프리카 오지만을 다닌 그가 영국 사회의 저명인사가 된 것이었다. 더구나 그가 출간한 책 『남아프리카 전도 여행』은 1850년대 임에도 무려 7만 권이나 팔렸다. 1858년 2월 빅토리아 여왕으로부터 켈리마네 영사 겸 잠베지 강 탐험 대장에 임명되었다. 그의 임무는 '잠베지 강을 탐험하여 이곳을 내륙으로 들어가는 통상로로 삼고, 또 노예무역을 없애는 것' 이었다. 이 프로젝트의 자금은 왕립지리학협회에서 나왔다.[14]

노예해방을 위해서

아프리카로 돌아온 리빙스턴은 1858년 3월부터 1864년 7월까지 또다시 아

쇠사슬에 묶여 야생고무를 채취하는 아프리카 원주민들.

프리카 탐험에 나섰고 이를 '리빙스턴의 제2차 탐험'이라고 한다. 약 2년 동안 휴식하고 원기를 되찾은 그는 1866년부터 1873년까지 탐험을 계속했는데 이를 '리빙스턴의 제3차 탐험'이라고 한다. 이 탐험의 목적은 노예무역에 관한 조사와 잠베지 강, 콩고 강, 특히 나일 강의 수원지를 발견하는 데 있었다.

지도도 없고 정보도 없는 아프리카 오지의 탐험은 고난의 연속이었다. 게다가 노예 상인들은 그를 집중적으로 방해했다. 목적지로 가는 방향을 오도하는 것은 물론 의약품도 훔쳐가는 바람에 병으로 졸도까지 하였다. 이 기간에 유럽과 미국에서는 리빙스턴이 행방불명되었다고 알려졌는데, 영양실조와 말라리아로 거의 죽음을 눈앞에 두고 있던 리빙스턴을 1871년 10월 스탠리가 발견하여 극적으로 구출한 것이다.

스탠리는 리빙스턴에게 함께 귀국하자고 했지만 거절당했다. 노예 해방 등 자신이 아프리카에 온 목적을 이루기 위해 끝까지 아프리카에 머무르겠다는 것이었다. 결국 리빙스턴은 스탠리와 헤어진 지 2년도 되지 않은 1873년

5월 1일, 치탐보 마을의 오두막집에서 사망했다.

그의 최후에 대한 몇 가지 일화가 전해지고 있다. 1873년 5월 1일 이른 아침 리빙스턴의 오두막으로 찾아온 현지 소년들은 그가 죽어 있는 것을 발견했다. 기도하는 자세로 침대 곁에 무릎 꿇고 있는 채였다고 한다. 리빙스턴을 존경하던 현지인 약 60명이 그의 시신을 절개하여 약 2주 동안 햇볕에 말렸다. 그런 다음 시체를 천으로 감싸 원통 모양으로 파낸 나무껍질 속에 안치하였으며 전체를 두꺼운 천으로 둘러싸고 꿰맨 뒤, 두 명이 운반할 수 있도록 막대 두 개를 끼웠다. 그리고 5월 중순 유해를 뒤따르는 사람들이 인도양 해안가에 있는 잔지바르(탄자니아)를 향해 출발했다. 1600킬로미터가 넘는 길을 걸어 약 11개월 뒤 그들은 잔지바르에 도착했고 1874년 4월 18일, 그의 시

리빙스턴의 시신을 운구하는 원주민들.

헨리 스탠리

영국으로 귀환하는 리빙스턴의 관.

신이 영국으로 옮겨졌다.[15]

　영국에서는 이날을 국상 일로 정했으며 장례식은 웨스터민스터 사원에서 엄숙히 거행된 후 런던의 왕립지리학회 부지에 매장되었다.[16] 장송행렬의 선두에는 스탠리가 있었다.

　그의 기념비에는 다음과 같은 구절이 새겨졌다.

　　고독한 생활을 하고 있는 나는 이렇게 덧붙여 말합니다. 바라건대 미국, 영국, 터키, 그 밖의 어디서건 이 세상의 악습을 없애는 데 협력하는 모든 사람이 하느님의 은총을 받으시길 바라며……

　리빙스턴이 아프리카를 탐험했다는 공헌만으로 웨스터민스터 사원에 매장되었다는 것은 그야말로 파격적인 대우임을 이해할 필요가 있다. 왜일까? 그 이유는 리빙스턴이 열강들에게 아프리카를 정복할 수 있는 가장 중요한 실마리를 제공했기 때문이다. 바로 아프리카 오지에 대한 정보다.

보물을 알아본 스탠리

리빙스턴과 스탠리가 아프리카에서 만난 것은 인류 역사상 그야말로 극적인 사건으로 알려져 있는데 발단은 정말로 우연하게 시작된 것이다. 탐험가로 유명한 리빙스턴이 실종되었다는 사실은 당시 큰 뉴스거리였다. 그가 줄루족에 의해 살해당했다는 허위 보도도 있었고, 사람들은 대부분 리빙스턴이 이미 사망했을 것으로 생각했다.

미국의 『뉴욕헤럴드』에서는 리빙스턴의 실종 사건을 이용하여 판매 부수를 올리려는 기획에 착수하였다. 아프리카에 통신원을 파견해 소식이 끊긴 대탐험가를 찾게 하였는데 이때 발탁된 통신원이 바로 스탠리였다.

리빙스턴이 미국인도 아닌 데다가 행방불명되어 소식조차 모르는데 그를 찾으라는 것이 말이 되느냐고 스탠리가 항의하자 신문사 사주인 제임스 고든 베넷 2세는 그에게 한 가지 계교를 알려 주었다. 자신도 리빙스턴이 살아 있다고는 생각하지 않으므로 '리빙스턴 추적' 이라는 제목으로 그가 갔음직한 소문을 따라 추적하면서 그곳의 풍물기를 쓰라는 것이었다. 소위 리빙스턴의 명성을 이용하여 흥미 거리의 기사를 작성하는 것만으로도 충분하다는 얘기였다.

사주의 제안을 수락한 스탠리는 이집트에 들러 수에즈 운하 개통식을 취재한 후 1871년 1월에 중부 아프리카에 도착해 '늙은 백인이 살고 있다'는 소문만을 뒤따라 그의 행적을 추적했다. 이 당시 스탠리의 추적대는 규모가 어마어마했는데 통역사, 안내자, 짐꾼들, 무장 호위병, 요리사, 영국인 수병 등을 포함하여 무려 190명이나 되어 다섯 개 팀으로 나뉘었을 정도다. 그중에는 군인 23명과 짐꾼 157명이 포함되어 있었다. 아프리카에 도착해서는 자신의 추적을 보다 극적으로 알리기 위해 독자들에게 다음과 같이 선언하여 흥미를 돋웠다.

> 리빙스턴이 어디에 있든 포기하지 않고 끝까지 추적하겠다. 그가 살아 있다면 그의 말을 여러분에게 전해줄 것이다. 죽었다면 그의 뼈라도 찾아내어 여러분에게 가져오겠다.[17]

스탠리는 8개월 이상 고된 여행을 한 끝에 1871년 11월 3일 아프리카의 오지인 우지지 마을에서 1866년 이래 5년이나 소식이 끊긴 리빙스턴을 만났고 그 자리에서 유명한 인사말을 한다.

> 리빙스턴 박사님이시죠? Dr. Livingstone, I presume?[18]

당시 리빙스턴의 처지는 그야말로 최악의 상황이었다. 우지지 마을로 미리 보낸 식량과 의료품은 짐꾼들이 모두 팔아 버렸고 마을 주민과 물물교환할 물건도 바닥난 상태였다. 그는 일기장에 자신을 "뼈다귀 덩어리"라고 묘사했으며 자신의 정신력도 밑바닥까지 떨어져버렸다고 썼다. 아랍 주민들에게 구걸하여 먹을 것과 마실 것을 해결하고 있던 차에 스탠리가 미국 국기를

"리빙스턴 박사님이시죠?" 리빙스턴과 스탠리의 감격적인 상봉. 스탠리는 5년이나 소식이 끊겼던 리빙스턴을 탕카니카 호반의 우지지에서 찾아내면서 저 유명한 인사말을 남겼다.

펄럭이며 나타났던 것이다.[19]

스탠리의 도움으로 원기를 회복한 리빙스턴은 스탠리와 함께 5개월간 아프리카 내륙을 탐험하였다. 두 사람의 의기가 어느 정도 통했는지 리빙스턴은 중앙아프리카의 중요 도시인 타보라 근처에서 스탠리와 헤어지면서 자신이 탐험한 지역을 그린 지도 한 장과 일기장, 메모 등을 건네주었다.

아프리카의 현대화와 노예사냥 금지에 힘을 써달라는 리빙스턴의 순수한 의도와는 달리 스탠리는 매우 냉정하고 치밀한 사람이었다. 아프리카 지도를

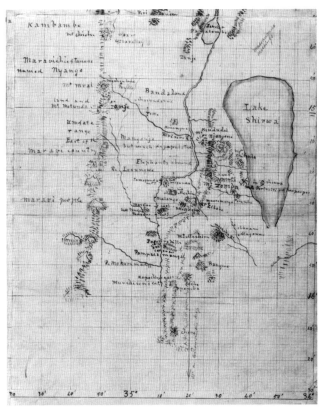

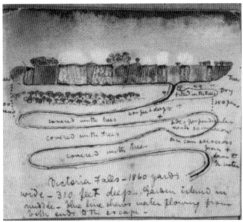

리빙스턴이 그린 지도(위), 빅토리아 폭포 스케치와 메모(아래).

확보하자 자신의 원대한 계획을 숨긴 채, 서두르지 않고 자신의 계획을 하나 하나 실행에 옮기기 시작했다. 그는 아프리카라는 대륙을 상대로 누군가와 상담하려면 우선 자신이 더 많은 아프리카 지역을 탐험해야 한다고 믿었다.

유럽인들은 아프리카 남부를 제외하고는 내륙으로 들어가지 않고 그저 해안에 살고 있는 아프리카 인들을 납치하여 노예로 팔거나 일부 물품을 강탈하는 데만 열중했다. 아프리카 해안 지역에 황금해안, 상아해안, 노예해안 이라는 이름이 붙은 것은 그 때문이다.

유럽인들이 아프리카 내부 깊숙이 들어가지 않았던 가장 큰 이유는 '유럽인들의 묘지'라고 부를 정도로 습도가 높고 기후가 나쁘기 때문이다. 간혹 내륙으로 들어간 사람들도 식인종을 만나거나 야수, 독충들에 물려 희생되기 일쑤였다. 리빙스턴이 유럽에서 그렇게 환대를 받고 유명 인사가 된 것도 바로 그런 아프리카 내륙 지역을 탐험했기 때문이며 그의 실종이 커다란 이슈가 된 이유도 그 때문이었다.

식민지를 찾아라

미국으로 돌아온 스탠리는 자신의 계획을 본격적으로 추진하기 시작하였다. 우선 탐험에 필요한 자금을 확보해야 했다. 1873년 리빙스턴이 죽었다는 소식을 듣고 리빙스턴이 못다 한 탐험을 계속하겠다고 선언하자 자금은 곧바로 확보되었다. 1874년, 그는 빅토리아 호의 주변을 탐사하기 위해 바가모요를 출발한다. 1875년 2월경, 빅토리아 호에 도착한 그는 배로 호수 주위를 탐사했다. 그 결과 빅토리아 호에서 시작되는 강은 리폰 폭포에서부터 나오며 빅토리아 호가 나일 강의 수원임을 확인했다. 또한 1876년 탕가니카 호수를 조사하여 루알라바 강이 나일 강의 상류가 아니라 콩고 강의 상류임을 알아냈다.

스탠리 일행은 최신 소총과 대포로 무장하고 조그마한 빌미라도 생기면 마주치는 흑인들을 닥치는 대로 살해했다. 이와 같은 비인도적인 행위에 대해 함께 탐험에 참가한 사람조차 그를 '인간 사냥꾼'이라고 비난했다. 스탠리는 탐험 대원들의 생명을 보호하려는 정당방위였다고 주장했지만 그에 대한 비난은 그가 사망할 때까지 사라지지 않았다. 스탠리는 탐험 도중에 큰 마을 28곳과 작은 마을 60~80여 곳을 공격하고 파괴했다고 자신이 직접 기록을 남겼는데 그의 만행으로 얼마나 많은 아프리카인이 피해를 보았는지 알 수 있다.

레오폴드 2세의 초상. 레오폴드 2세가 스탠리를 하수인으로 하여 아프리카 대륙 식민화에 성공하자 다른 유럽 국가들도 식민지 경쟁에 뛰어들었다.

아프리카에서 돌아온 스탠리는 자신이 본 것을 토대로 아프리카 개발의 중요성을 역설했다. 한마디로 무인지경으로 깃발만 꼽으면 된다는 것이었다. 여기에 제일 먼저 호응한 사람이 벨기에 국왕 레오폴드 2세였다. 이 두 사람의 합작으로 아프리카 대륙은 영원히 지워지지 않을 악몽의 세계로 들어가게 되었다고 볼 수 있다.

레오폴드 2세는 1865년에 부왕 레오폴드 1세를 이어 왕이 되었다. 그의 공식 명칭은 '벨기에 사람들의 왕King of the

Belgians' 이다. 1830년 네덜란드로부터 독립한 벨기에는 독일 왕족인 레오폴드 1세를 왕으로 옹립했다. 레오폴드 2세는 왕이 되기 전에 스페인의 세르비아를 방문한 적이 있었는데 그는 도서관에서 에스파냐가 해외 식민지에서 거두어들인 이익이 막대하다는 것을 알고 놀라지 않을 수 없었다. 그는 식민지 확보야말로 벨기에가 가장 시급히 해야 할 일 중 하나라고 생각했다.

그러나 신대륙과 아시아는 이미 강대국의 식민지로 변한 지 오래였고 벨기에는 독립된 지 얼마 되지 않은 소국이므로 벨기에가 차지할 마땅한 땅이라곤 없었다. 그가 눈독을 들인 곳은 미지의 땅 아프리카였다. 남아프리카를 비롯해 비교적 접근이 쉬운 곳은 영국을 비롯한 강대국들이 확보하기는 했으나 아프리카 전 영토의 약 80퍼센트에 해당하는 지역은 무주공산으로 남아 있었다. 광대한 영토에 대한 정보가 전혀 없었기 때문에 어느 누구도 식민지화할 생각을 하지 못했던 것이다.

아프리카에 대한 정보를 가지고 식민지를 개척하자는 스탠리의 제안은 레오폴드 2세에게는 구세주의 손짓이나 마찬가지였다. 스탠리는 레오폴드 2세의 지원으로 벨기에의 은행과 합작하여 1878년 '콩고회사' 라는 사설 회사를 만들어 아프리카 진출에 착수한다.

스탠리의 원대한 계획은 아프리카에 도착하자마자 실행에 옮겨졌다. 그는 전 콩고 지방을 돌면서 원주민 추장에게 구슬이나 옷감 등을 선사하고 자신이 갖고 간 종이 위에 그 종족의 표시를 그리거나 X표를 찍게 했다. 족장들 대부분은 이전에 글로 된 문서를 본 일조차 거의 없었다. 아프리카인들이 아무것도 모르고 호의의 표시로 찍어 준 종이가 뒷날 아프리카를 침략하는 통한의 전면 위임장으로 변하였다. 그들이 서명한 종이에는 다음과 같은 글이 적혀 있었다.

1877년에 헨리 스탠리가 원주민과 함께찍은 사진. 가운데 앉아 있는 사람이 헨리 스탠리다.

자발적으로 우리의 상속권과 계승권을 협회(레오폴드 2세가 위장으로 만든 국
제 아프리카 협회)에 양도하고, 영토에 대한 모든 주권과 통치권을 영원히 포
기한다. …… 영토의 어느 지역에서든 당 협회가 시행하는 작업, 원정 사업에
언제라도 노동력이나 기타 수단을 지원한다. 이 나라를 관통하는 모든 도로
와 수로의 통행료 징수권, 모든 수렵, 어업, 광산, 삼림 개발권은 당 협회가 절
대적인 소유권을 갖는다.

그 종이에는 땅뿐 아니라 노동력까지 제공한다는 내용이 적혀 있었다. 그
계약은 맨해튼을 양도한 미국 인디언들의 조약보다 훨씬 조건이 나빴다. 스
탠리의 속임수에 의해 만들어진 문서를 넘겨받은 레오폴드 2세는 500명의
원주민 추장들에게서 권리를 넘겨받은 증서를 갖고 있다며 본국의 수백 배
나 되는 영토를 식민지로 지정하였다.[20, 21]

벨기에가 콩고에서 엄청난 부를 축적했다는 소식이 전해지자 유럽 열강은 앞을 다투어 탐험가를 후원하여 아프리카의 미개척지 진출을 서둘렀다. 아프리카는 불과 15년 만에 서구 열강의 식민지 혹은 보호령이 되었다. 프랑스는 사하라 사막을 중심으로 아프리카 서부, 북부, 중부 일대를 장악했고 벨기에는 콩고를, 이탈리아는 트리폴리와 리비아를, 독일은 카메룬과 토고를 손에 넣었다. 아프리카 대륙에 남은 독립국은 에티오피아와 라이베리아뿐이었다.

아프리카 지도를 보면 나라 간의 국경선이 다른 대륙과는 달리 일직선으로 곧게 그려져 있는 것을 발견할 수 있다. 이는 유럽 열강들이 아프리카를 분할하면서 자신들의 편의에 따라 마음대로 경계선을 그었기 때문이다.[22]

스탠리는 영국으로부터 작위를 받는 등 영국 제일의 명사 대우를 받으면서 1904년 5월 10일 사망했다. 스탠리는 밤중에 시계 소리를 듣고 "참 이상하구나! 때가 되었는가?"라는 말을 남겼다고 전해진다.

스탠리에 의해 촉발된 아프리카 식민지화는 아프리카를 필요한 것을 수탈하는 장소로 만들었을 뿐 아프리카인들에게 어떠한 혜택이나 자산도 돌려주지 않았다. 유럽인들은 아프리카인들이 원래 야만인으로 살아왔으므로 그들에게 문명을 이식하여 야만적인 행동을 교정하는 것이 그들에게 별 도움이 되지 않는다고 주장했다. 아프리카인들이 갖고 있는 영토에서 나오는 재산을 수탈하는 것이 문제가 될 리 없다는 것이다.

현재는 수많은 나라가 독립하여 명목상 아프리카인들이 직접 통치하는 곳도 적지 않다. 그러나 유럽인들이 아프리카인들에게 독립을 준 이유는 그렇게 하더라도 아프리카로부터 필요한 것을 얻는 데 큰 불편이 없기 때문이다. 아프리카에서 물질적인 이득을 얻을 수 있는 한 유럽인들의 지배는 결코

종식되지 않을 것이다.[23]

아프리카의 현재와 같은 상황을 만들게 된 근원적인 씨앗은 스탠리로부터 시작되었다고 해도 과언이 아니다. 스탠리는 전제군주도 아니고 권력자도 아닌 사업가에 지나지 않았다. 그런데도 세계의 역사가 한 개인의 영달과 물욕에 의해 얼마나 변질될 수 있으며 또 큰 파장을 갖고 올 수 있는가를 알 수 있게 한 장본인이다. 스탠리와 같은 인물이 또다시 나타나지는 않을지역사를 예의 주시해야 할 일이다.

크리스토퍼 콜럼버스

크리스토퍼 콜럼버스Christopher Columbus의 신상에 대해서는 정확하지 않지만 대체로 1446년 이탈리아의 제노바에 거주하던 콜론(유대계 에스파냐 사람의 후손일 가능성이 높다) 가족의 다섯 아이 가운데 장남으로 태어났다고 알려진다. 그의 아버지는 양모 방직회사를 경영하고 있었으나 그다지 부유한 편은 아니었으므로 장남인 콜럼버스는 아버지의 가업을 물려받고 싶은 생각은 없었다. 콜럼버스는 머리가 좋고 의지가 강하여 외국어를 독학으로 습득했는데 이탈리아어, 스페인어, 포르투갈어, 라틴어 등을 자유자재로 구사할 수 있었다. 콜럼버스는 열네 살 때 바다로 나갔고 서른두 살 때인 1478년 포르투갈에서 이탈리아 명문가의 딸과 결혼식을 올렸다. 그녀는 콜럼버스가 포르투갈과 스페인 상류사회에 진출하는 발판이 되었다.[24]

그가 포르투갈로 간 것은 마르코 폴로의 『동방견문록』의 영향으로 값비싼 후추가 생산되는 인도와 황금이 있는 '지팡구(일본)'를 발견하려는 열망에서였다.

당시 후추는 육류를 저장하기 위한 필수적인 첨가물로 소위 금처럼 비싸

크리스토퍼 콜럼버스. 에스파냐 이사벨 여왕의 후원으로 인도를 향해 떠났다가 쿠바, 아이티 등을 발견했다. 신대륙 발견의 업적을 세웠으나 아메리카 인디언을 학살하고 그들을 착취하면서 악명 또한 쌓았다.

게 거래되었다. 콜럼버스는 마르코 폴로와는 달리 육로를 통하지 않고도 바다를 통해 인도로 가는 것이 가능하다고 생각했다. 지구는 둥글므로 서쪽으로 돌아서 계속 나가면 인도를 발견할 수 있다는 것이었다.

여기에서 콜럼버스가 항해에 나가게 된 곡절에 관해서는 이야기하지 않지만[25] 콜럼버스의 설득은 먹혀들어 1492년 8월 3일, 기함 산타마리아호(100톤), 핀타(60톤), 니나(50톤)에 선원 120명을 태우고 스페인의 팔로스 델라프론테라 항을 출발했다. 승선한 인원 중에는 국왕이 파견한 기록원, 의사, 성직자들도 포함되어 있었지만 선원들의 대부분은 위험한 모험을 택한 죄수들이었다. 여기에서 핀타호와 니나호는 캐러벨 선박이다.[26]

잘 알려져 있듯이 70여 일의 지루한 항해 끝에 10월 12일 마침내 일행은 육지에 닿았고 신대륙 발견이라는 성과를 거두었다. 원래 콜럼버스는 약 3,200 킬로미터쯤 항해하면 인도에 도착하고 4,000 킬로미터를 항해하면 일본에 도착할 것으로 생각했다. 세계 지리에 대한 정보가 부족했던 탓에 일으킨 착오였지만 사실은 콜럼버스의 고의적인 조작이 불러온 결과이기도 했다.

콜럼버스로서는 스폰서인 이사벨라 여왕에게 당대의 선박으로 자신이 역설하는 인도에 도달하기 위해서는 항해거리가 짧다는 점을 이해시킬 필요가 있었다. 그러기 위해 그는 두 가지 사항을 축소했다. 첫째는 텅 빈 바다가 차

복원된 산타마리아호.

지하고 있는 도度의 수치이고 나머지 하나는 도度들 사이의 거리다.

당시 알려진 지구의 둘레는 두 가지였다. 에라토스테네스의 계산에 따르면 약 4만 킬로미터였고 프톨레마이오스가 계산한 수치는 그보다 훨씬 작은 약 2만 8,800킬로미터였다. 당연히 콜럼버스는 프톨레마이오스 수치를 이용했다. 그러나 프톨레마이오스의 수치를 그대로 이용한 것도 아니었다. 프톨레마이오스가 알고 있는 세상은 둘로 나뉘어 바다가 약 180도를 차지하므로 육지도 180도를 차지했다. 그러나 콜럼버스는 바다보다 육지가 더 넓다는 것을 증명할 필요가 있었다. 다행히 당대에 피에르 다이가 자신의 저서 『세계의 상』에서 육지 225도, 바다 135도라는 수치를 제시했다. 이 수치는 콜럼버스에게 매우 유리했지만 그래도 아직 만족할 만한 것은 아니었다.

그래서 콜럼버스는 마르코 폴로의 여행기『동방견문록』을 근거로 아시아의 거대한 땅이 프톨레마이오스나 다이가 알고 있는 것보다 훨씬 더 멀리 있다며 육지에 28도를 추가하여 253도로 만들었다. 또한『동방견문록』을 근거로 하면 일본은 중국에서 동쪽으로 멀리 떨어져 있으므로 바다에서 또 30도를 빼 77도가 되도록 했다. 또 에스파냐가 아니라 카나리아 제도에서 출발할 예정이었으므로 다시 9도를 빼서 바다가 68도가 되게 했다. 이것으로도 충분하지 않아 다이가 애초에 8도를 빼먹었다면서 8도를 제외하니 바다는 60도였다. 이 거리는 카나리아제도에서 서쪽으로 일본까지 오늘날의 거리 (약 200도)에 비하면 겨우 3분의 1에 불과한 수치였다.

심지어 콜럼버스는 당시에 위도 1도를 고대 로마식 마일로 가정하여 실제 거리는 60해리海里, nautical miles인데도 45해리로 계산했으며 또 적도에서 상당히 북쪽으로 치우친 바다를 항해할 계획(리스본과 일본이 같은 위도에 있다고 가정)이라며 1도당 40해리(약 74킬로미터)로 조정했다. 이러한 수치를 종합해서 콜럼버스는 카나리아제도에서 일본 사이의 거리를 약 4,450킬로미터로 계산했다. 실제 거리는 2만 2,000킬로미터에 해당한다. 콜럼버스는 자신이 만든 논리로 항해 거리를 실제 거리의 약 20퍼센트로 만든 것이다. 그러므로 평균 3노트의 시속으로 약 1개월이면 목표에 도달할 수 있다고 장담했다.[27, 28]

만약 콜럼버스가 항해 도중에 아메리카(서인도제도)를 만나지 못했더라면 그의 일행은 배고픔과 갈증으로 모두 사망했을 것이다. 그런데 콜럼버스에게는 운이 따랐다. 그는 자신이 인도를 발견했다고 생각했다. 그래서 작은 금장식을 착용한 그 섬의 원주민을 '인디언' 이라고 불렀으며 서인도제도란 말

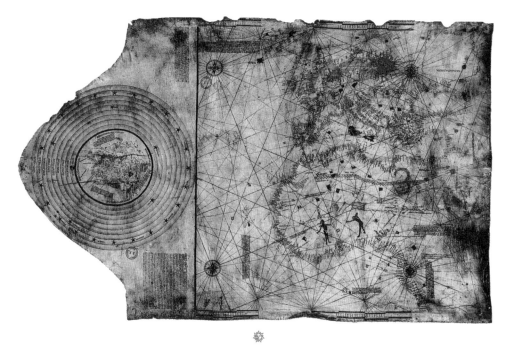

바르톨로메오와 크리스토퍼 콜럼버스가 리스본의 작업장에서 1490년경에 그린 유럽과 아프리카 지도.

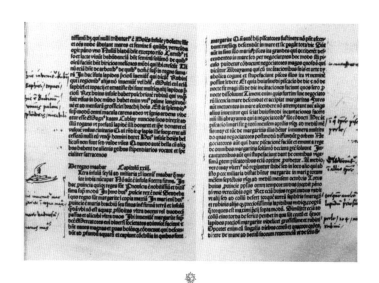

마르코 폴로의 『동방견문록』에 필기를 해가며 읽은 콜럼버스.

크리스토퍼 콜럼버스

도 여기에서 생겼다.

항해를 계속하면서 콜럼버스는 또 다른 섬인 쿠바를 발견했는데 처음에는 일본 연안의 섬으로 추정했다가 나중에는 중국 연안이라고 판단했다. 그 섬을 에스파뇰라라고 명명했는데 후에 히스파니아(에스파냐)와 매우 흡사해서 히스파니올라로 와전되기도 했다.

추악한 콜럼버스

학자들이 콜럼버스를 인류 사상 가장 사악한 최고의 악당 중 한 명으로 보는 이유는 콜럼버스가 세계를 변화시킨 두 가지 현상을 일으켰기 때문이다. 하나는 토착민으로부터 땅, 부와 노동을 착취하여 이들을 거의 말살시켰다는 점. 다른 하나는 대서양 횡단 노예무역이라는 신종 직업을 보다 본격화하여 인종적 하층계급을 생기게 했다는 점이다.

콜럼버스가 신대륙을 발견했을 때 아메리카 인디언은 콜럼버스에 대해 매우 호의적이었다. 1492년 10월 콜럼버스가 적은 기록은 다음과 같다.

새벽녘 많은 남자 무리가 해안가로 왔는데, 이들 모두 젊고 모습이 아름다웠으며 매우 잘생겼다. 머리카락은 곱슬거리지 않았지만 말갈기처럼 풀어헤치고 거칠었다. 그들 모두는 내가 지금까지 보아 온 어떤 사람들보다 넓은 이마를 가졌고, 그들의 눈은 크고 매우 아름다웠다. 그들의 피부색은 검지 않았지만 캐너리 군도 거주민의 피부색이었다.[29]

그러나 콜럼버스의 관심을 끈 것은 인디언들이 제공하는 환대와 양식이 아니라 그들의 코에 걸린 금고리였다. 콜럼버스는 즉각적으로 인디언들이 상당히 많은 황금을 갖고 있을 것이며, 근처에는 금으로 가득 찬 마을이 있을 거라고 생각했다. 또한 매우 근대적인 사업가와 같은 생각을 떠올렸다. 인디언들이 가진 금을 탈취하는 것보다 자신이 발견한 곳에서 직접 금을 채취하면 더 많은 부를 얻을 수 있으리라고 생각한 것이다.

콜럼버스의 이 생각은 그 후 아메리카 대륙이 계속되는 침략과 약탈로 지옥과 같은 땅으로 변하게 되는 시발점이 된다. 콜럼버스는 전략가답게 자신이 발견한 지역을 어떻게 하면 점령할 수 있을지 조사하기 시작했다. 결론은 간단하게 도출되었다. 다음날 새벽, 섬의 다른 부분(바하마 군도의 한 섬)을 향

콜럼버스의 아메리카 대륙 상륙. 아메리카 인디언들은 상륙한 콜럼버스 일행을 호의적으로 대했지만 콜럼버스 일행이 주목한 것은 그들이 몸에 걸치고 있는 금붙이들이었다.

해하면서 마을을 발견했는데 에스파냐인 50명만 갖고도 그들을 간단하게 정복할 수 있었다. 콜럼버스의 눈에 인디언들은 미개한 야만인들이므로 그들을 마음대로 다스리는 것도 문제가 될 리 없었다.

그는 무진장한 금을 찾을 수 있다는 기대감에 부풀어 에스파냐에 가서 많은 사람을 데려오려고 귀국을 서둘렀다. 그런데 돌발적인 사고가 일어났다. 1492년 12월 25일 탐험대의 기함이라 할 수 있는 산타마리아호가 히스파니올라에서 파선한 것이었다. 콜럼버스는 어쩔 수 없이 대포와 식량 등을 니나호와 육지로 옮긴 후 아이티에 남기를 원하는 선원 44명을 뒤로한 채 1493년 1월 에스파냐로 향했다.

1493년 4월 하순, 콜럼버스는 에스파냐에 도착하여 이사벨라 여왕에게 그곳의 원주민들로부터 헐값에 사들인 황금 장신구, 고구마, 마, 후추, 야자 등 식물과 원숭이를 비롯한 동물들을 바쳤다. 그중에는 납치한 원주민 7, 8명도 포함되어 있었다. 여왕은 콜럼버스의 첫 번째 항해에 만족하여 그에게 해군 총 제독의 칭호를 주었고 그의 집안을 귀족으로 승격시켰다.

다음 해인 1493년 9월 콜럼버스는 에스파냐의 모든 영광을 몸에 지니고 제2차 탐험에 나섰다. 이때는 선박 17척에 1,500명이라는 대 선단으로 대포, 활, 총, 기병대 등 신대륙을 정복할 만반의 준비를 갖추었다. 이 중에는 12명의 선교사, 농부, 광부, 목수는 물론 공격용 개도 포함되어 있었다.

그들이 아이티에 도착했을 때는 1차 탐험대에 함께 탔다가 남겨진 부하들은 모두 인디언에게 죽임을 당한 후였다. 그러나 콜럼버스는 부하들의 사망을 슬퍼할 겨를도 없이 이사벨라 여왕과의 약속에 따라 아이티에서 100킬로미터쯤 떨어진 곳에 이사벨라 시를 세우고 정복 사업을 시작하였다.

이때부터 콜럼버스의 전설적인 사악함이 발휘되었다. 제일 먼저 그는 아

마드리드에 있는 콜럼버스와 이사벨라 여왕의 기념 조각.

크리스토퍼 콜럼버스

이티를 재방문하여 부하들이 모두 죽은 것을 빌미로 인디언에게 강력한 보상을 요구했다. 보상에는 인디언들이 제공해야 할 음식과 황금, 목화는 물론 인디언 여자들과의 성관계도 포함되어 있었다. 인디언들의 협조를 확실하게 하기 위해 본보기로 인디언의 코와 귀를 베어 자기 말을 안 들으면 어떻게 되는지를 분명하게 보여주었다.

그의 잔인한 행동을 보고 인디언들이 저항하기 시작한 것은 당연할 일이었다. 처음에는 대부분 수동적으로 저항했다. 우선 에스파냐인을 위해 농산물을 경작하지 않았고 에스파냐 거주자들이 근접한 지역 마을을 포기하고 도망갔다. 그러나 어느 정도 전력을 정비하자 인디언들은 콜럼버스군을 공격해왔다. 콜럼버스가 기다리던 순간이었다. 그는 자신이 지휘하는 정복군이 공격 받았다는 사실을 알자마자 인디언 초토화 작전에 나섰다.[30]

인디언들의 불행은 계속되었다. 노다지를 찾지 못한 채 에스파냐로 돌아가게 된 콜럼버스 일행이 황금에 상응하는 것을 확보하려 했기 때문이었다. 그는 아이티에 사는 인디언을 약 1,500명 정도 잡아 그중 신체가 건장한 500명(이 중 200명은 스페인으로 가는 도중 죽었다)을 선별했다. 이미 엔히크가 아프

콜럼버스군에게 귀를 잘리는 타이노족.

리카 흑인들을 나포하여 노예로 만든 것이 큰돈이 된다는 것을 알았으므로 그들을 잡는 데 큰 죄책감도 느끼지 않았다.

식민지 약탈을 위한 잔혹 행위 외에도 에스파냐인들은 인디언의 생태계와 문화 파괴에 앞장섰다. 농장보다는 금광에서 일하도록 인디언들을 몰았으므로 영양실조가 만연되고 축산의 억제로 더 많은 생태학적 재앙이 초래되었다. 질병이 끊이지 않자 일부 인디언들이 쿠바로 도주했지만, 에스파냐인들은 곧바로 그들을 뒤쫓았다.

콜럼버스가 아메리카를 발견한 이래 얼마나 인디언들에게 해악을 끼쳤는지는 인구의 급격한 감소로도 알 수 있다. 1492년에 서인도제도를 발견했을 때 아이티에 거주한 인디언의 수는 거의 800만 명에 육박했는데 단 4년 후인 1496년에 110만 명으로 줄었다. 이 숫자는 14세 이하의 어린이는 계산하지 않은 것이라는 지적이 있지만 커크 패트릭 세일은 어린이의 숫자를 고려한다 해도 남은 인구가 300만 명을 넘지 않았을 것으로 추정했다.

콜럼버스가 주도한 인디언 노예 정책과 노동정책이 지속되자 수백만 명에 달하던 인구는 1516년에 1만 2,000명이 되더니 1542년에는 고작 200명이 되었고 1555년에는 이들 모두가 사라졌다. 에스파냐 지배하의 아이티는 인종 말살의 최초 사례 중 하나로 죽은 사람의 숫자만 따진다면 나치가 학살한 유대인보다 더 많았다.

콜럼버스는 약 5,000명의 노예를 에스파냐로 보냈지만 이사벨라 여왕은 노예제도를 딱 부러지게 반대했다. 포르투갈의 엔히크가 아프리카 흑인들의 노예 사용을 마다치 않은 것과는 대조적인 일이었다.

에스파냐로 보내진 일부 인디언들은 지중해로 되돌려 보내지기도 했다. 그러나 이사벨라 여왕이 사망하자 에스파냐도 본격적인 노예사냥에 뛰어들

원주민을 약탈하는 콜럼버스 일행.

었다. 당시 노예사냥으로 엄청난 소득을 올릴 수 있다는 것을 안 유럽 각국은 노예 확보에 열을 올리고 있었다. 영국은 북아메리카의 대서양 쪽 해안에 교두보를 설정한 후 노예 매매를 부추겼고 프랑스인들도 노예사냥에 여념 없었다. 에스파냐가 세계의 조류에 역행할 리 없는 일이었다. 죽어가는 아이티인을 대체하기 위해 에스파냐인들은 바하마로부터 수많은 인디언을 들여왔다. 푸에르토리코와 쿠바가 그다음이었다.

콜럼버스의 약탈이 유럽 각국에서 부러움의 대상이 되자 1500년 이후에는 포르투갈, 프랑스, 네덜란드, 영국이 다투어 아메리카 대륙을 점령하려 했다. 이 나라들도 에스파냐만큼이나 잔인했다.

아메리카를 착취할수록 유럽은 경제적으로 부유해졌다. 먼저 에스파냐가 부유해졌고, 에스파냐를 따라 신대륙 개척에 참여한 다른 국가들도 부유해졌다. 멕시코와 안데스 산맥에서 금과 은이 발견되자 유럽은 그야말로 풍요를 구가했다. 유럽의 종교·정치 지도자들은 금이 넘쳐나자 교회나 궁전의 천장에 금 잎사귀를 달고, 금으로 된 조각상을 세우고 조각상 사이에 금으로 된 포도나무잎을 매달 정도였다. 일부 작가들은 이것이 자본주의의 출현, 궁극적으로는 산업혁명의 도화선이 되었다고 추정한다.

아메리카 대륙이 많은 금과 은을 제공할 수 있다는 것이 확인되자 사하라 사막을 횡단하려는 교역은 곧 붕괴되었고 아프리카와의 교역은 단 하나로 귀착되었다. 엔히크로부터 시작된 노예장사였다.

콜럼버스로 인해 생긴 폐해는 이것뿐만 아니다. 콜럼버스는 두 번째 항해 때 에스파냐에서 사탕수수 묘목을 가져와 카리브 해의 에스파뇰라 섬에서 설탕 생산을 시도했는데 따뜻한 기후와 풍부한 강우량으로 사탕무가 잘 자랐다. 당시 유럽에서 설탕은 금, 은, 진주 못지않게 비쌌기 때문에, 에스파뇰라 섬의 설탕 생산은 날로 늘어 16세기에 200개의 제당공장에서 매년 1,600

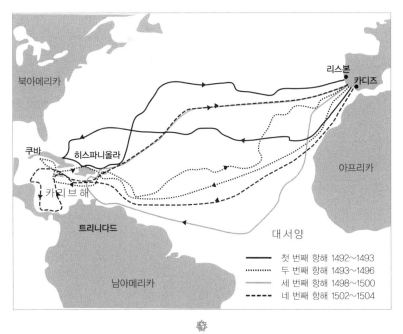

콜럼버스의 항해도. 아메리카 대륙을 발견한 뒤 에스파냐를 오가며 지속적으로 인디언을 착취했다.

톤이나 되는 설탕을 만들어냈다. 이 사탕수수 농장의 노동력을 어떻게 확보했을까?

콜럼버스에 의해 시작된 가혹한 정책으로 아메리카 인디언들이 사실상 전멸했기 때문에 아프리카에서 대량의 노예를 실어온 것이다. 17세기경부터 유럽에서 홍차, 커피, 초콜릿이 유행하면서 설탕 수요도 함께 늘어났고 카리브 해는 더욱 고통의 지역이 되었다. 하얀색의 설탕과 검은색의 노예 교역은 날로 확대되었고 카리브 해는 유럽인들의 장난에 춤추지 않을 수 없었다.[31]

콜럼버스는 아메리카뿐만 아니라 유럽에도 재앙을 가져왔다. 그는 향신료와 금 장신구, 앵무새 열두 마리, 인디언 여섯 명을 데리고 에스파냐로 돌아왔다. 인디언들은 마치 신기한 동물처럼 자기들을 쳐다보는 사람들로 가득한 바르셀로나의 거리 한복판으로 끌려갔다.

이들은 자신들의 종족보다는 매우 운이 좋은 사람들이었다. 그들은 세례를 받고 난 뒤 유럽인과 동등한 대우를 받았기 때문이다. 그런데 핀타호의 선장인 마르틴 핀존이 현지 여인과의 난교로 풍토병인 매독에 걸렸고, 콜럼버스가 귀국하여 바르셀로나에서 이사벨라 여왕을 접견하는 동안 이미 매독은 바르셀로나 시 전체에 퍼졌다. 그리고 이 질병은 선박이 도착한 지 10년 이내에 유럽과 근동의 모든 항구에까지 확산되었다.[32] 포르투갈의 저명한 의사였던 디아즈 데 이슬라도 이 사실을 확인했다. 매독을 옮겨온 장본인은 콜럼버스를 비롯한 선원과 인디언 여섯 명일 수밖에 없었다.

1494년 이탈리아의 르네상스를 결정적으로 쇠퇴시킨 이탈리아 전쟁이 일어났다. 이 전쟁은 프랑스의 찰스 8세가 프랑스군 3만을 동원하여 벌인 전쟁인데 당시 여러 나라로 분할되어 있던 이탈리아는 프랑스군을 대항할 수 없어 계속 패퇴하고 있었다. 그런데 기적이 일어났다. 나폴리를 포위한 프랑스군에 갑자기 매독이 퍼져 거의 전멸하다시피 한 것이다. 찰스 8세는 승리를 목전에 두고 철수하지 않을 수 없었다.

당시 프랑스군에 딸린 창녀들이 에스파냐로부터 옮아온 매독을 옮겼기 때문이다. 매독은 곧바로 전 유럽으로 퍼졌다. 이 때문에 프랑스에서는 매독을 독일 나폴리 병이라고 부르며 다른 나라에서는 프랑스 병이라고 부른다. 매독은 포르투갈인을 통해 1512년 일본까지 전해졌다[33]

콜럼버스의 탄생 500주년 되던 2006년, 그로서는 어떤 일이 있더라도 숨기려 했던 자료들이 공개됐다. 2005년 에스파냐 북부 바야돌리드 지역의 시만카스국립문서보관소에서 발견된 문서는, 콜럼버스가 현재의 중미 도미니카공화국 일대를 정복한 뒤 이 지역을 잔학하게 통치했음을 보여주는 23건의 증언을 담고 있다. 바야돌리드는 콜럼버스가 1506년 5월 20일 55세의 나이로 사망한 곳이다.

스페인의 역사학자 콘수엘로 바렐라 박사는 콜럼버스를 가리켜 하층계급 출신이라고 말한 여성의 혀를 자른 뒤 발가벗겨서 당나귀에 태워 길거리에 내돌리는 잔혹한 고문을 가했다는 기록을 발견했다. 이 자료에 의하면 콜럼버스는 원주민들을 재판 없이 처벌했고, 식민지 개척자들에게 물자를 공급하지도 않았으며, 원주민들을 노예로 부리려고 세례도 허용하지 않았다. 당시 산티아고 섬이라고 불렸던 이 지역은 콜럼버스 원정대의 본거지였다.

더욱 놀라운 것은 콜럼버스가 정복한 후 수십 년간 이 지역에서 1200만에서 2000만 명에 이르는 원주민들이 살해되거나 에스파냐 사람들이 전파한 질병에 희생되었다는 것이다. 또 콜럼버스 이후 에스파냐와 포르투갈의 정복자들은 마야와 아스텍, 잉카 등 토착 문명을 파괴하고 천연자원을 약탈, 남아메리카에 빈곤의 씨를 뿌렸다는 비판을 받고 있다.[34]

인류사에 가장 혐오스럽고 악독한 행동을 자행한 콜럼버스가 자신의 공과가 적힌 자료가 발표되는 등 그의 악행에 대한 진상이 밝혀지리라는 것을 모르고 죽었다는 것이 위안된다는 말에 동참하는 사람들도 있을 것이다.

　콜럼버스의 신상이 정확하지 않은 차에 근래 그야말로 놀라운 가설이 등장했다. 미주 대륙을 발견한 콜럼버스는 이탈리아의 콜럼버스가 아니라 에스파냐 출신의 항해사 콜럼버스라는 주장이다. 말하자면 동명이인인 이 두 사람을 혼동했다는 것이다. 베네수엘라의 한 사학자는 1964년부터 베네수엘라 주재 스페인 대사관에서 방대한 자료를 받아 관리하던 중 지금까지 알려진 바와는 달리 콜럼버스가 이탈리아인이 아니며 사실은 에스파냐에 거주했던 유대인이라는 사실을 밝혀냈다.

　그의 주장을 따르면 콜럼버스는 스페인 군도의 '해누와' 라는 토착 지명을 가진 곳에서 출생했는데 이것이 이탈리아의 '제노바' 와 발음이 비슷하여 잘못 알려졌다는 것이다. 더구나 콜럼버스의 성은 본래 '비둘기' 라는 뜻의 방언으로 에스파냐의 유서 깊은 성씨 중 하나이며 이를 유대계 조상이 자신들의 성으로 가져다 쓴 것이라는 점도 밝혔다. 이런 동명이인설의 등장으로

에스파냐 정복자들에게 고문당하는 원주민
타이노족.

누가 과연 신대륙을 발견한 사람인지 확인할 방법이 더욱 묘연해진 셈이다. 분명한 것은 1451년에 태어난 콜럼버스가 지중해 인근에서 항해업에 종사했다는 점이다. 이것이 현재 우리에게 알려진 콜럼버스의 초상화가 제각각인 이유를 비교적 설득력 있게 설명해준다.[35]

폴 포트

세계를 놀라게 한 악당들은 수없이 많지만 이 중에서도 캄보디아의 폴 포트Pol Pot는 서열이 상위급이다. 한마디로 세계에서 가장 비난받는 악당 중의 악당인데 그가 남다른 지식인 중 한 명이라는 점은 아이러니다.

본명이 살로트 사Saloth Sar인 폴 포트는 1925년, 프랑스의 지배를 받던 캄보디아의 프놈펜 북쪽에서 쌀농사를 짓던 부유한 농가의 일곱 형제 중 막내로 태어났다. 형은 왕궁의 관방실 서기관이었고 사촌누이는 시아누크 국왕의 선대인 모니본 국왕의 총애를 받아 어릴 적부터 남부러움 없이 살았다.

폴 포트는 불교국가인 캄보디아의 많은 국민처럼 여섯 살부터 불교 사원에서 6년을 보낸 후 승려로 2년을 보냈다. 그 후 1949년 해외에서 보다 많은 기술을 배워 와야 한다는 시아누크 국왕의 교육정책에 따라 정부 장학금을 받고 프랑스 파리에서 전기공학을 전공했다. 그곳에서 여덟 살이 많은 아내 키우 포나리를 만났다.

그러나 그가 프랑스 파리에서 공부한 것은 전기공학이 아니라 공산주의 이론이었다. 폴 포트는 캄보디아가 프랑스의 통치를 받고 있는 데다 왕이 통치하는 전제국가를 탈피하는 방법은 러시아가 공산주의로 무너진 것과 같이 공산혁명을 일으키는 수밖에 없다고 생각했다.

그는 공산주의 중에서도 가장 강력한 스탈린주의자 당원이 되었다. 폴 포트는 또 다른 좌익 캄보디아 학생이었던 키우 삼판의 주장도 받아들였다. 키우 삼판은 폴 포트의 집권 중에 가장 큰 영향을 끼친 이론가였는데 키우 삼판은 한 마디로 캄보디아에서 진정한 농촌혁명을 달성시키려면 과학기술이 배제된 농촌 경제를 도입해야 한다는 것이었다.

폴 포트는 파리에서 대학을 마친 후 폴 캄보디아로 돌아오자마자 시아누크 왕정에 반대하여 지하 공산당에 가입한 후 주도적으로 움직이기 시작했다. 그는 공산당에 심취했고 입당한 지 채 2년도 안 되어 당 총서기가 되었다. 정부에서 체포령이 내려지자 산악지대로 도망쳐 게릴라전으로 정부군과 맞섰다.

1970년부터 정부군과 본격적으로 게릴라전을 펼친 크메르루주(붉은 크메르란 뜻으로 1966년 11월 시아누크 국왕이 '머릿속이 빨간 패거리'라는 뜻으로 말한 것에서 비롯되었으나 추후에는 폴 포트의 과격한 공산주의자 그룹을 칭함)의 지도층은 원래 시아누크 왕이 국비유학생으로 프랑스에서 수학하도록 보낸 사람들로 엘리트 중에서도 엘리트들이었다. 나라의 재건에 그들의 힘이 필요했기 때문에 프랑스로 유학시켰는데 그들이 오히려 적극적인 반대자들로 변모하여 정부를 공격하자 시아누크는 그들을 '위험 분자'로 규정하고 탄압하기 시작했다.

당시 인도차이나 반도를 둘러싼 세계 정세는 한 치 앞도 알 수 없을 정도의 혼돈 상태였다. 폴 포트가 시아누크 왕 치하의 론 놀 대통령 정부에 대항하여 공세를 펼치기 시작한 지 얼마 지나지 않아 1972년에 접어들면서 베트남전쟁이 종전을 향해 치닫고 있었다. 미국은 베트남군을 지원하기 위해 1969년부터 캄보디아 영토 내의 공산 게릴라들을 공격했는데 이것이 오히려 폴 포트에게 새로운 지지 세력을 규합하게 하는 계기가 되었다.

미국의 침입에 맞서 조국을 지켜야 한다는 폴 포트의 선전은 효과를 보아 1970년에 4,000명에 불과하던 당원이 1975년에 이미 1만 4,000명으로 급속하게 늘어났다. 초창기에 미국은 론 놀 정권에게 군수물자 외에 막대한 자금을 지원하여 공산 게릴라들의 준동을 막는 데 총력을 기울였다. 그러나 베트남전의 수렁에 빠져 헤어나오지 못하게 된 미국은 갑자기 캄보디아에 대한 모든 원조를 중단했다. 이 당시에 축출된 시아누크조차 미국의 앞잡이보다는 크메르루주가 애국자라며 다음과 같이 말했다.

> 나는 크메르루주를 좋아하지 않는다. 아마 그들도 나를 좋아하지 않을 것이다. 그러나 그들은 진정한 애국자들이다. 나는 불교 신자이지만, '부패하고 친미 허수아비인 론 놀 치하의 불교국 캄보디아' 보다는 '정직하고 애국적인 붉은 캄보디아'를 택하겠다."

5년에 걸친 캄보디아 내전으로 많은 사람이 죽었다. 프놈펜 정부군이나 크메르루주군 양쪽 다 전쟁 포로에 대한 개념이 없었다. 고문을 해서라도 군사정보를 캐낼 가치가 있는 포로 말고는 대부분 즉결 처형으로 죽였다. 군인, 민간인 합쳐 약 100만 명이 희생됐다는 분석도 있다. 『워싱턴포스트』 프놈펜 특파원을 지낸 엘리자베스 베커는 『전쟁이 끝났을 때: 캄보디아와 크메르루주 혁명』에서 정부군 쪽이 50만 명, 크메르루주 쪽이 60만 명 정도 희생됐다고 추정했다. 1980년에 나온 CIA의 한 보고서는 내전에서 60만~70만 명이 죽은 것으로 분석했다. 1974년 크메르루주는 캄보디아 국토의 85퍼센트를 지배하기에 이르렀다. 결국 1975년 4월 17일, 수도 프놈펜은 폴 포트가 이끄는 크메르루주에 점령됐다.

불량 시민은 교도시키는 것보다 제거하는 편이 수월

폴 포트가 크메르루주에서 얼마나 신원 위장에 성공했는지는 폴 포트가 신임 수상이 되었다고 발표되었을 때 그의 이름을 들어본 사람이 거의 없었다는 점이 잘 말해준다. 실제로 그의 형과 누나는 친동생이 정부의 수상이라는 사실을 1978년 폴 포트의 사진이 지방자치단체의 대형 식당에 걸리기 시작했을 때에야 비로소 알게 되었다.

폴 포트의 등장은 처음부터 세계를 놀라게 했다. 그는 프놈펜에 입성하자마자 도시민을 단 72시간 이내에 완전히 분산시키라는 야심 찬 명령을 내렸다. 폴 포트는 내전 때문에 도시에는 식료품이 거의 없지만 시골에는 식량이 풍부하다며, 이 방법만이 주민이 기아를 면하는 길이라고 선전했다. 또한 신 체제에서는 사유재산을 금지하므로 농촌에서 일하면서 스스로 먹을 것을 구하는 법을 배워야 한다고 주장했다.

그러나 폴 포트가 도시민을 전격적으로 분산시킨 가장 큰 이유는 캄보디아를 점령한 크메르루주의 주 구성원이 대부분 무식한 농부들이므로 복잡한 행정 능력이 없는 데다가 도시는 외국인이 지배하는 중심지이므로 새 정부가 효율적으로 통제할 수 없다고 판단했기 때문이었다.

200만 명에 달하는 프놈펜 시와 인근 지역에서 거주하던 300만 명에 가까

크메르루주의 지도자이자 민주캄푸치아 공화국의 총리였던 폴 포트. 재임 기간 원리주의적 공산주의에 따라 강제 농업화 정책을 실시하고 수많은 국민을 심문과 고문으로 살해했다.

운 시민이 아무런 대비책이 없이 자기 거주지에서 쫓겨났다. 그리고 강제 행군, 무더위, 식량과 식수·의약품의 부족으로 무려 40만 명이 사망했다. 하지만 폴 포트는 노동의 순수성을 굳게 믿었으므로 개인주의는 마땅히 제거되어야 한다고 확신했다. 개인주의적 사고를 철저히 파괴할 때 비로소 집단주의 체제에 헌신적인 사람들이 출현한다는 것이 그의 지론이었다.

캄보디아는 폴 포트가 권력을 잡기 전에는 동남아시아 최고의 불교 국가 중 하나로 2,500개가 넘는 사찰이 있었고, 사람들이 대부분이 인생의 어느 시점에 승려가 되는 것이 보편적이었다. 그러나 크메르루주는 승리를 거둔 직후 모든 종교의 가르침과 수행이 공산당 혁명 교리와 모순된다며 일상생활에서 종교의 흔적을 철저히 지우려고 했다. 캄보디아에서 불교는 국교나 마찬가지였으므로 종교의 탄압은 사실상 불교를 탄압하는 것과 똑같았다.

폴 포트는 지도적 위치에 있는 승려들은 모두 처형했고 승려들의 성직을 빼앗았다. 나이 많은 승려들은 특별히 오랫동안 국민의 적선을 통한 공덕으로 살아야 했으므로 더욱 오랜 시간 동안 땅만 파는 노동을 부과했다. 크메르루주가 집권하고 얼마 안 돼 학교와 도서관은 폐쇄되었고 신문도 사라졌으며 도시 주민은 농업 외에 수리시설, 제방, 운하, 댐, 다리 건설 등 강제 노동에 동원되었다. 도시 주민이 극단적으로 감소했지만 폴 포트는 1978년 9월 캄보디아 공산당 창립 18주년 기념집회에서 국민을 향해 이렇게 연설했다.

우리나라에는 좋은 분자, 중간 분자, 나쁜 분자가 있다. 국민의 90퍼센트 이
상이 빈농, 하층 중농, 노동자이며 그들은 모든 이익을 향유할 수 있는 집단
화 체제에 만족하고 있다.[36]

어느 정도 국민을 통제하는 데 성공했다고 생각하자 정치가, 군 장교, 관
리, 엘리트들을 솎아내기 시작했다. 안경만 착용해도 지식인으로 간주하여

캄보디아 킬링필드 기념관에 전시된
희생자의 유골.

혁명의 적으로 처형했다. 가장 큰 피해를 본 사람들은 크메르루주와 전투했던 정규군 출신 장교들이었다. 장교들의 신원이 확인되면 배우자와 자식들도 함께 처형했다.

목격자들은 붉은 손수건을 두르고 광신적으로 세뇌된 십 대들이 주로 처형을 담당했다고 전한다. 살인은 마구잡이로 행해졌지만 크메르루주는 변명을 인정하지 않았다. 폴 포트는 불량분자들을 상대로 시간을 갖고 재교육을 시키는 것보다는 몰살시키는 것이 더 유리하다고 생각했다.[37] 여기서는 크메르루주의 비이성적인 행동에 대해서는 더 설명하지 않고 세계를 놀라게 한 '투슬렝Tuol Sleng(일반적으로 '질병의 적'으로 해석)' 보안서 건물에서 일어난 만행에 대해서만 설명한다.

공포 정치가 초래한 지구촌 최대의 킬링 필드

크메르루주 치하의 만행을 생생하게 증언해주는 곳이 프놈펜 시내에 자리 잡은 투슬렝 보안서 건물이다. 정치범을 잡아다가 취조하는 장소로 쓰였던 이곳의 명칭은 S-21. S는 캄보디아 말인 '살라'의 머리글자로 '회관'이란 뜻이고, '21'은 크메르루주의 보안경찰을 뜻하는 '산테발'의 암호명이었다. 크메르루주군이 프놈펜을 접수하기 전 이곳은 3층 목조건물 4개와 단층 건물 한 개로 이뤄진 여자고등학교였다.

크메르루주가 이곳에 남기고 떠난 서류뭉치와 흑백 필름들로 미뤄볼 때 모두 1만 4,500~2만 명이 이곳을 거쳐 간 것으로 추정된다. 1976년부터 수용소에서 근무했던 직원은 자신이 아는 한 살아서 수용소를 나간 수감자는 단

캄보디아의 악명높은 투슬렝 감옥 입구와 내부 모습.

한 사람도 없다고 확언했다.

그런데도 그들 중에서 일곱 명이 살아남았다.[38, 39] 생존자 중 한 명인 화가 반 나트Vann Nath는 그의 수기 『크메르루주의 S-21에서 1년One Year in the Khmer Rouge's S-21』에서 당시 크메르루주의 만행이 어떠했는지를 낱낱이 폭로했다.

특별히 독방에 수감된 사람을 제외하고 모든 수용자들은 큰 방에서 족쇄에 서로 발이 채워진 채 바닥에 그대로 누워서 잠을 자야 했다. 작은 족쇄의 길이는 0.8미터에서 1미터로 몇 명이 묶였고(독방에 있는 사람들도 사용) 기다란 족쇄는 6미터에 달하는데 20명에서 30여 명이 함께 묶였다. 수감자들은 차례로 조사받기 위해 방을 나갔는데 대부분 구타당하여 피투성이가 되어 돌아오거나 전혀 돌아오지 않았다. 거의 모든 사람이 자신이 왜 체포되었는지를 모르는 상태에서 체포되었는데, 수감자들에게 지급되는 식량이 적어(30여 명의 식량으로 쌀 500~700그램을 제공) 수감자들은 차츰 쇠약해져 사망하기 일쑤였다.

반 나트는 새로운 법에 따라 농장에서 일했는데 1977년 12월 29일 벼 농장에서 일하다가 체포되어 1978년 1월 7일 투슬렝 감옥에 수용되었다가 정확히 1년 후인 1979년 1월 7일 탈주에 성공했다. 그의 책은 자신이 수용되어 있는 동안 자신이 보고 겪은 것만 적었기 때문에 투슬렝 감옥의 전반적인 정황을 낱낱이 보여주는 것은 아니다. 그럼에도 그의 책은 투슬렝에서 세기적인 만행이 어떻게 일어났는가를 보여주는 데 부족함이 없다.

투슬렝에 수감된 희생자들은 캄보디아 전역에서 왔다. 투슬렝에 도착하자마자 사진을 찍고 어린 시절부터 체포될 때까지 자신의 경력 등을 상세히 고백해야 했다. 심문 도중에 조금이라도 반항하거나 고분고분하지 않으면 무조건 채찍이나 몽둥이로 때리고 고문했다.

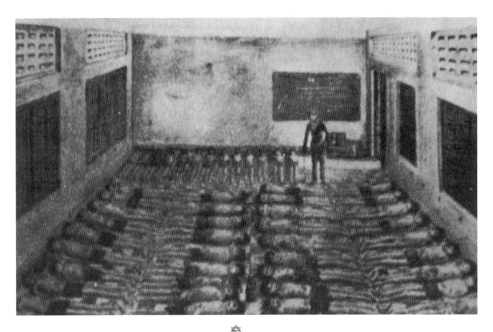

투슬렝 감옥의 생존자인 반 나트가 그린 수용소 모습.

체포된 사람들 대부분은 캄보디아인이지만 베트남, 라오스, 태국, 파키스탄, 인도, 영국, 미국, 캐나다, 뉴질랜드, 오스트레일리아인도 포함되어 있었다. 수용자 중에는 노동자, 농부, 엔지니어, 기사, 학생들도 있었고 교수들은 물론 외교관, 정치가, 장관 등 고급 관리들도 있었다. 특히 고급 관리들은 가족이 함께 들어왔으며 간혹 갓난아기를 데리고 오는 경우도 있었다. 그들 모두 처형되었음은 물론이다.

자료에 의하면 1977년에서 1978년까지 투슬렝 감옥에는 항상 1,200명에서 1,500명 정도의 수용자가 있었다. 그들의 생존 기간은 일반적으로 두 달에서 네 달이며 아주 중요한 죄수인 경우는 6개월에서 7개월이었다. 앞에 설명한 생존자인 반 나트는 무려 일 년을 지냈는데 이는 매우 특수한 경우였다.

여자고등학교 건물을 개조한 투슬렝 감옥은 교실을 모두 감방으로 변경하고 각 창문에는 철망을 설치했다. 1층 교실은 가로 0.8미터, 세로 2미터의

투슬렝 감옥에서 살아서 나온 생존자 일곱 명. 한 가운데가 반 나트다.

폴 포트

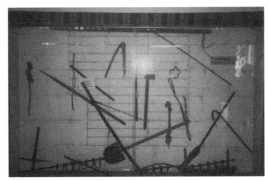

투슬렝 감옥 내부 모습. 각종 고문기구가 비치되어 있다.

작은 방으로 나뉘었고 2층부터 가로 8미터, 세로 6미터의 감옥으로 만들어 죄수를 한꺼번에 수용했다. 여자 죄수들은 중간층에 수감했다.

❀
놀란 표정을 한 투슬렝 감옥의 소년 죄수

수감자들의 기상 시간은 새벽 4시 30분이었다. 하루에 네 번 점호를 하는데 두 손은 뒤로 하고 족쇄에 채워진 발을 보여준다. 30분 정도 손과 발을 움직이는 운동을 허락했는데 이때도 발에 채워진 족쇄는 풀어주지 않았다. 대소변용으로는 조그마한 플라스틱 통을 줬다. 그들은 감방에서 대소변을 볼 때는 무조건 허락을 받아야 했다. 허락을 받지 않으면 몽둥이로 20~60대씩 맞았다.

중요 인물은 독방에 수용되었는데 작은 방임에도 바닥에 족쇄를 걸고 있어야 했다. 특별히 중요한 인물은 철로 된 침대에 역시 족쇄를 차고 있어야 했다. 자료에 의하면 투슬렝이 포기되기 직전까지 중요 인물 여러 명이 살아 있었는데 모두 마지막 날 살해되었다. 각 방에는 붙어 있는 수감자들이 지켜야 할 주의사항은 투슬렝 감옥이 얼마나 공포스러운 장소였는지를 적나라하게 보여준다.

1. 너는 나의 질문에 따라 답해야 한다.
2. 네가 나에게 항의하는 것은 불가능하며 진실을 숨겨서는 안 된다.
3. 혁명에 반하는 어리석은 짓을 하지 마라.

　　　　　　　　　　　　　　　　　　　　　　　　　폴 포트

4. 나의 질문에 시간을 끌지 말고 곧바로 대답해야 한다.

5. 혁명의 이념 등에 대해서 나에게 말하지 마라.

6. 전기고문을 당하거나 채찍을 맞을 때 소리 지르지 마라.

7. 명령을 내릴 때까지 아무것도 하지 말고 얌전하게 있어라.

8. 너의 반역을 감추기 위해 혁명을 팔지 마라.

9. 네가 이들 규칙을 어길 때에는 채찍 열 대와 전기 충격 다섯 번을 받는다.

가장 놀라운 것은 수용소에서 발견된 사진이다. 이들 각 수감자들이 수용된 첫날과 처형되기 직전에 찍은 것이다. 이들 사진은 현재 박물관에 모두 전시되어 있는데 그중에는 부모와 함께 처형된 갓난아이들도 적지 않았다.

고문이나 처형 방법은 그야말로 잔인했다. 죄수들의 손을 뒤로 묶고 채찍이나 몽둥이로 때리는 것은 보통이었으며 여자와 남자를 나체로 묶어놓고

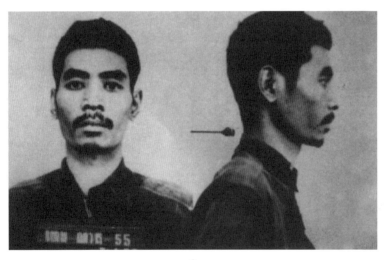

처형되기 직전의 수감자를 찍은 사진.

162

유두를 자르는 것은 물론 집게로 손톱을 뽑기도 했다. 다양한 물고문을 상습적으로 하였고 고문당하다가 죽는 일이 다반사였다. 고문이 심하여 걸을 수 없는 경우 나무에 묶은 돼지를 옮기는 것 같이 사람을 묶어 옮겼다. 투슬렝 연병장에 철봉이 설치되어 있는데 이것은 체조용이 아니라 수용자들을 묶어 놓고 고문할 때 사용한 것이다.

처형이 확정된 사람들은 구덩이를 직접 파게 한 후 대나무를 뾰족하게 갈거나 날카롭게 만들어 때리거나 찔러 죽인 후 묻었다. 반 나트는 죄수들을 일렬로 세운 뒤 날카로운 꼬챙이로 처음과 마지막 사람의 배와 가슴을 한꺼번에 찔러 죽인 후 묻기도 했다고 증언했다.

가장 놀라운 것은 수감자들을 상대로 인체 실험도 행했다는 점이다. S-21의 교도소장 두치는 소녀의 배를 가른 후 물속에 넣고 얼마나 오래 떠 있는지를 관찰했다고 기록했다. 이와 유사하게 목구멍을 찔린 네 살짜리 소녀에 대한 자세한 기록도 있다. 두치가 적은 일기 중에는 고문이 너무나 심해 정보를 얻기 전에 수감자들이 죽어버려 난처했다는 내용도 있다.[40]

투슬렝 학살 박물관은 현재 전 세계에서 수많은 사람이 방문하고 있는 캄디아의 명소 중 하나다. 특히 투슬렝이 포기되기 직전까지 여러 명의 중요 인물 여러 명이 수감되어 있던 감옥은 필자가 2005년에 방문할 당시에도 핏자국이 여기저기 남아 있었다. 당시의 정황을 생생하게 보여주려고 일부러 핏자국을 완전히 제거하지 않은 것이다.[41] 부모가 보는 앞에서 어린아이를 나무에 때려죽인 후 부모도 처형했는데 이때 처형에 사용된 나무는 이들의 잔혹함을 인식시키기 위해 특별히 관리하고 있다고 한다.[42]

한편 '킬링필드' 대학살의 주동자를 심판하기 위한 크메르루주 전범 재판소가 2006년부터 열렸다. 1997년부터 9년 가까이 끌어온 킬링필드 전범 재

수감자를 잔인하게 고문하고 죽이는 장면. 반 나트의 그림.

집단 처형된 희생자들의 유골.

판소 준비 작업이 마무리되었기 때문이다. 캄보디아 정부에서는 당초 협상에 따라 크메르루주군을 사면했지만 세계 여론에 굴복하여 크메르루주 정권 최고위직을 지낸 여섯 명에 한하여 국제 전범 재판을 해달라고 유엔에 청원했다. 유럽연합EU은 크메르루주 재판을 열기 위해 1억 달러를 지원하여 크메르루즈 전범 재판소ECCC를 발족시켰다.

재판에 회부된 사람은 모두 여섯 명으로 폴 포트에 이어 '브라더 넘버 투'로 불렸던 누온 체아 전 캄푸치아 공산당 부서기장, 타목 전 군사령관, 카잉 켁 이에브 전 검찰총장, 키우 삼판 전 국가수반, 이앙 사리 전 외무장관 등이다.

재판은 세 단계로 진행된다. 첫째는 검사팀의 혐의 조사와 기소, 둘째는 본격적인 심리와 선고, 셋째는 항소심이 진행될 예정인데 그들이 과연 유죄 평결을 받을지는 의문시된다는 된다는 지적도 있다. 실제로 이들 전범자는 자신들의 무죄를 주장하면서 죄를 인정하지 않고 있다. 특히 피고인 중 한 명이 자신의 죄를 사과하고 용서를 구했지만, 크메르루주의 사상적 지도자였던 누온 체아와 키우 삼판 등 두 명은 캄보디아 인민을 위해 할 일을 한 것뿐이라며 잘못이 없다고 버티고 있다고 한다. 캄보디아 학살 사건, 범죄자들에

전범 재판에 회부된 크메르루주의 2인자 누온 체아.

대한 법의 심판이 정의롭게 이루어져 당시 억울하게 생을 마감한 캄보디아 국민의 한이 조금이나마 풀릴 수 있기를 바라는 사람들이 많지만 아직 산 넘어 산이다. 시아누크 전 국왕이 크메르루주군과 협상하면서 모두를 사면한다는 조건에 합의했기 때문이다. 시아누크 왕은 2012년 사망했다.[43]

3부
문화 인물 미스터리

THE
MYSTERY AND
THE TRUTH

산타클로스의 탄생

기독교인이든 아니든, 기독교인이 많은 국가에서 산타클로스Santa Claus라는 말은 어린아이들을 동화 속으로 안내하는 가장 효과적인 단어다. 12월 25일 크리스마스이브에 산타클로스가 사슴을 타고 굴뚝으로 들어와 양말 속에 선물을 주고 간다는 말을 기억하지 않을 어린아이가 있을까? 나이를 먹으면서 산타클로스가 선물을 주는 것이 아니라 부모가 준비해주는 거라는 사실을 알아차리지만 그래도 산타클로스의 이미지를 잊어버리지는 않는다. 그리고 자신들이 성장하여 결혼한 후에도 아이들에게 선물 주는 것을 당연하게 느낀다.

산타클로스는 누구인가?

이와 같은 산타클로스가 누구인가에 대해 많은 논란이 있지만 대체로 4세기 초에 터키의 리시아라는 마을에서 태어난 세인트 니콜라스St. Nicholas를 그

전형적인 산타클로스의 이미지. 선물 보따리를 든 인자하고 정겨운 모습이다.

원조로 본다. 그는 어린 나이에 소아시아 마이라의 주교로 임명되었다. 그는 그리스도에 대한 전도를 열심히 하는 데다가 가난한 자들을 돌봐주지만, 로마의 신에 대해서는 부정적인 견해를 밝혀 기독교 박해 기간에 옥에 갇히고 고문당하기도 했다. 새로 황제가 된 콘스탄틴은 기독교로 개종하고 그를 풀어주었다. 그 후 콘스탄틴이 325년에 니케아에서 처음으로 종교회의를 소집했을 때 니콜라스도 참석하였다.

니콜라스가 산타클로스가 될 수 있었던 이유는 두 가지 때문이다. 우선 남달리 아이들을 좋아했다. 그가 어린아이들을 보호해주었다는 여러 가지 이야기가 기록으로 남아 있는 걸 보면 어린아이들의 수호성인이 된 것은 자연스러운 일이다. 그러나 중세와 그 후에도 니콜라스는 여러 가지 이름으로 불렸지만 그중에 산타클로스라는 이름은 없었다.

16세기의 종교개혁 기간에 니콜라스는 완전히 사라졌다. 그를 대치한 것은 영국의 파더 크리스마스와 프랑스의 빠빠 노엘 등 더 세속적인 인물이었다. 그러나 그들 모두 아이들에게 풍성하게 선물을 주는 사람은 아니었고 또 그 당시에 아이들은 그다지 중시되지 않았다.

세인트 니콜라스. 산타클로스의 원조로 알려졌다.

그러나 네덜란드인들은 니콜라스의 전통을 유지했다. 16세기 네덜란드에서는 아이들이 니콜라스가 도착하는 날 밤에 벽난로 가에 나무로 된 신발을 놓아두었다. 신발에는 선물을 싣고 다니는 당나귀에게 줄 짚을 채워 놓았다. 그 보답으로 니콜라스는 작은 선물을 신발에다 넣어주었다. 미국에서는 신발을 구하는 데 한계가 있으므로 대신 늘어나는 스타킹을 굴뚝 옆에 걸어두었다. 네덜란드에서는 니콜라스가 크리스마스이브 날 밤이 아니라 크리스마스 축제일인 12월 6일 도착하여 어린아이들을 위한 선물을 놓고 간다는 전설이 있었다.

또한 니콜라스는 '선원들의 보호자'로서 미국에 도착한 최초의 네덜란드 선박의 뱃머리를 장식하기도 했다. 그가 선원들의 보호자가 된 것은 팔레스타인으로 배를 타고 가던 중 폭풍을 만나 좌초될 위기에 처하자 팔을 뻗어서 험한 풍랑을 잠잠하게 했다는 기적이 있었기 때문이다.

네덜란드인들은 세인트 니콜라스를 '신트 니콜라스Sint Nikolass'라고 썼고 이것이 신대륙 아메리카에서는 '신터클라스'가 되었다. 17세기에 네덜란드

얀 하빅스 스텐이 그린 〈성 니콜라스 축제〉. 벽난로 가에 나무로 된 신발을 놓아두면 니콜라스는 신발에 선물을 넣어주었다.

풍랑을 만난 선박을 구조하는 세인트 니콜라스.

인들이 뉴암스테르담의 통치권을 영국인들에게 넘겨주었을 때 신터클라스는 산타클로스Santa Claus라는 영어식 철자로 바뀌어 있었다.

　사슴이 끄는 썰매를 비롯해 오늘날 우리가 산타클로스에 관해 알고 있는 전설들은 미국에서 생긴 것이다. 뉴욕 신학자인 클레멘트 클라크 무어 박사는 크리스마스이브에 아이들에게 읽어 줄 「크리스마스 전날 밤」이라는 시를 지었다. 이 시를 한 친구가 신문사에 보내자 각종 언론에서 폭발적인 호응을 보였다. 당시 시에 표현된 모든 이미지가 산타클로스 전설의 일부가 되었다는 것이 정설이다.

　산타클로스하면 떠오르는 빨간 옷을 입은 뚱뚱한 사람 이미지도 미국에서 시작되었다. 원래 니콜라스는 키가 크고 날씬하며 우아한 주교였는데 1863년에서 1886년까지 만화가 토머스 내스트가 『하퍼스 위클리』에 20년 동안이나 연재한 크리스마스 만화 시리즈에서 수염을 기르고 배가 나온 모습의 구세군 종을 울리는 사람으로 변한 것이다.

　'빨간코 사슴'으로 잘 알려진 크리스마스 노래는 1939년 시카고에 있는

몽고메리 워드 백화점에서 무료로 나누어주던 작은 책자에서 유래했다. 백화점의 카피라이터인 로버트 메이는 산타를 도와주는 코가 반짝이는 사슴을 생각해냈고 루돌프라는 이름을 붙였다. 이후 루돌프는 해마다 TV와 크리스마스카드에 등장하는 스타가 되었다.

크리스마스트리의 탄생

크리스마스하면 사슴이 끄는 썰매와 함께 크리스마스트리가 연상된다. 크리스마스트리라는 현실 세계와 하늘을 나는 산타클로스가 절묘하게 어우

'빨간코 사슴'으로 잘 알려진 크리스마스 노래는 1939년 로버트 메이가 백화점에서 무료로 나눠주던 작은 책자에서 유래한다.

러져 어린이들을 동화의 세계로 끌어간다. 크리스마스트리의 연원은 놀랍게도 종교개혁에 앞장섰던 마르틴 루터로 알려졌다.

물론 크리스마스트리 자체가 생긴 건 그보다 조금 앞서서였다. 1510년 라트비아의 리가에서 상인 길드 회원들이 종이로 만든 장미로 크리스마스트리를 장식했는데 종이 장미는 성모 마리아를 상징했던 것으로 추정된다. 검은 모자를 쓴 길드 회원들은 의식을 거행한 뒤 크리스마스트리를 불태웠다고 한다. 알려지기로는 1510년 이전에도 독일이나 스칸디나비아가 포함된 북유럽에서는 집안이나 마당에 장식하지 않은 나무를 설치하는 풍습이 있었다.

그러나 크리스마스트리를 전 세계로 전파시킨 인물은 루터다. 전해져 오는 이야기로는 어느 크리스마스이브 날, 루터가 숲 속을 산책하고 있었는데

산타클로스의 탄생

갑자기 어둡던 숲이 등불을 켜놓은 듯 환하게 빛났다고 한다. 그것을 본 루터는 깨달음을 얻었고 자신의 깨달음을 사람들에게 전하기 위해 전나무 하나를 집으로 가져와 솜, 리본, 촛불 등으로 장식했다. 이것이 바로 크리스마스 트리의 시작이라고 한다. 그는 여기에다 에덴동산에 있었다는 '생명의 나무' 라는 상징성을 부여했다.

트리 꼭대기에는 항상 별이 달려있는데 이는 동방의 별을 의미한다. 예수가 태어날 때 동방박사 세 명이 당시에 떠있는 별을 보고 동쪽에서 찾아왔다.

© Tim Evanson

米

미국 '국민 트리' 앞에 선 어린이 성가대.

그러므로 이때의 별은 동방박사를 예수에게 안내하는 길잡이인 동시에 메시아의 출현을 알리는 길조라 볼 수 있다.

크리스마스트리는 독일계 이민자를 통해 미국으로 전파됐다. 세계 최대의 크리스마스트리 소비국인 미국에서는 매년 크리스마스트리가 2500만~3000만 그루나 팔린다. 경기의 영향도 크게 받지 않는다. 크리스마스트리는 기독교 세계에서는 보편화된 풍습이지만 크리스마스트리에 대한 반대도 적지 않다. 그 이유는 '성서적 근거'가 없기 때문이다. 더욱이 크리스마스트리 풍습은 오히려 기독교가 전파되기 이전 북부 유럽의 종교 전통과 밀접하다는 점도 지적 사항이다. 따라서 미국 뉴잉글랜드 지방의 청교도들은 크리스마스트리를 금지하려 했다. 오늘날에도 일부 개신교 교단에서는 교회에 크리스마스트리를 설치하지 않는다. 소련도 10월 혁명 이후 크리스마스트리를 폐지하려고 시도했으나 결국 실패해 이름을 바꿔 트리를 부활시킨 바 있다. 트리 꼭대기의 별은 사회주의 혁명의 상징이라는 설명도 첨가했다.[1]

근래 크리스마스트리에 관한 매우 놀라운 자료가 발표되었다. 미국과 유럽에서 인기를 끌고 있는 트리의 상당수가 한국의 구상나무라는 것이다. 구상나무는 제주도 한라산 해발 1,500~1,800미터에 군락지를 형성하며 자라고 있다. 덕유산과 지리산에서도 발견되는데 이것이 서양으로 건너가 트리의 대명사처럼 된 것이다. 여기에는 1898년 조선에 들어와 밀양 · 김해 · 진주 등에서 선교 활동을 벌였고, 1902년 제주도로 건너가 제주도 서귀포성당의 주임신부로 부임한 프랑스 신부 타케Taquet의 역할이 컸다. 식물에 큰 관심을 보인 그는 한라산에 들어가 식물을 채집해 유럽의 학계에 보냈다. 그가 발견해 식물학계에 알려진 식물들은 한라부추 · 왕밀사초 · 섬잔고사리 · 제주가시나무 · 한라꿩의다리 등 수백 종에 달한다.

구상나무.

　그런데 타케가 프랑스 등에 보낸 구상나무 표본에 관심을 둔 식물학자가 있었다. 하버드대의 식물 분류학자 어니스트 윌슨이었다. 윌슨은 구상나무 씨앗을 가져가 연구한 뒤 1920년 새로운 종의 나무라며 세계식물학회에 '아비에스 코리아나Abies Koreana' 라는 학명으로 발표했다. 당시 윌슨이 가져간 씨앗에서 발아한 나무는 하버드대 아널드 식물원에서 지금도 자라고 있다. 동아시아의 식물 권위자였던 윌슨은 제주도에서 가져간 구상나무로 수십 종의 개량나무를 만들었고 이 나무들이 전 세계로 퍼져 나갔다. 이후 개량에 개량이 거듭됐고, 크리스마스트리로 인기를 끌면서 '코리안 퍼Korean fir'로 나무 시장에 알려졌다. 현재 90종류 이상의 구상나무 품종이 미국과 캐나다 · 영국 · 아일랜드 · 네덜란드의 100여 개국 종묘사에서 판매되고 있다.

한라산 등에서 자란 우리 고유의 나무가 외국에서 크리스마스트리로 애호되는 이유는 우선 키가 15~18미터로 작고 질병에도 강하기 때문이다. 또 중간에 여백이 없이 잎이 빽빽한 전나무와 달리 구상나무는 견고한 가지 틈 사이로 여백이 있어 장식을 달기에 적합하다. 더욱이 정원수로 인기가 높을 만큼 나무 모양이 아름답고 진한 피톤치드phytoncide 향도 상쾌함을 준다는 설명이다.[2]

하늘을 나는 썰매는 가능한가?

크리스마스트리도 신비롭지만 북극에서 요정과 함께 살고 있는 산타클로스는 우리에게 더 큰 꿈과 환상을 심어준다. 산타클로스는 매년 크리스마스이브 때마다 전 세계의 어린이들에게 선물을 나누어주기 위해 사슴이 끄는 썰매를 타고 하늘을 날아다닌다.

그러나 현실적인 면을 고려한다면 산타클로스가 하늘을 난다는 것은 불가능하다. 하늘을 나는 방법에는 기구 등 공기의 부력을 이용하는 방법, 비행기 등 공기의 양력을 이용하는 방법, 로켓이나 헬리콥터와 같이 공기나 연료 가스를 뿜어내는 반작용을 이용하는 방법, 인공위성 등 지구를 선회하는 원심력으로 나는 방법 등 네 가지가 있다.

그런데 동화의 어느 곳을 보아도 썰매에는 공중을 날기 위한 날개는 물론 회전장치나 분사장치 등 하늘을 날 수 있는 장치가 없다. 그야말로 사슴 몇 마리가 몇 번 빨리 발을 맞추는 것만으로 하늘로 사뿐히 올라가는데 이 정도의 달리기로 하늘에 올라갈 수 있다면 100미터 달리기 선수 모두 결승선에 도달하기 전에 하늘로 솟아 올라갈 것이다.

동력 장치를 사용한 썰매가 멋있게 보이지 않는 것이 틀림없으므로 실제로 썰매만으로 하늘을 날 수는 없지만, 어린아이들에게 과학적 진실을 접목하는 것처럼 썰렁한 일은 없다. 여하튼 동력 장치가 없는 썰매 아이디어는 압권이라고 볼 수 있다. 특히 전 세계의 어린아이 숫자를 생각한다면(인구를 70억 명이라고 볼 때 적어도 20억 명 이상) 산타클로스가 어떻게 아이들의 굴뚝을 통해서 일일이 방문할 수 있을지 걱정이라는 말도 있지만, 어린아이들은 산타클로스가 자기 집만은 비켜가지 않는다는 신념을 갖고 있다. 어린아이들에게 이런 큰 믿음을 주는 행사를 하기에 크리스마스처럼 요긴한 날은 없을지 모른다.

그래서 전 세계 아이들의 소망을 져버리지 않기 위해 어떻게 하면 크리스마스 때 모든 어린이에게 선물을 전달할 수 있을지 '과학향기' 팀이 컴퓨터로 시뮬레이션했다.

우선 썰매를 끌기에는 사슴보다 순록이 더 적합하다고 한다. 보통 순록의 달리기 속도는 시속 20킬로미터이고 순록 한 마리가 끌 수 있는 무게는 80~160킬로그램 정도 된다. 인터넷에 나와 있는 산타클로스와 관련된 자료를 토대로 계산해보면 산타클로스는 1억 6,000만 가구에 사는 4억 명의 아이들에게 선물을 나눠줘야 하며 아이들 한 가구당 1킬로그램상당의 선물을 줄 때 그 무게는 자그마치 1억 6,000만 킬로그램이나 된다.

순록을 매어두는 모습.

게다가 크리스마스이브가 진행되는 30여 시간 동안 온 지구를 돌아다니며 선물을 줘야 하므로 썰매의 속도는 시속 516만 2,832킬로미터, 소리 기준으로는 마하 4218이 된다.

좀더 자세히 살펴보면 실제 루돌프가 끌 썰매의 무게는 1억 6000만 킬로그램만은 아니다. 1억 6000만 킬로그램 상당의 선물을 싣고 시속 516만 2,832킬로미터의 속도로 달렸다 섰다를 반복해도 부서지지 않을 만큼 튼튼한 썰매여야 한다. 무게를 2억 4000만 킬로그램으로 계산하면 루돌프가 최종적으

산타클로스의 탄생

로 끝 무게는 약 4억 킬로그램으로 톤으로 따지면 40만 톤 정도가 된다. 여기에 뚱뚱한 산타할아버지의 몸무게 약 140킬로그램은 덤이다.

순록 한 마리가 끌 수 있는 최대 무게를 120킬로그램으로 봤을 때 산타클로스의 썰매를 끌 루돌프는 총 3백 3십여만 마리가 되어야 한다. 루돌프가 이열 종대로 늘어서면 약 1,980킬로미터로 서울에서 부산까지 5배 정도의 길이가 된다. 이 정도 거리면 산타클로스가 12월 24일 밤 12시 정각에 출발하기 위해 가장 앞에 있는 루돌프에게 "루돌프야 이제 출발하자꾸나, 달려라!" 라고 외치면 가장 앞에 있는 루돌프는 약 1시간 30분 후인 25일 1시 30분쯤 "네, 산타 할아버지!" 하고 달리게 되는 것이다.

계산만 놓고 본다면 실제로 산타클로스와 루돌프가 어떤 방식으로 전 세계 어린이들에게 선물을 가져다주는 지 밝혀지지는 않았지만, 매우 어려운 환경 속에서 어린이들의 꿈과 사랑을 위해 애쓰는 것만은 확실한 것 같다. 어린이들이 매년 크리스마스를 기다릴 만한 가치가 있는 일임을 알 수 있다.[3]

1990년에는 이름이 알려지지 않은 한 핀란드 학자가 산타클로스의 선물 운송에 대해 더욱 구체적인 계산을 발표했다. 하인리히 찬클은 핀란드 학자가 발표한 내용을 다음과 같이 정리했다.

우선 지구상에서 어린이 몇 명이 선물을 받아야 하는지 계산했다. 최소한 18세 이하라는 전제하에서 전 세계의 어린이는 거의 20억 명가량 되는데 이 중에서도 산타클로스를 믿지 않는 여타 종교의 어린아이를 배제하면 3억 7800만 명으로 줄어든다. 따라서 산타클로스가 방문해야 할 가정의 숫자는 한 가정당 3.5명의 어린이로 간주하면 1억 800만 가정이 된다.

이들 가정은 전 세계의 다양한 시간대에 있으므로 선물 운송과 분재를 위한 전체 예상 시간은 31시간으로 산출되었고, 산타클로스가 서쪽에서 동쪽

19세기 말의 산타클로스 일러스트.

으로 움직인다고 가정했다. 이를 바탕으로 한 과학자들의 계산에 의하면 크리스마스의 배달 전령은 1초당 822.6곳의 집을 들러야 했다. 그러므로 산타클로스는 모든 기독교의 한 가정당 약 1000만분의 1초만 머무를 수 있었다.

이 글에 의하면 우선 순록은 하늘을 날 수 없다고 분명히 밝혔다. 크리스마스와 산타클로스에게 필수불가결한 선물 운송 체계에 중대한 문제가 발생한 것이다. 그럼에도 산타클로스가 순록을 타고 선물을 배달한다고 가정할 때 일어나는 상황은 다음과 같다.

우선 산타클로스는 순록이 끄는 썰매에서 내려 굴뚝을 통해 집 안으로 들어간다. 그다음 선물을 나누어주고 다시 집을 나가서 썰매에 올라 가속 페달을 밟고 다른 가정으로 향해야 한다. 만약 집과 집 사이의 평균 거리를 1.5킬로미터라고 가정하면 31시간 안에 주파해야 할 거리는 1억 2,000만 킬로미터가 된다. 이 거리를 가려면 1초당 1,046킬로미터로 달려야 하는데 이는 약 3,000마하가 된다.

썰매 무게도 만만치 않다. 모든 아이에게 약 900그램의 선물 하나를 배달한다고 하면 총 배달 선물의 중량은 무려 34만 톤이나 된다. 이들 짐을 싣고 초속 1,000킬로미터 이상으로 달리면 우주선이 대기권을 돌입할 때와 마찬가지로 활활 불타게 마련으로, 단열장치가 제대로 가동되지 않으면 순식간에 폭발하게 된다. 한마디로 물리학적으로 계산한다면 산타클로스는 첫째 선물을 배달한 후 지구상에서 영원히 사라져야 한다.

그러나 현대 과학은 산타클로스의 이런 활동이 가능하다고 예시한다. 우선 산타클로스가 보통 사람인가? 그는 시간을 늘리거나 뒤로 돌릴 수 있는 기술을 갖고 있다. 아인슈타인의 상대성이론에 의하면 순록이 끄는 썰매가 매우 빠른 타임머신이라면 타임머신 속에서는 시간이 천천히 흐를 것이므로 시간 문제는 간단히 해결된다. 또한 타임머신을 만들 수 있는 기술이라면 하늘을 달릴 때 생기는 여러 가지 문제도 간단하게 해결할 수 있다. 특히 썰매가 반물질을 이용하는 최첨단 기계라면 썰매를 가동시키는 데 필요한 에너지 확보도 어려운 일이 아니다. 세계의 어린이들은 크리스마스 날 산타클로스가 놓고 갈 선물을 기다리기만 하면 되는 것이다.[45]

마르코 폴로

『동방견문록』은 서양에서 『일 밀리오네Il milione』라는 제목으로 널리 알려졌다. 이런 이름이 붙은 것은 백만장자가 된 마르코 폴로Marco Polo를 마르코 밀리오니Marco Millioni(백만장자 마르코)라고 불렀고 그가 살던 저택을 코르트 디 밀리오니Corte di Millioni라고 불렀기 때문이라고 알려져 있다. 그러나 『동방견문록』이 밀리오네로 불려진 이유에 대해서는 다른 설이 있다.

마르코 폴로가 사람들에게 동방에 다녀온 이야기를 백만 번million이나 했기 때문이라는 설도 있고, 책의 내용이 너무 과장스럽게 느껴졌기 때문에 붙은 제목이라는 설명도 있다. 또한 폴로 가문은 예로부터 아에밀리오네 Aemillione(큰 에밀리오)라는 별명이 있었는데, 이 이름이 와전되어 뒤의 '밀리오네'만 남았다는 설도 있다. 한편 마르코 폴로에 정통한 영국의 헨리 율 1820-1889이나 이탈리아의 오르란디니 등은 마르코 폴로가 대양에 관해 이야기할 때 언제나 백만이라는 말을 많이 썼기 때문이라고 한다.

마르코 폴로에 대한 의문

『동방견문록』을 뜻하는 밀리오네라는 말이 어떻게 붙여졌든『동방견문록』의 원제목은『세계의 묘사La Division du Monde』이며 프랑스어로 발간되었다. 그런데 학자들은『동방견문록』의 내용에서 마르코 폴로가 실제로 어떤 사람인지, 그가 적은 내용이 사실인지조차 불분명한 부분이 많다며 곤혹스러워한다.

마르코 폴로의 집안은 상인 집안으로 콘스탄티노플과 흑해의 크림반도 해안의 솔다이아Soldaia에서 무역을 했다. 마르코의 숙부인 마페오는 콘스탄티노플에 저택까지 있었다는 것을 볼 때 어느 정도 무역에 성공한 사람인 것은 분명하다. 그런데 현대사의 견인차 역할을 했다고 평가되는 마르코 폴로의 출생 기록은 없다. 단지『동방견문록』을 근거로 해서 그가 1254년에 베네치아에서 태어났고 열일곱 살이던 1271년에 아버지 니콜로 폴로와 숙부 마페오 폴로와 함께 중국을 여행했다는 것을 알 수 있을 정도다.

『동방견문록』을 가장 심하게 깎아내리는 지적은 마르코 폴로가 중국에 들어간 적조차 없다는 설명이다. 실제로 마르코 폴로가 임종하기 직전 친구들은 마르코 폴로에게 그가 쓴 아시아에 대한 기이한 이야기들이 진실이 아닌 상상의 산물이라고 고백해달라고 부탁했다. 그러나 마르코 폴로는 자신이 직접 보고 들은 것의 반밖에 이야기하지 못했다고 대답했다. 많은 사람이 그 말을 믿고 싶어 하지만『동방견문록』을 둘러싼 정황은 그렇게 간단한 일이 아니다. 당시는 십자군 전쟁이 벌어지고 있던 와중인 데다가 중세시대의 무용담이 성행했으므로『동방견문록』의 기록 자체가 전설적인 이야기로 점철된 부분도 적지 않기 때문이다.

그럼에도 마르코 폴로의 『동방견문록』은 많은 지지자로부터 찬사를 받았다. 자연지리학의 시조로 알려지는 독일의 알렉산더 폰 훔볼트는 마르코 폴로는 세기의 위대한 탐험가이며 『동방견문록』이야말로 매우 탁월한 기행문이자 역작이라고 인정했다.

베네치아의 상인이자 여행가 마르코 폴로.

『동방견문록』을 가장 신봉한 사람은 아메리카 대륙을 발견한 콜럼버스다. 그는 신대륙을 발견하기 위해 처음 출항했을 때 『동방견문록』을 가지고 갔고 책의 여백에 많은 메모를 남겼다. 실제로 콜럼버스는 아메리카 대륙을 발견하기 위해서가 아니라 『동방견문록』에 적혀 있는 '황금의 나라 지팡구(마르코 폴로는 일본을 묘사한 최초의 유럽인인데 학자들은 그가 적은 지팡구는 원래 한국과 일본을 혼합하여 설명한 것으로 추정)'를 발견하기 위해 출항했다는 것이 정설이다.

많은 학자가 『동방견문록』에는 앞뒤가 전혀 맞지 않는 말과 과장이 가득하다고 지적한다. 그러나 『동방견문록』이 과장되었다는 것과 마르코 폴로가 중국을 방문조차 하지 않았다는 것은 전혀 별개의 문제이다. 후자를 따른다면 마르코 폴로가 원나라 황제 쿠빌라이를 만나지 않았다는 이야기가 되기 때문이다. 도대체 어떤 이유로 사람들은 세계사의 한 페이지를 장식하고 있는 『동방견문록』에 대해 마르코 폴로의 여행기가 아니라고 주장하고 있는지 궁금하지 않을 수 없다.[6]

의문은 끝이 없다

엄밀한 의미에서 폴로 가문에서 탐험으로 명성을 떨친 사람은 마르코 폴로가 아니라 그의 아버지인 니콜러 폴로와 숙부인 마페오 폴로라고 볼 수 있다. 학자들은 만약 그들이 마르코 폴로처럼 자신들의 여행기를 썼더라면 마르코의『동방견문록』보다 더 중요하고 놀라운 작품이 되었을 것으로 추정한다. 당연한 이야기이지만 그들은 중국 여행을 적어도 한 번은 한 것이 틀림없다고 여겨지기 때문이다.

두 사람은 마르코가 태어날 때 이미 대상인으로서 성공하여 다른 많은 상인과 함께 근동 무역의 중심지인 콘스탄티노플에 지점을 설치했다. 콘스탄티노플에서 6년간 장사에 몰두한 후 더욱 큰 이익을 얻기 위해 크리미아에 있는 솔다이아 지방으로 이주했는데 이곳에서는 별다른 실적을 올리지 못하자 칭기즈칸의 손자인 바르카가 통치하는 볼가라로 다시 이주했다. 이곳에서는 사업에 성공해 베네치아로 돌아가려고 했는데, 마침 몽골과 페르시아 간에 전쟁이 터지면서 콘스탄티노플로 가는 길이 완전히 봉쇄되었다.

그래서 그들은 위험이 다소 적은 길을 따라 중앙아시아의 무역 중심지 중의 하나인 보하라를 향해 동쪽으로 갔다. 그런데 여기에서도 사방으로 길이 차단되는 바람에 만 3년간 그곳에 머무르지 않을 수 없었다. 그러다 마침내 떠돌이 생활을 청산할 기회가 찾아온다. 몽골의 강자 훌라구의 사절이 당시 중국의 황제였던 쿠빌라이에게 가는 길에 폴로 형제가 있는 곳을 들린 것이다. 몽골어에 유창한 폴로 형제에게 훌라구의 사절은 동반하기를 제의했고, 폴로 형제는 이들과의 여행이 유익할 것으로 생각하여 동행에 나선다. 결국 약 일 년간의 긴 여행 끝에 그들은 1265년경 쿠빌라이가 있는 카라코룸에 도

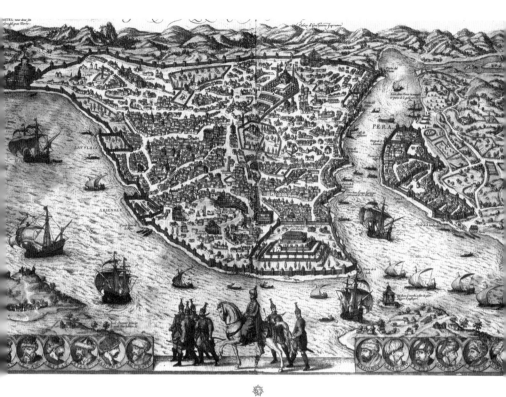

동로마(비잔틴) 제국과 오스만 제국의 수도였던 콘스탄티노플은 보스포루스 해협을 사이에 두고 아시아와 유럽 대륙에 걸쳐 있는 도시로 중근동 무역의 중심지이기도 했다. 마르코 폴로의 아버지와 숙부는 한때 이곳에서 상인으로 활약했다.

착했다.

마르코 폴로도 『동방견문록』에서 그들의 여행에 대해 약간 비치고는 있지만, 학자들은 마르코 폴로가 그 여행에 대해 더 많이 적지 않은 점을 매우 아쉽게 생각한다. 그들이 자신이 겪은 이야기를 사실대로 적어주었다면 마르코 폴로 이전의 몽골 상황을 보다 정확하게 파악할 수 있었으리라고 추정하기 때문이다. 여하튼 마르코 폴로는 『동방견문록』의 첫 장에 1260년 제위에 오른 쿠빌라이의 궁전을 방문한 니콜로 폴로와 마페오 폴로의 이야기를 다음과 같이 적었다.

쿠빌라이 황제는 상식이 풍부한 폴로 형제에게서 여러 가지 사정을 들을 때마다 크게 만족하여 이 두 사람을 로마 교황에게 사절로 보내기로 결정하고 몽골 귀족인 코카탈이란 사람과 함께 로마교황청에 사절로 가주지 않겠는가 제의했다. 황제는 교황에게 기독교의 교리에 정통한 동시에 7종의 학예(7종의 학예는 보통 수사학·논리학·문법·수학·천문학·음악·기하학을 뜻함)에도 능통한 백 명의 선교사들을 보내달라고 청했다. 그리고 그들은 황제의 영토 안에 있는 석학들에게 기독교 신앙은 다른 어떠한 신앙보다도 우수하고 또한 명백한 진리를 가진 신앙이며 타타르인의 신이라든가 혹은 가정에서 예배하는 우상은 악마에 지나지 않으며 이를 신으로 숭배하는 동방민족은 아주 그릇된 일을 하는 것이라는 점을 충분히 설명할 수 있는 사람을 보내달라고 말했다.

…… 이런 명령을 받은 그들은 황제의 무릎 앞에 엎드려 아무리 어렵더라도 최선을 다해 뜻대로 어김없이 하겠다고 대답하였다. 이리하여 황제는 로마교황에게 보내는 자신의 이름으로 된 서한을 타타르어로 써서 폴로 형제에게 주었다. 또한 황제는 신하에게 명하여 그들에게 제왕의 기호가 적힌 금패牌子(파이즈로 불렸으며 원대에는 금호패·금패·은

몽골제국의 5대 황제(칸)이자 중국 원나라의 시조인 쿠빌라이칸.

패·해청패·원패 등이 있었음)를 주었다.[7]

위의 설명은 많은 논란을 불러일으켰다. 몽골의 황제인 쿠빌라이가 폴로 형제를 보내 교황에게 기독교를 전파시킬 학자들을 파견해달라고 요청했다는 것은 비상식적이기 때문이다. 그들은 외교관 즉 당대의 사절단이 아니라 상인이었다.

그런데 폴로 형제가 귀향하면서 금패를 갖고 왔다는 점은 매우 중요한 의미가 있다. 금패를 가진 사람은 제국 안에서 어디를 가나 지방 관리의 호위 아래 한 지방에서 다른 지방까지 안전하게 갈 수 있으며, 식량을 비롯해 모든 필수품을 받을 막강한 권리를 부여받는다. 이런 금패를 폴로 형제가 받았다는 것은 몽골 최고위층의 승낙이 있었다는 것을 의미한다. 그러므로 로마 교황을 접견한 후 로마 교황청과의 연계를 시도하라는 언질 정도를 받았다는 것은 충분히 이해할 수 있는 일이다.

기록이 없는 폴로 일행

폴로 형제는 홍수·폭풍·눈·빙하 등의 악조건으로 3년에 걸친 귀향길에 올라야 했고, 1269년 4월 아르메니아 해 연안에 있는 레이아스를 거쳐 이스라엘의 아코에 있는 아르크에 도착했다. 이때 교황 클레멘스 4세가 사망했다는 소식을 들었다. 후임 교황은 결정되지 않은 상태였기 때문에 그곳에서 교황을 보좌하는 피아첸차의 테오발도를 만났다.

폴로 형제가 교황을 만나려 한 것은 몽골에서 교황청에 관한 언질이 있었기 때문이라고 볼 수 있다. 상인으로 성공하여 귀국한 그들이 굳이 교황을 만나겠다고 나설 필요는 없기 때문이다. 여하튼 그들은 새로운 교황이 선출될 때까지 계속 기다리기 위해 베네치아 집으로 돌아왔다. 이때 니콜로의 아내 즉 마르코의 어머니는 이미 사망했고 마르코는 친척이 키우고 있었다. 마르코가 어떤 교육을 받았는지는 알려지지 않았으나 대체로 장사에 필요한 실용적인 계산 정도를 배웠으며 베네치아의 뱃사람이나 장사꾼들로부터 많은 세상살이를 터득했을 것으로 보인다.

그런데 갑자기 기독교 세계의 상황이 변했다. 폴로 형제가 이전에 만나서 쿠빌라이의 이야기를 전했던 테오발도(그레고리우스 10세)가 1271년 교황으로 선출된 것이다. 폴로 형제의 이야기에 흥미를 갖고 있던 그레고리우스 10세는 폴로 형제에게 아코 항을 방문해달라고 요청했다. 폴로 형제는 화급히 교황을 방문하러 갔고, 교황은 100명의 학자를 보내는 대신 빈첸차의 니콜로와 트리폴리의 프라 구일렐모라는 두 수도사를 동행하게 했다.

마르코 폴로의 이야기로는 교황은 두 수도사들이 마음껏 일할 수 있도록 사제의 임면, 사교司敎 수계受戒의 권한을 주었고 교황 자신과 같이 죄를 과하고 용서할 수 있는 자격을 인정했으며 몽골 황제에게 축복의 뜻을 전해주도록 부탁했다고 적었다. 이 면만 보면 어떤 정황이든 교황청에 사절단을 보내달라고 요청하기 위해 마르코 형제를 위촉했다는 기록은 사실처럼 보인다.

교황청으로부터 엄청난 임무를 부여받은 폴로 형제는 당시 열일곱 살인 마르코 폴로를 데리고 두 번째 여행길에 올랐다. 수도사 두 명을 포함한 폴로 일행은 레이아스 항구로 향한 후 아르메니아 왕국을 횡단하려고 했다. 그런데 그곳에서 바빌로니아의 분도크다리가 대군을 이끌고 아르메니아에 침입하였다는 소식을 듣게 된다. 두 수도사들은 더 여행하기를 포기하고 폴로 일

아버지, 숙부와 함께 동방으로 멀고 먼 여행을 떠나는 마르코 폴로. 그는 25년이 지난 뒤에야 베네치아로 돌아온다.

행에게 교황으로부터 받은 서한과 선물을 준 후 되돌아갔다고 한다.

크리스티안 후프는 『동방견문록』에 적힌 마르코 폴로의 이 이야기가 한 마디로 있을 수 없는 일이라고 일축했다. 당시의 교황청 사정으로 볼 때 수도 사 100명 대신 학식 있는 수도사 두 명을 파견한다는 것은 이해할 수 있다고 인정했다. 그런데 길 안내자도 아니고 교황의 엄중한 밀명을 받은 수도사가 전쟁이 일어났다고 교황으로부터 받은 모든 서한과 선물을 두 명의 상인과 아들에게 준다는 것은 불가능한 일이라는 것이다.

두 수도사가 교황청으로부터 부여받은 임무를 포기하고 모든 권한을 폴 로 가족에게 넘겼다면 엄밀한 의미에서 두 수도사는 폴로 일행에게 선교사

쿠빌라이칸의 여름 궁전터로 중국 네이멍구 자치구의 상두에 있다. 서양에서 도원경(신선이 사는 곳처럼 아름다운 세상)을 뜻하는 제너두Xanadu라는 말은 바로 상두에서 왔다.

로서의 임무를 부탁한 것이 된다. 그런데 폴로 일행은 쿠빌라이가 준 금패를 갖고 있었다. 폴로 일행이 여행에 지장이 없을 것으로 추정했다면, 교황청의 서신을 가진 두 수도사도 위험에 처하지 않으리라고 생각할 수 있다. 그런데 도 귀국해버렸다는 것은 둘 다 중국에 들어가길 포기했다는 뜻이다.

더욱 이상한 것은 중요한 사명을 띤 교황의 사신으로 신분이 변한 폴로 가족이 24년 동안 교황에게 상황을 보고하는 서신을 단 한 통도 보내지 않았 다는 점이다. 폴로의 말을 곧이곧대로 믿는다면 폴로 가족은 당대의 제국인 원나라 쿠빌라이의 요청을 받았고 그에 따라 교황청에서 부여한 임무도 받 았는데 이를 철저하게 묵살했다는 뜻이다.

반면에 정식적으로 교황청으로부터 임무를 부여받고 중국을 여행한 다른 수도사들의 행동은 전혀 달랐다. 프랑스의 프란체스코회 수도사인 기욤 드 뤼브뤼키는 몽골의 풍습과 의식 특히 그들의 종교에 대해 매우 풍부한 정보를 전달했다. 기욤 드 뤼브뤼키는 황제와 나눈 대화도 상세하게 서술했다. 이에 반해 마르코 폴로는 교황의 명령에 따라 중국에서 당연히 수행해야 했을 역할을 전혀 거론하지 않았다.

게다가 중국의 역사책과 바티칸의 문서보관실에는 폴로 일행에 관한 기록이 없다. 반면에 1260년 11월에 팔랑(유럽인을 뜻함)에서 상두上都(제너두)로 간 사절단이 몽골에 도착해 환영받았다는 사실은 중국 연대기에 적혀 있다. 이들이 정말로 쿠빌라이를 만났는지 의심하는 이유이다.

마르코 폴로는 정말 중국에 갔을까?

학자들이 가장 의아하게 생각하는 부분은 마르코 폴로를 포함한 폴로 일행이 원나라로 들어가는 여행 경로이다. 『동방견문록』에 의하면 폴로 가족은 페르시아와 아프가니스탄을 통과하여 카라코람 산맥을 거쳐 카슈가르(원나라의 서쪽 관문)에 도착했다. 가연성 기름을 산출하는 바쿠 지역의 유전을 통과하면서 몽골 유목민들을 만났고 모술을 지나쳤다. 노아의 방주가 있다는 아라라트 산에 대해서 곁가지로 이야기하면서 1년간 앓아누웠으며, 유명한 카슈미르 지방을 통과했다. 원나라의 영토에 들어가서는 쿠빌라이가 그들이 도착한다는 것을 알고 호위병을 보내주어 마지막 40여 일 동안 황제의 빈객으로 여행할 수 있었다는 것이 마르코 폴로의 설명이다.

크리스티안 후프는 꼼꼼하게 마르코 폴로의 여정을 확인했다. 그런데 카슈가르를 지나 중국으로 들어가려면 당연히 둔황을 거쳐야 하는데, 마르코 폴로가 이 지역을 거론하지 않았다는 점을 발견했다. 당시 둔황은 서역 북도와 남도의 분기점으로 문화적으로도 중요한 요충지였다. 마르코 폴로가 직접 둔황을 방문했다면 이처럼 중요한 지역을 빠뜨렸을 리 없다는 지적이다.

중국에 들어가는 관문인 카슈가르에 대한 기록이 없다는 점은 마르코 폴로가 중국을 방문하지 않았을지 모른다는 주장을 뒷받침하는 결정적인 증거가 될 수 있다. 여행기를 쓰면서 가장 중요한 지점 특히 무역의 요충지를 제외했다는 것은 이해하기 어렵기 때문이다. 물론 크리스티안 후프의 지적에 대한 반론도 있다. 마르코 폴로는 『동방견문록』 제1편 제40장에 다음과 같이 적었다.

사막을 횡단하는 30일간의 여행이 끝나면 쿠빌라이 황제에게 지배되는 사치우Sachiu(혹은 Sachau)라는 도시에 도착한다. 이 지방을 탕구트Tangut라고 한다. 주민은 우상숭배자들이며 그밖에 이곳에는 터어코만 부족도 있고 소수이지만 네스토리우스파의 기독교도와 마호메트교도들도 있다. 우상숭배자들은 다른 사람들과는 다른 국어를 쓰고 있다. 그 탕구트 시는 동북쪽과 동쪽 사이에 있고 주민은 상인이 아니고 농부로 밀을 많이 생산하고 있다. 이곳에는 많은 수도원과 사원이 있는데 모두 여러 가지 우상을 안치하고 있다. 주민들은 이런 우상들을 깊이 존경하는 나머지 희생을 바치며 아들을 낳으면 그 우상 중 한 우상에게 보호를 빈다.

정운용 박사는 사치우 또는 사차우가 사주沙州로 지금의 둔황이라고 설명

중국 간쑤 성 서쪽에 있는 둔황 석굴. 수많은 동굴에 갖가지 벽화와 조각이 넘치는 세계적인 불교 유산이다. 둔황 석굴이 있는 둔황은 오아시스 도시이자 중국과 중앙아시아를 잇는 실크로드의 관문으로 동서가 교역하고 문화를 교류하는 거점이었다.

했다. 특히 탕구트는 감숙 지방의 당고특唐古特을 뜻하는데 이는 『당서』에서 말하는 당항黨項이 와전된 것으로 이곳에는 당시 선비족이 살고 있었으며 우상숭배자란 라마교도들을 의미한다며, 크리스티안 후프가 둔황을 방문하지 않았다는 설명에 이의를 제기했다. 또한 터어코만 부족이란 'Turk'에서 유래한 말로 'Turkoman'이란 유목민들이 자기들을 부를 때 쓰는 고유명사이며 그들은 티베트어를 쓴다고 말했다. 더불어 이 지방에서 지금도 실시되고 있는 장례법(화장)에 대해서도 적었음을 지적했다.

그럼에도 크리스티안 후프는 밍사 산鳴沙山의 동쪽 끝 절벽에서 남북으로 약 1,600미터에 걸쳐 여러 층으로 뚫린 492개(현 중국의 공식적인 발표)에 달하는 굴에 대해서 설명하지 않았다는 점을 의아하게 생각했다. 특히 당나라 때 만들어진 제158굴(중국에서의 분류), 즉 72개의 자그마한 석상들 사이에 비스듬히 누워 있는 16미터 길이의 와불臥佛에 대한 기록도 없는 점은 이해하기 어렵다. 마이크 에드워즈는 마르코 폴로가 둔황의 석굴에 대해 언급하지 않은 것은 아예 보지 못했던지, 아니면 낯선 종교 예술의 장관에 그만 압도되었기 때문일 거라고 적었다.

학자들을 혼동케 하는 것은 마르코 폴로가 다음 여행지로 '하미 수박'으로 유명한 '하미'라는 도시를 언급하는데, 이 도시는 원나라로 들어가는 도중에 있는 것이 아니라 서역 북도에 있는 도시로 훨씬 북쪽에 있다는 사실이다.

마르코 폴로가 원나라에 들어가면서 이곳을 방문했다는 기록이 의아한 이유는 이곳을 방문하기 위해서는 특별한 이유가 있어야 하기 때문이다. 여행에서 짧은 길로 가는 것이 정상인데 이 여정은 누가 보아도 비상식적이다. 정운용 박사도 이 지리적 모순에 대해 마르코 폴로의 아버지와 삼촌이 중국으로 1차 여행할 때 통과한 경험담을 듣고 적은 것이라고 설명할 정도다.[8]

물론 이 부분에 대해서도 마르코 폴로를 두둔하는 설명이 있는 것은 사실이다. 마르코 폴로 일행이 무역 상인들을 위한 무역 안내서를 쓰려고 했다는 것이다. 그러므로 마르코 폴로의 이야기에서 루스티첼로가 각색한 부분을 제외하고 생각한다면 그다지 모순이 있는 것도 아니라는 설명이다. 『동방견문록』이 거리와 가격, 음식, 무역물품에 대해 많은 부분을 할애한 것은 사실이다. 그럼에도 다소 중요하지 않은 다른 지역은 자세하게 설명하면서 무역에서 가장 중요한 둔황 같은 지역을 제외했다는 점은 석연치 않다.

마르코 폴로의 『동방견문록』에 사용된 언어에 대한 지적도 있다. 일부 학자들은 마르코 폴로가 터키어·페르시아어를 알고 있었을 것으로 추정하지만, 막상 그의 인생에서 가장 중요한 청·장년기를 중국에서 살았음에도 중국어를 하지 못했음이 분명하다고 단언한다. 반면에 니콜로와 마페오는 중국어를 잘 숙지하고 있던 것으로 여겨진다.

학자들이 마르코 폴로가 중국어를 몰랐다고 추정하는 이유는 『동방견문록』에서는 60여 군데의 지명이 언급되는데 단 세 곳만이 중국어 지명으로 되어 있기 때문이다. 베이징을 가리키는 '칸발리크Khanbalik'도 '왕이 있는 도시'라는 터키어에서 나온 이름이다. 마르코 폴로가 정말로 자신이 거론한 도시들을 여행했다면 그 지역의 사람들을 많이 만났을 것이며, 적어도 지명 정도는 정확하게 거론했을 것이다. 바로 이점이 마르코 폴로가 자신 이전에 몽골을 여행한 터키인이나 페르시아인의 여행기를 차용하여 마치 자신이 직접

❀

베이징 교외에 있는 루거우차오는 마르코 폴로가 서양에 세상에서 가장 아름다운 다리라고 소개하면서 유명해져 '마르코 폴로 다리'라고도 한다. 한편 이 다리는 1937년에 일어난 중일전쟁의 시발점(노구교 사건)이 된 곳이기도 하다.

여행한 것처럼 꾸몄음이 틀림없다는 주장이 나오게 된 결정적인 이유다.

'마르코 폴로 다리'로 널리 알려진 베이징 근교의 루거우차오蘆溝橋에 대해서서도 헷갈리기는 마찬가지다. 홍예문이 24개 있다고 하면서 다음과 같이 적었다.

> 칸발리크 시를 떠나 10마일쯤 가면 풀리산간 강이 있는데 이 강은 큰 바다로
> 몰이 흘러들어가는 강으로 물건을 가득 실은 배가 많다. 이 강에는 아마도 세
> 계에 비할 바 없으리라고 생각되는 아주 인상적인 돌다리(노구교)가 있다. 그
> 길이는 300보, 넓이가 800보로 말머리를 나란히 하고 기사 10인이 달려도 불
> 편하지 않다. 교묘하게 세운 교각 스물다섯 개 위에 대리석 아치 스물네 개가
> 서 있다. 다리 양편에는 끝에서 끝까지 대리석의 석판과 석주를 교묘하게 배
> 열한 아름다운 난간이 있다.

마르코 폴로는 루거우차오에 홍예문이 스물네 개 있다고 적었지만, 실제로 루거우차오에는 아치가 열한 개밖에 없다. 학자들은 아치 열한 개를 스물네 개로 적은 것으로 보아 이 다리도 보지 않았을지 모른다고 지적했다.

마르코 폴로가 중국을 돌아다니면서 많은 것을 보았다고 하면서도 정작 중국인의 가장 기본적인 풍습에 대해서는 적지 않은 점도 의심을 받는다. 우선 중국 차와 찻집에 관한 이야기가 전혀 없다. 이미 한 왕조 때부터 중국인들은 차를 마셨다. 8세기부터 차는 북중국에서 중요한 관심사였고 마르코 폴로의 시대에는 중국 전체에서 즐기는 일상음료였다. 그런데 마르코 폴로가 상세하게 묘사한 항저우(송나라의 수도)는 지금도 녹차로 유명한 도시인데 이런 풍물에 대한 기록이 전혀 없다.

젓가락에 대한 설명도 전혀 없다. 현재도 서양인들은 동양인들이 젓가락을 자유자재로 사용하는 것을 매우 신기하게 생각하는데, 13세기 유럽인으로서 신기하게 여기지 않았다면 이상한 일이 아닐 수 없다. 이뿐이 아니다. 당시의 유럽인들이 가장 이상하게 여겼을 중국 여자들의 전족에 대한 설명도 없다. 여자들의 발을 고의적으로 작게 만드는 전족은 유럽인들에게 그야말로 비정상적인 풍습으로 보이는 것이 정상이다. 결국 마르코 폴로는 중국인들의 기초적인 풍습을 알지 못했다는 뜻으로 이는 마르코 폴로가 중국을 여행하지 않았음이 틀림없다는 결론으로 이어진다.

마르코 폴로의 무기 개발 이야기도 신빙성이 가지 않는다. 당시 몽골 대

남송 시대의 수도였던 항저우. 쑤저우와 함께 중국에서도 아름다운 고장으로 손꼽히며 운하와 호수가 많다. 10세기 이후에는 외국 선박도 출입이 잦아져 원나라 때는 마르코 폴로, 이븐 바투타 등이 방문해 '킨자이Khinzai', '칸자이Khanzai' 등의 이름으로 유럽에 소개했다.

마르코 폴로

군 은 양양성을 포위하고 공격에 나섰지만 강렬한 저항에 부딪혀 공략이 답보 상태였다. 이때 마르코 폴로가 큰 돌을 발사할 수 있는 엄청난 위력의 무기를 개발했고, 몽골군은 폴로의 설계도를 받아들여 양양성을 함락할 수 있었다고 한다. 그런데 이 신무기를 처음 고안한 사람은 마르코 폴로가 아니라 한 회교도이다. 이 포를 '회회포回回砲'로 명명한 이유다. 게다가 몽골군이 양양성을 공격했던 시기는 1273년 1월과 2월 사이인데 마르코 폴로가 중국에 도착했다는 시기는 1275년이다. 그가 중국에 오기 훨씬 이전에 벌어졌던 전쟁에 대해 자신의 공로처럼 이야기하는 것을 어떻게 받아들여야 할지 가늠이 되지 않는다.

유명한 중국학자인 헤르베르트 프랑케는 마르코 폴로의 『동방견문록』을 의심한 최초의 사람이다. 그는 『동방견문록』의 여러 부분이 마르코 폴로가

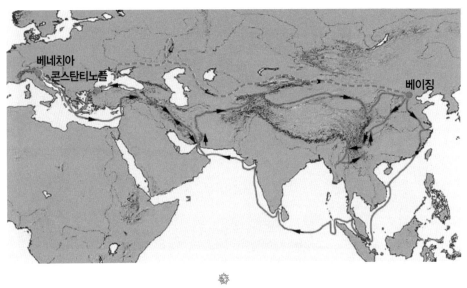

마르코 폴로와 아버지, 숙부의 여행길. 점선은 아버지와 숙부가 중국으로 떠났던 길이고, 실선은 마르코 폴로가 함께 중국으로 갔다가 이후 혼자 중국 일대를 여행하고 돌아오는 길이다.

경험하지 않은 내용을 전한 것이라고 단언했다. 또한 마르코 폴로가 말하는 내용 중 대부분이 페르시아 원전에서 유래했다고 지적했다.

마르코 폴로는 당대의 강국인 원나라의 궁에서 황제인 쿠빌라이를 직접 만났고 17년 동안 황제의 신하로 지방관 벼슬을 했다고 적었다. 그런데 놀라운 건 문자 체계에 대해서 단 한 번도 언급하지 않았다는 점이다. 그는 자신의 책에 원나라에서 고위직급인 지방관으로 봉직했다고 자랑스럽게 적었다.

> 양주楊州는 관할 하에 읍이 스물네 개 있는 대도시인데 이 도시 사람들은 우상숭배자들로 상업과 수공업으로 생활하고 있다. 무기와 군 장비를 많이 만들기 때문에 이 지방에는 많은 군대가 주둔하고 있다. 양주는 황제가 임명한 귀족 12인 중의 한 사람이 황제의 명을 받아 머물며 지방행정을 맡아보고 있는데 마르코 폴로도 그중 한 사람이다. 황제의 특명으로 3년간 이 도시의 행정관으로 일한 바 있다.

그의 말대로 행정관(총관)으로 일했다면 적어도 그에게 주어진 서류를 검토하거나 결제했음이 틀림없다. 그런데 그가 가장 자랑스러워해야 할 지방관의 역할에 대해 아무런 이야기도 없다. 이것은 그가 지방관으로 근무한 적이 없었다는 설에 힘을 실어준다. 게다가 당시 마르코 폴로의 나이는 스물넷에 불과하고 중국에 온 지 겨우 2년 만이다. 더구나 원나라는 타민족을 관직에 임명할 때 관직을 매우 세분해서 차등을 두고 엄격히 관리했다. 당시 양주는 매우 비중 있는 도시이므로 총관은 상당한 고위 요직에 속했는데 이런 그에게 이처럼 중대한 요직을 맡긴다는 것은 상식적으로 이해가 되지 않는 일이다.[9]

중국(원나라)에서 지방관으로 일했다는 마
르코 폴로의 모습을 그린 그림.

물론 일부 학자들은 마르코 폴로가 중국인 통치자들의 명단에 들어가 있지 않은 사실을 근거로 그의 직책이 매우 낮았을 것으로 추정하기도 한다. 그리고 봉직 기간이 3년이나 됨에도 다른 도시보다도 짧게 기록한 점을 볼 때 그가 매우 비인격적인 생활을 했거나 그 당시의 일을 거론하고 싶지 않았기 때문이라고 두둔한다.

이 설명에도 문제는 있다. 마르코 폴로가 금패를 갖고 고향으로 돌아온 것은 사실이다. 그런데 원나라의 금패는 보통 사람이 소지할 수 있는 것이 아니다. 조선 시대에도 마패에 그려져 있는 말의 숫자에 따라 어느 곳에서든 말을 사용할 수 있었는데 원나라 제국의 금패는 이와는 비교할 수 없는 위세를 가진 물건이다. 금패를 가진 사람의 공식적인 활동이 전혀 없다는 점은 이상한 일이 아닐 수 없다. 여하튼 마르코 폴로가 중국 행정을 전혀 몰랐다는 지적은 사실로 보인다. 자신이 결재했을 문서가 중국어로 되어 있다는 것조차 몰랐다는 사실로 미루어 볼 때, 적어도 그가 중국에서 관리로 활동했다는 이야기는 과장된 설명이라는 것이다.

마르코 폴로에 대해 가장 신랄하게 비판하는 중국학자 프랜시스 우드는 마르코 폴로가 쿠빌라이의 궁전은커녕 중국 근처에도 가지 않았다고 확신하면서 다음과 같이 말했다.

쿠빌라이칸이 마르코 폴로에게 보물을 주는 장면.

저는 마르코 폴로가 그때 중국에 있었다고 믿지 않습니다. 그는 가족의 해외 무역 거점과 크림 반도, 콘스탄티노플과 베네치아 사이를 다니며 무역을 했을 것으로 보입니다. 그 정도 범위를 넘어서서 여행했다고는 믿지 않지요. 여행 중에 그는 몽골의 역사를 알려주는 페르시아 원전을 쉽게 접했을 것이며 무수한 정보가 들어 있는 상인들의 많은 필사본을 보았음이 틀림없습니다.

마르코 폴로가 중국을 방문조차하지 않았을지 모른다는 지적을 보면 과연 현재 세상에 알려진 내용 중 몇 퍼센트가 진실한 것인지 의심스럽지 않을 수 없다. 실제로 일부 학자들은 마르코 폴로나 루스티첼로가 도용했을지도 모르는 아랍인이나 페르시아인들의 원전도 언젠가 발견될지 모른다고 추정한다.[10]

그럼에도 학자들은 마르코 폴로의 『동방견문록』의 가치를 높게 평가한다. 마르코 폴로의 믿을 수 없는 이야기에 반한 콜럼버스는 황금 건물이 있다는 지팡구(황금 건물은 한국의 기둥과 단청 등을 의미한다는 것이 정설)를 찾아 나섰고 결국 아메리카 대륙이라는 신천지를 발견했기 때문이다.[11]

다빈치의 미완성 모나리자

프랑스 파리의 루브르박물관에 전시된 수많은 걸작품을 일일이 감상하려면 한 달도 모자랄 것이다. 그래서 박물관 측에서는 관광객들의 편의를 도모하기 위해 꼭 보아야 할 작품을 안내서에 적어 시간이 없더라도 이들 작품만은 빠뜨리지 말고 보라고 추천한다.

그중에서 가장 유명한 작품은 르네상스 시대를 대표하는 천재 중의 천재 레오나르도 다빈치Leonardo da Vinci가 그린 〈모나리자〉다. 미인이라고 하기에는 다소 평범하게 보이는 여인을 그린 〈모나리자〉는 루브르박물관의 수많은 작품 중에서도 특별한 대우를 받고 있다. 이 작품만은 경보장치가 있는 방탄유리 안에 있기 때문이다.

〈모나리자〉가 이처럼 세계에서 가

레오나르도 다빈치가 그린 〈모나리자〉.

장 중요한 명화로 부상되기 시작한 건 그리 오래전 일이 아니다. 사실 150년 전만 해도 세계에서 가장 유명한 그림은 〈모나리자〉가 아니라 이탈리아 밀라노의 보르디 페조리 미술관에 있는 〈소녀의 초상〉이었다. 이 초상은 다빈치보다 한 세대 선배인 안토니오 델 폴라이우올로가 그린 그림으로 다빈치도 젊은 시절에 이 그림을 보고 큰 영향을 받았다고 한다.

그런데 18세기부터 과학의 시대로 접어들기 시작하자 예술의 세계에도 변화가 오기 시작했다. 예술과 과학을 접목하려는 시도이다. 19세기 말 뢴트겐, 베크렐에 의해 방사선이 발견되면서 우리가 알지 못하는 소립자의 세계, 즉 인간을 비롯한 우주가 원자로 이루어져 있다고 알려지자 재빠른 미술가들은 겉으로 보이는 것만 아니라 내면세계까지 회화에 도입하자는 생각을 했다. 이것이 바로 추상화가 태어나는 요인이었음은 물론이다.

과학이 모든 분야에서 중요한 위치를 차지하게 되자 레오나르도 다빈치

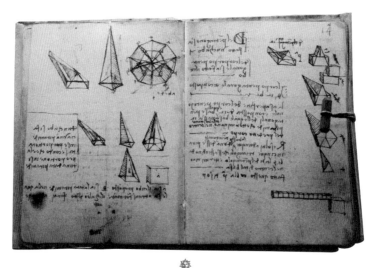

레오나르도 다빈치의 공책.

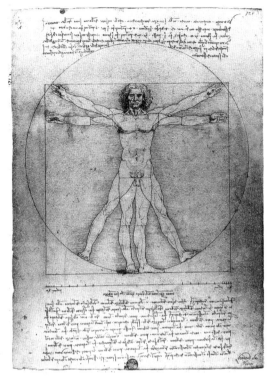

레오나르도 다빈치의 〈인체 비례도〉(위). 각종 기구를 설계한 그림(아래).

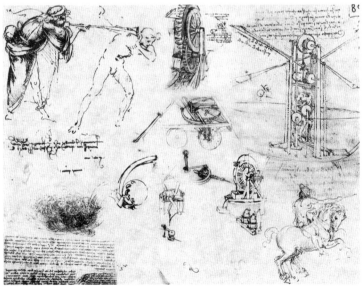

다빈치의 미완성 모나리자

에 대한 평가도 달라진다. 그가 평생을 두고 작성한 공책 23권도 비로소 빛을 보기 시작했다. 이 공책 덕에 만능 예술가로서의 위치가 더욱 공고하게 되는 동시에 시대를 초월한 과학자의 반열에 합류하게 된 것이다. 그가 위대한 예술가이자 과학자로 자리매김하자 그가 그린 모나리자 역시 자연스럽게 세계 최고의 명화로 주목받기 시작한다.

　그런데 다빈치는 자신이 쓴 자기소개서에 "그림도 그릴 줄 압니다"라고 적었다. 당대는 물론 현대까지 세계 최고의 예술가 중에 한 사람으로 불리는 다빈치가 자기소개서에 그림도 그릴 줄 안다고 겸손하게 적은 까닭은 자신을 화가나 조각가로 불러주지 말고 군사전문가(과학자)로 불러주기를 원했기 때문이다. 이곳에서는 다빈치의 걸작 모나리자 중에서 그동안 미완성 작품

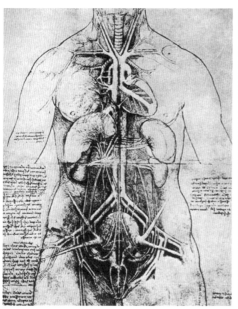
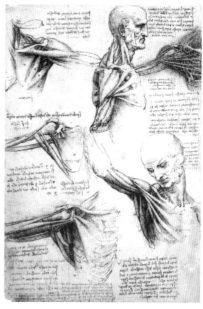

레오나르도 다빈치의 〈인체 해부도〉.

이라고 설명되던 여러 가지 논란에 대해서만 설명한다.

미완성 모나리자의 비밀

피렌체에 머무르던 다빈치는 1503년부터 유명한 〈모나리자〉를 그리기 시작했다. 〈모나리자〉가 워낙 유명하다보니 작품 속 주인공이 과연 누구인가 하는 의문이 많다. 이와 같은 의문이 일어나는 이유는 다빈치의 명성이 워낙 높기 때문이기도 하지만 〈모나리자〉에 얽힌 이야기가 아직 말끔하게 해결되지 않았기 때문이기도 하다.

일반적으로 〈모나리자〉의 모델은 그의 전기 작가인 조르조 바사리가 『이탈리아 화가 열전』에 적은 대로 피렌체의 명사로 부유한 비단 상인인 프란체스코 델 조콘도의 두 번째 아내인 리사 게라르디니(델 조콘다, 1479년생)이라고 알려졌다. 리사 게라르디니의 남편 델 조콘도는 피렌체의 유명한 공증인이었던 다빈치 부친의 주요 고객이었으므로 다빈치가 게라르디니를 알게 된 것은 자연스러운 일이었다. 다빈치가 그녀를 그리기 시작한 1503년은 게라르디니가 자식을 잃은 직후였으므로 그림의 제작 초기에 그녀의 남편인 조콘도는 아내를 미소 짓게 하려고 광대와

레오나르도 다빈치 자화상.

다빈치의 미완성 모나리자

악사들을 고용했다고 한다. 모나리자의 야릇한 미소는 그렇게 하여 태어났다는 것이다. 다빈치는 그의 처녀작이라고 할 수 있는 〈그리스도의 세례〉에서 배경으로 삼은 시모네호를 〈모나리자〉에서도 배경으로 삼았다.

그런데 그림은 6년이 지났는데도 완성되지 않았다. 다빈치처럼 모든 분야에 능통한 천재가 그림 한 점을 그리기 위해 몇 년이나 걸린다는 것은 매우 의아한 일이다. 심지어 다빈치가 그녀를 사랑했고 그녀는 다빈치의 애인이 되었다는 억측을 낳았을 정도다. 그러나 이 문제에 관한 한 학자들의 의견은 전혀 아니올시다이다. 다빈치는 동성연애자였으며 섹스를 경멸했기 때문이다. 그는 섹스에 대해 다음과 같이 혹평했다.

> 성행위와 이에 사용하는 기관의 징그러움은 이루 말할 수 없다. …… 인간이라는 씨는 그 인성을 잃을 것이다.

그럼에도 〈모나리자〉를 그리는 데 6년 혹은 그 이상을 지체했다는 이야기는 그림 속 주인공에게 무엇인가가 있다는 것을 의미한다. 다빈치가 〈모나리자〉의 모델에게서 남다른 매력을 느꼈음을 유추해볼 수도 있는데 다빈치의 또 다른 전기 작가인 안토니아 발렌틴도 다빈치가 그의 생애에 만난 어느 여성보다도 〈모나리자〉의 모델에게 깊은 관심을 둔 것이 틀림없다고 적었다.

다빈치는 1505년 플로렌스를 떠날 때 미완성의 그림을 게라르디니의 남편에게 맡긴 후 돌아올 때마다 손질했다. 그러나 1506년에 남편을 따라 여행을 떠난 게라르디니는 여행 중에 사망했는데 당시 그녀의 나이는 이십 대였다. 다빈치 역시 밀라노로 길을 떠나 다시는 피렌체에 돌아오지 않았으므로 더는 〈모나리자〉를 그리지 않고 미완성인 채로 화필을 던졌다는 것이다. 이것만으로 종결된다면 미완성 〈모나리자〉에 관한 이야기는 거론할 여지가 없다. 그런데 조르조 바사리가 다소 헷갈리는 이야기를 적었다.

> 다빈치는 모나리자의 초상화 작업에 착수한 지 3년 만에 이를 완성했다. 이 작품은 현재 프랑스의 왕 프랑스와 1세의 소유로 퐁텐블로에 있다.[12]

이 문장을 보면 이 그림은 당연히 현재 루브르박물관에 있는 그림이라고 볼 수 있으며 그는 이 작품이 완성된 작품이라고 설명했다. 바로 이 대목에서 약간의 의문이 생긴다. 바사리가 다빈치가 그린 〈모나리자〉에 대해 적을 때는 그림 속 모델의 남편에게 그림을 맡긴 지 고작 40년이 지났을 때다. 당대의 부호로 유명한 조콘도가家의 조콘도가 이런 걸작을 그렇게 쉽게 남에게 넘겨주었겠느냐는 것이다. 한마디로 자신의 부인을 그렇게 공들여 다빈치에게 그리도록 했는데 그 그림을 어떤 연유이든 다빈치에게 주지는 않았을 것이라는 얘기다. 이 질문에 대한 또 다른 의문점은 루브르박물관에 있는 〈모나리자〉가 일반인들에게 알려진 것과는 달리 미완성이 아니라 단기간에 그려진 완성된 작품이 분명하다는 지적이다.[13] 무언가 헷갈리는 점이 있다고 느낄 것이다.

미완성 〈모나리자〉와 완성 〈모나리자〉가 모두 있다

다빈치가 피렌체에서 델 조콘다를 6년에 걸쳐 그렸지만 미완성으로 남겼다는 것은 여러 정황으로 볼 때 사실이다. 그런데 루브르박물관에 있는 〈모

대영박물관, 바티칸박물관과 함께 세계 3대 박물관으로 불리는 루브르박물관.

나리자)는 완성된 작품이다. 이상하지 않을 수 없는 일인데 이 의문은 비교
적 간단하게 설명될 수 있다. 다빈치는 초상화를 그릴 때 항상 두 장 이상을
그렸는데 한 장은 미완성, 또 한 장은 완성된 작품이라는 것이다. 학자들이
구성한 시나리오는 다음과 같다.

다빈치가 프란체스코 델 조콘도의 의뢰에 따라 그의 부인인 리사 게라르디
니를 아직 완성하지 못했을 때 그는 프랑스의 프랑스와 1세의 초청을 받는

루브르박물관에 전시된 〈모나리자〉. 특별히 방탄유리로 보호되어 있다.

다. 이때 줄리아노 데 메디치로부터 자기의 정부인 콘스탄차 아발로스의 초
상화를 그려 달라는 부탁을 받았다. 우연하게도 콘스탄차는 그가 그동안 미
완성으로 남겨두었던 〈모나리자〉를 약간 닮았고 또한 '라 조콘다' 즉 '미소
짓는 여인' 이라는 뜻의 별명을 갖고 있었다.

다빈치는 평소에 두 개의 그림을 그렸으므로 자신이 여벌로 그려두었던 또
한 점의 〈모나리자〉 델 조콘다의 초상화를 손질하여 그림의 얼굴을 콘스탄
차의 얼굴로 바꾸었다. 그러나 그 초상화가 완성되는 것과 때를 같이 하여 메

다빈치의 미완성 모나리자

> 디치가는 정략결혼을 위해 정부 콘스탄차를 버렸기 때문에 그림을 사지 않았다. 다빈치는 당시에 자신이 갖고 있던 다른 그림들과 함께 제2의 〈모나리자〉를 파리로 가지고 갔는데 그것이 바로 루브르박물관에 있는 초상화이다.[14]

이를 증언해주는 중요한 열쇠로 아라곤 추기경의 시종인 안토니오 베아티스라는 사람이 남긴 문서가 있다. 1517년 다빈치가 프랑스와 1세의 궁정에 갔을 때 아라곤 추기경이 그를 방문했다. 그때의 대화를 시종인 안토니오가 기록했는데 그에 따르면 추기경은 다빈치의 그림 몇 점을 보고 갔다.

> 성 요한의 그림, 성모 마리아와 성 앤의 그림, 그리고 플로렌티네의 어느 부인의 초상화, 이 그림은 메디치가의 줄리아노 대공의 요구대로 실제 모델을 보고 그렸다.

앞에 이야기한 것처럼 줄리아노 대공의 요구에 응하여 그린 모델은 바로 콘스탄차 아발로스이다. 이를 다시 부연하여 설명한다면 다빈치는 두 개의 〈모나리자〉를 그렸는데 루브르박물관에 소장된 것의 주인공은 콘스탄차이고 델 조콘다를 그린 〈모나리자〉는 남편 조콘도에게 줬다는 것이다. 여기에서 중요한 것은 앞에서 설명한 것처럼 루브르박물관에 있는 콘스탄차를 그린 〈모나리자〉는 완성품이고 델 조콘다를 그려 남편인 조콘도에게 준 그림은 미완성이라는 점이다.

다소 헷갈리지만 〈모나리자〉가 두 개 있다는 것은 이탈리아의 미술사가인 지오바니 파올로 로마초가 1584년에 적은 글에서도 확인할 수 있다. 그는 「조콘다와 모나리자」라는 기록을 남겼는데 이 말의 뜻은 두 점의 그림이 따로따로 있음을 의미한다.

〈모나리자〉의 그림이 두 개라는 설명은 두 그림이 어디에 있느냐는 질문과 완성된 작품은 어떤 것인가 하는 질문으로 이어진다. 둘째 질문에 대한 답은 두말할 것 없이 루브르박물관에 있는 〈모나리자〉다.

그렇다면 그동안 줄기차게 거론되던 미완성으로 끝난 〈모나리자〉는 어디에 있는가? 델 조콘다를 그린 그림 말이다. 그동안 잘 알려지지 않았던 이야기이므로 다소 믿기지는 않지만 근래 〈모나리자〉에 대한 탐구는 그야말로 놀랍다. 미완성 〈모나리자〉에 대한 근래의 연구를 추적하면 다음과 같은 사실을 알 수 있다.

다빈치가 델 조콘다를 모델로 그린 〈모나리자〉는 비록 미완성이기는 하지만 계속 피렌체에 보관되어 있었는데, 어떤 연유인지 이 미완성 작품이 18세기 중엽 이탈리아로부터 흘러나와 영국의 서머싯 주에 있는 한 귀족의 저택에 보관되었다. 이것을 제1차 세계대전 직전 배스의 휴 블레이커라는 미술상이 발견했다. 그는 이 그림을 저렴한 가격으로 입수하여 아일워스에 있는 그의 화랑에 간직했다. 이때부터 이 그림은 〈아일워스의 모나리자〉로 알려지게 된다.

〈아일워스의 모나리자〉는 루브르박물관의 〈모나리자〉보다 크며, 더욱 중요한 것은 진짜 미완성이라는 점이다. 배경의 그림도 가벼운 터치에 불과하다. 즉 이 그림이 루브르박물관의 그림보다 바사리가 기술했던 것과 훨씬 더 비슷하다. 바사리는 미완성 작품에 대해 다음과 같이 적었다.

눈은 현실의 삶에서 항상 볼 수 있는 그 반짝임과 윤기를 지니고 있으며 눈 주위는 비할 데 없는 정교함만이 표현할 수 있는 붉은 붓놀림에서 오는 느낌

다빈치의 미완성 모나리자

〈모나리자〉보다 10년 앞선 것으로 추정되는 미완성 작품인 〈아일워스의 모나리자〉.

과 속눈썹의 산들거림 …… 콧마루와 아름다운 콧속은 장밋빛으로 요염하다. 살아 있는 듯하다. 입 주위는 위아래의 붉음으로 인해 얼굴빛에 녹아들고 색으로 칠했다기보다는 살아 있는 육체의 존재 그 자체를 가지고 우리에게 다가온다.

케네스 클라크 경은 이 문장을 보고 루브르박물관에 있는 〈모나리자〉와는 완연히 다른 그림을 보고 설명을 한 것이 틀림없다고 말했다. 〈아일워스의 모나리자〉가 다빈치의 미완성 〈모나리자〉임을 증명하는 중요한 증거도 제시되었다. 르네상스 시대의 3대 거장 중의 한 명인 라파엘로가 1504년 다빈치의 화실에서 〈모나리자〉 그림을 본 후 스케치한 〈외뿔 송아지를 안은 여인〉에는 양쪽에 두 개의 그리스식 원형 기둥이 있다. 그런데 그리스식 원형 기둥은 아일워스의 〈모나리자〉에는 있지만 루브르박물관의 〈모나리자〉에서는 볼 수 없다. 블레이커는 〈아일워스의 모나리자〉 쪽이 훨씬 아름다운 작품이라고 생각했는데 많은 미술가도 이에 동의했다. 특히 루브르박물관의 〈모나리자〉는 분명 삼십 대이다. 그런데 아일워스의 여성은 이십 대이다.[15]

〈아일워스의 모나리자〉는 1962년 수집가인 헨리 F. 퓰리처 박사가 주재하는 스위스의 신디케이트가 사들였다. 박사는 『모나리자는 어디 있는가』라는 책에서 자신들이 소유한 그림이 진정한 〈모나리자〉임이 틀림없다고 주장했다. 그의 주장은 단순하다.

조콘다의 그림은 확실히 두 점 있다. 단 남편 이름의 여성형 어미 변화를 이름으로 가진 〈모나리자〉가 조콘다의 전통적인 권리를 가진다.

다빈치의 미완성 모나리자

조콘다Gioconda는 남편의 성인 조콘도Giocondo의 여성형이므로 〈모나리자〉
는 오직 하나뿐이다. 그것은 루브르박물관에는 없고 런던에 있다는 설명이
다.[16] 한마디로 루브르박물관의 그림은 단순한 오해로 '모나리자'라는 이름
이 붙여졌다는 것이다. 이 문제는 워낙 큰 파장을 몰고 올 수 있는 소재이므
로 앞으로 정보가 많아지면 더 명확한 결론이 날 것으로 생각한다.

〈모나리자〉 그림 해부

루브르박물관의 그림이나 아일워스의 그림이 〈모나리자〉인가에 대해서
는 추후에 명백히 밝혀질 것으로 생각되므로 더 설명하지 않겠지만 현재까
지 세계에서 가장 많이 연구된 그림은 루브르박물관의 〈모나리자〉다. 이곳
에서는 근래 알려진 〈모나리자〉 연구에 대해 설명한다. 학자들이 가장 많이
주목한 분야는 〈모나리자〉의 미소다. 어딘가 모르게 차가우면서도 인자하고
따뜻하게 느껴지는 특유의 오묘한 미소인데 2005년 네덜란드 암스테르담대
학 연구팀이 '감정 인식 소프트웨어'를 통해 〈모나리자〉를 연구한 결과 이
미소에 인간의 복합적 감정이 섞여 있다고 발표했다. 입술의 굴곡과 눈가의
주름 등 얼굴 주요 부위의 움직임을 수치화해 분석하자 표정의 83퍼센트는
행복의 감정이었지만 불쾌함도 9퍼센트, 두려움 6퍼센트 있었고, 분노 2퍼센
트 등이 골고루 포함되어 있다는 것이다.

실제로 〈모나리자〉는 코를 중심으로 왼쪽과 오른쪽의 입 근육이 서로 다
르다. 왼쪽 입술은 일자로 다물고 있어 무표정하게 느껴지는 데 반해 오른쪽
은 입꼬리가 살짝 올라가 웃는 듯한 모양을 하고 있다. 때문에 차갑지만 순간

라파엘로가 그린 〈외뿔 송아지를 안은 여인〉. 배경에는 〈아일워스의 모나리자〉에서 볼 수 있는 원형 기둥이 보인다.

다빈치의 미완성 모나리자

적으로 미소를 짓는 것처럼 보인다. 만약 〈모나리자〉의 얼굴을 합성해서 좌우 모두를 웃도록 하거나 무표정하게 만든다면, 표정은 더 또렷해지지만 특유의 신비감은 확연히 떨어진다는 설명이다.

다빈치가 과연 이런 면까지 파악하고 그렸을까 하는 의문이 있지만 학자들은 이 질문에 관한 한 다빈치가 이런 내용을 사전에 알고 의도적으로 그렸다고 믿는다. 해부학에 조예가 깊었으므로 인체를 한층 섬세하게 그리는 내공을 보였다는 것이다. 모나리자의 눈과 입에 스푸마토Sfumato 기법을 사용했다는 점도 그 방증으로 제시된다.

스푸마토 기법은 서로 다른 색상 사이의 윤곽을 명확히 구분하는 대신 안개를 표현하듯 색을 미묘하게 변화시켜 색상의 경계가 자연스럽게 넘어가도록 표현하는 명암법이다. 이런 기법은 다빈치가 처음 도입한 것으로 다람쥐털 소재의 붓으로 연하게 녹인 물감을 칠해 색의 변화를 낸 후 손가락으로 윤곽을 지워 마무리하곤 했다고 한다. 다빈치의 그림에 아직 그의 지문이 뚜렷

❉
스푸마토 기법이 사용된 대표적인 작품인 프란시스코 고야의 〈성 가족〉. 아기의 몸을 스푸마토 기법으로 표현했다.

이 남아 있는 이유이기도 하다. 그가 구현한 스푸마토 기법은 그림을 바라보는 이로 하여금 거리감과 공간감을 느낄 수 없도록 만들었고 이는 미소뿐 아니라 그림 전체에 심오한 깊이를 더해주는 효과를 낳았다.

〈모나리자〉 그림에서 빠지지 않는 궁금증은 바로 눈썹이다. 그림 속 주인공은 눈썹이 없는데 그 이유는 당시 넓은 이마를 미인의 조건으로 여겼기 때문에 눈썹을 뽑은 것이라는 설명이다. 그런데 최근에는 원래의 〈모나리자〉에 눈썹이 있었다는 주장이 제기되었다.

프랑스의 파스칼 코트는 자신이 개발한 특수 카메라로 그림을 분석했다. 그 카메라는 자외선, 적외선 등 13개 스펙트럼을 가지고 2억 4000만 화소로 이미지를 정밀 촬영할 수 있는데 〈모나리자〉의 얼굴 부분을 24배 확대했더니 왼쪽 눈썹 한 가닥을 그린 붓 자국이 나타났다는 것이다. 그는 눈썹이 지워진 것이 분명하다고 주장했는데 지워진 이유는 누군가가 실수로 지웠기 때문이라고 했다. 즉 〈모나리자〉 그림의 눈 주위를 자세히 살펴보면 미세한 금들을 볼 수 있는데, 그림 복원 과정에서 이 부분을 부주의하게 닦았다는 설명이다.

2010년에는 〈모나리자〉의 눈 속에서 글자와 숫자가 발견되었다는 발표가 나왔다. 이탈리아 국립문화유산위원회가 〈모나리자〉 그림의 눈을 촬영한 고해상도 이미지를 현미경으로 관찰한 결과 오른쪽 눈에 'LV', 왼쪽 눈에 'CE' 혹은 'B'가 쓰어 있다는 것이다. 또한 배경 부분인 다리의 아치에서도 숫자 '72' 혹은 글자 'L'과 숫자 '2'가 관찰된다고 덧붙였다. 이것이 무엇을 의미하는지는 아직 알려지지 않았다. 이른바 예수가 마리아와 결혼했다는 『다빈치 코드』의 결정적인 단서인지도 모르지만 이 글자만으로도 앞으로 수많은 연구가 이루어질 것임은 틀림없다.[17]

카사노바

자코모 지롤라모 카사노바 데 세인갈트Giacomo Girolamo Casanova de Seingalt라면 모르는 사람도 카사노바라면 금세 고개를 끄덕일 것이다. 18세기 사람인데도 자유로운 성을 표방하며 산 그의 이름은 오늘날에도 우리에게 바람둥이의 대명사로 인식되어 있다. 카사노바라는 이름이 워낙 유명해지자 그의 이름은 '(여성을) 유혹하는 기술'과 동의어로 남아있으며, '세계 최고의 연인'으로 불리기도 한다.

그러나 카사노바가 바람둥이 자체로 평생을 살았다면 결코 오늘날까지 그의 이름이 기억되지는 않았을 것이다. 실제로 그보다 더한 호색한이 한두 명이 아니었기 때문이다. 결과적으로는 바람둥이의 대명사로 알려졌지만 그는 모험가이자 작가이고, 시인이면서 소설가다. 좀더 구체적으로 설명하면 성직자, 바이올린 연주자, 병사, 도서관 사서, 번역가, 스파이, 철학자, 도박꾼, 복권의 창안자, 연금술사가 그에게 붙는 수식어다. 이것만 보아도 그가 얼마나 자유분방하게 살아온 사람인지 알 수 있다. 그는 자신의 파란만장한 경력을 비판하는 사람들을 향해 매우 자신 있는 어조로 말했다.

나는 기꺼이 사기당하고 싶어 하는 세상에서 바보 노릇을 하기보다는 차라리 바보를 놀리는 일을, 사기를 당하기보다는 차라리 사기꾼 역할을 하려고 노력했다.

그러나 그는 딱 한 가지는 강력하게 거부했다. 거칠고 노골적인 방법으로 남의 주머니를 터는 노예선 출신의 노예들이나 교수형을 선고받은 죄수들과는 다르다는 것이다. 그는 "나는 어리석은 자들의 손에서 우아하고 세련된 마술로 돈을 빼냈다"[18]며 남다른 재치로 자신을 변호했다. 지구상에 살아간 수많은 사람 중에서 카사노바처럼 이런 말을 자유롭게 할 수 있었던 사람이 있었을까?

바람둥이의 대명사 카사노바.

자서전이기도 하고 회고록이기도 한 그의 저서 『나의 인생 이야기Histoire de ma vie』는 18세기 유럽 사회생활의 관습과 규범에 대한 가장 신뢰할 만한 자료 중 하나로 평가된다. 물론 그가 책에서 여자들과의 정사를 노골적으로 묘사하는 바람에 당시에는 도덕상의 이유로 출판되지 못했다. 책은 카사노바가 사망한 후 1822년에서 1828년 사이 독일의 빌헬름 폰슐츠에 의해 개작되어 처음으로 출판된 후 1960년에 브로크하우스판으로 나오면서 비로소 무삭제판이 출판되었다. 그는 이 책의 첫머리에 다음과 같이 적었다.

나는 내가 인생을 살아오면서 행한 모든 일이 설령 선한 일이든 악한 일이든 자유인으로서 나의 자유 의지에 의해 살아왔음을 고백한다.

18세기 사람이라는 게 도저히 믿기지 않을 정도로 자유분방한 사고다. 그의 고백은 솔직했는데 이는 도덕적 논리를 앞세우는 허위를 거부했기 때문이다. 그가 당대인들로부터는 못된 호색가로 평가받았지만 현대인들로부터는 에로티시즘eroticism을 대중 앞에 공개시킨 사람으로 알려진 이유다. 그의 지론은 성은 종교나 신분, 사회적 통제로 이루어지는 것이 아니라 자연인으로서 가져야 할 인간의 권리이므로 누구나 이를 자유롭게 표현할 권리를 갖는다는 것이다. 그는 자신이 이 땅에 태어난 사명에 대해 이렇게 말했다.

나는 여성을 위하여 태어났다는 사명을 느꼈으므로 늘 사랑하였고 사랑을 쟁취하기 위해 내 전부를 걸었다.[19]

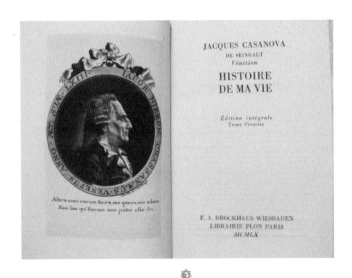

카사노바가 쓴 자서전인 『나의 인생 이야기』. 18세기 유럽의 생활상이 잘 드러나 있다.

세상을 자유롭게 살다 간 카사노바

18세기 유럽의 주축인 영국, 프랑스, 오스트리아 등은 강력한 왕권을 가진 제국주의로 한껏 위세를 높이고 있었다. 그러나 해상국가이면서 유럽의 강자로 부상했던 베네치아는 조그마한 도시국가로 영토도 적은 데다 외국 식민지도 별로 없어 몰락의 길을 걷지 않을 수 없었다. 도시 시민은 점점 불만을 품기 시작했고, 도시 지도부는 이 불만을 어떻게든 해소해야만 했다.

베네치아가 택한 것은 유흥 산업이었다. 도시 곳곳에서 합법적인 도박판들이 벌어졌고 누구나 오락을 즐길 권리가 있었으며, 술을 마실 권리가 있었다. 도시 전체가 하나의 유곽이 되었고, 모든 여성이 창녀와 구분되지 않을 정도였다. 유럽인들에게 베네치아는 유럽의 '환락가' 또는 '퇴폐와 유흥의 중심지'였다.

1725년 베네치아의 산 사무엘라 극장 근처에 있는 칼레 델라 코메디아에서 도시의 명예를 한껏 드높이는 한 남자가 태어났다. 그가 바로 세계 최고의 바람둥이로 알려지는 카사노바다. 그는 희극배우였던 아버지 자에타노 주세페 카사노바와 유명한 성악가인 어머니 자네타 사이에서 6남매 중 장남으로 태어났다. 어머니는 유럽의 오페라 무대에서 빼어난 재능을 발휘했고 특히 그의 동생인 프란체스코 카사노바는 서양 미술사에서 빼놓을 수 없는 화가이다. 그가 그린 그림들은 오늘날 기독교 미술관에서는 어디서나 볼 수 있을 정도로 유명하며 그의 친척들도 변호사, 공증인, 사제로 활동하며 비록 귀족은 아니지만 모차르트나 베토벤과 같은 예술적 분위기에 젖은 시민계급이었다.

그러나 카사노바의 아버지는 여섯 남매만 남기고 서른여섯 나이에 병으로 죽고 말았다. 외할머니 마르지아가 카사노바를 돌보았는데 할머니마저 세상을 뜨면서 카사노바는 귀족 미켈레 그리마니에게 맡겨져 양육되었다.

어려서부터 카사노바에게 남다른 처세술과 재주가 있었던 이유는 그의 키가 2미터가 될 정도로 거인인 데다 파도바 대학에서 청년시절을 보내면서 학업을 닦았기 때문이다. 그는 선천적으로 탁월한 언어 능력을 갖고 있어 라틴어, 그리스어, 프랑스어, 히브리어에 능통했고 스페인어, 영어도 어렵지 않게 구사할 수 있었다. 더구나 대학교 때 학습 능력이 대단하여 고전 문학을 줄줄이 꿰었음은 물론 신학, 법학, 자연과학, 예능 등 다방면에서 뛰어난 성적을 유지했다. 이는 훗날 경제, 정치, 문화 등 다양한 분야의 엘리트들과 교류할 수 있는 밑거름이 되었다.

특히 그는 춤, 펜싱, 승마 등 몸으로 하는 모든 궁중 예술과 카드놀이에서 어느 귀족 가문의 기사보다도 특출한 재능을 발휘했다. 이러한 재능은 선천적인 신분상의 한계를 뛰어넘어 귀족 사회와 부유한 상류층의 언저리에서 견뎌가는 힘이 되었다. 가장 놀라운 것은 그의 환상적인 기억력이다. 카사노바는 70년 평생 자기가 본 얼굴들을 하나도 잊지 않았고, 자신이 듣고 읽고 말하고 본 것을 모두 다 기억했다고 한다. 또한 그가 평생 40여 편에 달하는 저서를 남기면서 인문학에 뛰어난 지식을 겸비한 저술가로 평가받을 수 있었던 것도 그의 남다른 경력과 기억력 때문으로 여겨진다.[20]

당대에 출세하려면 사제가 되든가 군인이 되는 것이 기본이므로 카사노바는 성직자의 길을 택했다. 그는 자신을 잘 알고 있는 성직자 알비세 말리피에로의 도움으로 1740년 2월, 즉 열다섯 살 때 성직에 입문하고 베네치아의 코레 대주교로부터 신품을 받았다. 또한 파도바 대학에서 박사 논문을 준비하면서 열여섯 살에는 비잔틴 성당에서 첫 신학 강의를 했고, 추기경의 비서로 일하는 등 전도유망한 젊은 사제였다.

카사노바는 평민 신분이었지만 남다른 외모와 지적 능력을 겸비해 사교계에서 활발히 활동할 수 있었다.

그러나 결론적으로 카사노바는 사제가 되지 못한다. 그가 적은 글에 따르면 로마로 가서 성직자로 자리 잡기 위한 절차를 밟다가 운명의 꼬임으로 그 길을 포기했다는 것이다. 무엇이 그의 운명을 꼬이게 했는지는 정확하지 않지만 일흔 살인 성직자 말리피에로가 열일곱 살인 어린 가수 테레즈를 농락하는 걸 곁에서 지켜보면서 혼란스러웠다고 한다.

카사노바는 몽레알 백작 부인의 관리인 딸인 루시아를 알게 되고 사랑하게 된다. 그러나 자신이 사제라는 걸 인식하고 욕정을 절제한 채 그녀를 떠난다. 그런데 훗날 그녀가 어느 호색한에게 농락당했다는 것을 알고 나름대로 결론을 내린다. 다시는 사랑이라는 감정을 이성으로 절제하지 않겠다는 다짐이었다.

그의 젊은 시기는 평범하지 않았다. 1742년, 즉 열일곱 살 나이에 파도바 대학에서 법학박사 학위를 받는다. 그러나 그가 짧은 시간 겪은 경험을 통해 얻은 것은 자신은 성직자가 어울리지 않는다는 사실이었다. 그래서 절도있는 규범을 지키지 못하고 자주 일탈하곤 했다. 심지어는 설교를 하기 위해 단상에 올라갔는데, 너무 술에 취해 자신의 몸도 가누지 못했다고 한다. 그럼에도 그가 성직자 생활을 유지할 수 있었던 것은 당시 베네치아 사회가 돈이면 무엇이든 해결할 수 있는 곳이었기 때문이다.

간신히 성직자 직을 유지할 수 있었지만 그는 성직자가 깨끗해야 할 이유가 없다는 나름대로의 결론을 내린다. 도시 전체가 창녀촌인데 설교한다고 해서 그들이 도덕군자가 될 리는 없다는 것이다. 따라서 그는 교회를 다니던 여성을 유혹하면서도 떳떳하다고 생각했다.

그가 여성들을 쉽게 유혹할 수 있었던 이유는 훤칠한 체구와 용모 덕이기도 하지만 남다른 바이올린 연주 실력 때문이기도 하다. 사실 그는 산 사무엘라 극장에서 일 년 동안 바이올리니스트로 일하며 생계를 해결한 적도 있었다. 열일곱 살에 신학박사 학위를 취득한 바이올린 천재라니 어느 여자가 넘어오지 않겠는가? 그러나 그의 파격적인 생활이 계속 구설수를 몰고 다니자 참다못한 교회는 그를 쫓아낸다. 유명한 카사노바의 여정이 시작된 것이다.

그가 도망간 곳은 기독교가 존재하지 않는 오스만 제국이었다. 오스만 제국에서 다시 이탈리아 반도로 돌아온 카사노바는 프리메이슨에 가입하고, 비밀 첩보 요원으로 활동했다고 한다. 그는 첩보의 왕국 베네치아 사람이면서, 교황청에서 일한 적이 있으므로 교회에 관한 비밀을 많이 알고 있었다. 이후 카사노바는 그 능력을 이용하여 예술의 도시 파리, 음악의 도시 빈을 돌면서 수많은 여성을 유혹했다. 카사노바가 여성들을 유혹하기 위한 방편으로 이용했던 것은 도박이었다. 그는 도박에도 탁월한 능력이 있었다.

물론 카사노바가 이와 같은 생활을 할 수 있었던 이유는 기본적으로 그에게 든든한 자금줄이 있었기 때문이다. 1747년 4월 카사노바는 어느 귀족 집안의 결혼식에 갔다가 베네치아 귀족이자 상원 의원인 마테오 조반니 브라가딘과 우연히 같은 곤돌라를 타게 된다. 그런데 곤돌라 안에서 브라가딘이 갑자기 쓰러졌다. 카사노바가 간단한 응급처치를 하고 의사를 찾았는데 의사는 브라가딘의 가슴에 수은을 붙여주었다. 그런데 의사의 처방에도 브라가딘이 계속 고통을 호소하자 카사노바가 수은을 떼어내고 나름대로 치료를

프리메이슨의 심볼. 중세의 석공 길드에서 비롯되어 세계시민주의적·인도주의적 우애를 목적으로 하는 비밀 단체로 발전했다.

© gnuckx

베네치아의 명물인 곤돌라. 베네치아의 대중교통수단으로 이용된다.

카사노바

했는데 놀랍게도 브라가딘이 회복되었다. 이에 감동한 브라가딘은 그를 양자로 받아들이면서 하인과 곤돌라 그리고 매달 10제키니의 용돈도 주었다.[21]

브라가딘 가문의 양자가 된 카사노바는 거칠 것이 없었다. 자신의 출생에 대해 열등감을 갖고 있던 차에 귀족 중의 귀족 가문에 양아들이 되었으니 그동안 그를 억누르던 압박에서 벗어난 셈이다. 그는 각 지역을 돌아다니며 여행을 했고 여행 중에 만난 모든 여인을 자신의 침실로 끌어들였다. 카사노바의 여인이 100명이 넘는다는 말은 과장이라는 설이 있지만, 그는 회고록에서 122명으로 기록했다. 특히 환락의 도시 베네치아는 일상적인 섹스 파티가 유행하였고, 카사노바는 수녀들까지 파티에 초대했는데 바로 이 섹스 파티 때문에 카사노바의 인생이 꼬이기 시작한다.

카사노바와 파티를 즐긴 여인 중에는 성직자의 부인, 종교 재판관의 애인 등 고위층들이 많았다. 카사노바에 반감을 품은 이들은 카사노바가 프리메이슨 등 이단과 연결되어 있다는 정보가 들어오자 그를 체포하기로 한다. 1755년 서른 살의 카사노바는 금지된 이단 마법을 사용하는 마법사라는 죄명으로 종교 재판관에 의해 체포된다. 여자를 유혹하는 그의 기술이 '악마의 속삭임'이란 뜻이다.

카사노바의 공식 죄목은 다소 혼란스럽다. 당시 카사노바는 베네치아 종교 재판관들에게 요시찰 대상이었다. 카사노바의 이단적인 지식

❀
여성을 유혹하는 카사노바.

과 파격적인 행동 때문이었다. 카사노바는 외국의 대사 및 정부 인사들과 자주 접촉하였는데 놀랍게도 이것이 국가에 위험할 수 있다고 본 것이다. 그의 죄명은 난봉, 사기, 착취, 연금술 시도, 비밀 결사 단체인 프리메이슨 회원이라는 점 등이었다. 카사노바는 후일 다음과 같이 적었다.

나는 타인에게 잘못한 적이 없다. 사회 안정을 위협한 적도 없고 남의 일에 간섭한 일도 없다. 사적인 일에 간섭하지 않았다. 단 한 가지 이유가 있다면 아마도 종교 재판관의 애인과 자주 만났기 때문일지 모른다.

이로부터 1년간 카사노바는 두칼레 궁전Palazzo Ducale에 있는 피옴비 감옥

카사노바가 감금되었던 베네치아 두칼레 궁전의 감방.

의 가장 열악한 감방에서 가장 고통스러운 수감생활을 해야 했다. 감옥의 지붕이 납으로 되어 있어 '납 감옥' 이라고도 불렸는데 여름엔 더위로, 겨울엔 추위로 고생해야 했다. 특히 감옥의 지붕이 낮아 키가 거의 2미터나 되는 카사노바는 제대로 일어설 수도 없었다.

그가 갇혀 있었던 두칼레 궁전은 산 마르코 광장에 면해 있는 궁전으로 베네치아 공화국 총독의 주거지이자 공화국 정부 건물이다. 9세기에 처음 지어진 후 계속 확장되었는데 679년부터 1797년까지 1,100년 동안 베네치아를 다스린 120명에 이르는 베네치아 총독의 공식적인 주거지였다. 최초의 건물은 마치 요새 같은 고딕 양식의 건물이었지만 현재는 고딕 양식을 잘 나타내면서도 비잔틴, 르네상스 건축 양식이 복합된 모습을 하고 있다. '베네치아 고딕' 이라고도 불리는데 베네치아 고딕 건물 중에서 조형미가 가장 빼어난 건축물로 평가받는다.

오늘날 방문객들이 가장 많이 찾는 곳은 재판을 담당하던 '10인 평의회의 방' 이다. 이곳에는 세계에서 가장 큰 유화 중 하나인 틴토레토의 대벽화 〈천〉과 베네치아의 주요 역사를 그린 그림, 76인 총독의 초상화 등이 있다. '10인의 평의회의 방' 에서 소운하를 사이에 두고 '탄식의 다리' 라고 불리는 다리를 건너면 감옥이 있는데, 카사노바가 갇혔던 곳이 바로 이 감옥이다. 탄식의 다리는 1600~1603년에 안토니 콘티노Antoni Contino의 설계로 만들어졌는데 '10인 평의회' 에서 형을 받은 죄인은 누구나 이 다리를 지나 감옥으로 연행되었다. 탄식의 다리라고 이름 붙은 까닭은 죄인들이 이 다리의 창을 통해 밖을 보며 다시는 아름다운 베네치아를 보지 못할 것이라는 생각에 탄식하곤 했기 때문이라고 한다.

철장 신세가 된 지상 최대의 바람둥이는 일생의 황금기를 감옥에서 보내고 싶은 마음은 전혀 없었다고 공언했지만, 그가 투옥된 감옥은 누구도 탈옥할 수 없다는 악명 높은 피옴비 감옥이었다. 그럼에도 카사노바는 탈출에 성공한다. 탈출 과정은 비교적 소상하게 알려졌다. 당시 감옥에 갇힌 죄수도 돈을 내면 요리를 주문할 수 있었으나 카사노바에게는 이런 권리조차 박탈되어 있었으므로 교도소장 부인이 만든 마카로니를 먹어야 했다. 그런데 이 마카로니가 피옴비 감옥을 탈출하는 데 큰 역할을 한다.

베네치아의 산 마르코 대성당 종탑과 두칼레 궁전.

카사노바

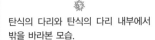
탄식의 다리와 탄식의 다리 내부에서
밖을 바라본 모습.

카사노바는 감옥에 갇힌 지 얼마 되지 않아 직접 쇠 지렛대를 제작해 탈출구를 만들었지만 곧바로 발각된다. 카사노바는 작전을 바꾸어 다른 죄수에게 쇠 지렛대를 보내 탈출구를 만들게 했다. 이때 뜨거운 마카로니가 가득 든 접시를 받치는 성경 속에다 탈출 도구를 감추어 간수에게 주자 간수는 의심하지 않고 그 성경을 옆방의 죄수에게 건넸다. 카사노바의 작전은 성공하여 탈출구를 통해 지붕을 타고 내려올 수 있었고, 1756년 다시는 살아서 돌아올 수 없다는 탄식의 다리를 건널 수 있었다. 그는 회상록에 다음과 같이 적었다.

> 그때 나는 아름다운 운하를 바라보았다. 배는 한 척도 보이지 않았다. 내가 보낸 잔인한 밤들이 스쳐 지나갔고, 지난날 내게 호의적이었던 많은 행복한 사건들 덕분에 나의 감정이 나의 자애로운 신에 이르는 감사의 소리가 되었다.

피옴비 감옥에서의 탈출은 누구도 해내지 못한 일을 해낸 바람둥이의 완벽한 '쇼생크 탈출'이나 마찬가지였다. 탈출에 성공한 후 그는 다음과 같이 말했다.

> 나를 이곳에 가둘 때 나의 동의를 구하지 않았듯이, 나 역시 동의를 구하지 않고 이곳을 떠나노라.

이 글을 읽으면 그가 얼마나 탁월한 언변을 가졌는지 알 수 있다. 감옥을 탈출한 카사노바는 곧바로 이탈리아 반도를 떠나 문화와 예술의 도시인 프랑스 파리로 향한다. 1757년에 파리에 도착한 카사노바는 놀랍게도 옛 친구

피옴비 감옥을 탈출하는 카사노바.

의 소개로 프랑스 재정 전문가로 활동하며 상류사회의 스타로 대접받았다. 이는 카사노바가 무척 인기가 많았다는 뜻도 되지만,무엇보다 그가 프랑스 정부에 기여한 바가 컸기 때문이다.

당시 파리 시가 재정 문제로 곤란을 겪자 카사노바는 루이 15세에게 복권을 도입하라고 제안했다. 루이 15세는 그의 제안을 받아들였고 카사노바는 곧바로 복권 사업을 관장하는 책임자로 임명되었다. 이로써 루이 15세는 세계에서 처음으로 복권 제도를 시행한 군주라는 불멸의 명성을 얻는다.

재정전문가로 활약하며 파리에 복권 제도를 도입하여 프랑스에 큰 이득을 남겨준 카사노바에게도 그에 상응하는 반대급부가 주어졌음은 물론이다. 그 자신도 복권 사업소 다섯 곳을 운영하며 상당한 수입을 올렸다.

남다른 언변과 용모를 갖춘 삼십 대 바람둥이 카사노바에게 경제적인 여유까지 생기자 많은 여성이 그의 품에 안겼음은 물론이다. 거기에 예기치 않은 행운까지 찾아왔다. 프랑스 정부가 천부적인 사교 능력에, 탈옥 능력까지 갖춘 그를 다국적 스파이로 위촉한 것이다. 한마디로 '프랑스 비밀 요원' 즉 007이 된 것으로 그가 공식적으로 여자들을 편력할 수 있는 무기가 생긴 것이다.

그러나 모든 일이 생각대로만 이루어지는 것은 아니다. 첩보 활동을 하면서도 틈틈이 여성을 편력했는데 거기에는 막대한 자금이 필요했다. 게다가 사업에는 재주가 없었는지 그가 투자한 실크 프린팅 사업도 실패하고 말았다. 패션 산업계에서는 카사노바를 염직 산업을 부흥시킨 장본인으로 기록하고 있지만, 인력 관리에 허점을 보인 게 결국 사업에 실패한 원인이 되었다.

결국 수많은 사람에게 돈을 빌렸는데, 이를 갚을 수 없게 되자 유용하면서도 단순한 아이디어를 도출한다. 한마디로 줄행랑치는 것이다. 그는 파리를 떠나 프랑스 남부 지방으로 도피 행각을 이어가면서 이때부터 '생갈의 기사'라는 가명을 쓴다. 그러나 그의 도피 생활이 마냥 괴로운 것은 아니었다. 계몽사상의 아버지 볼테르를 만나 '계몽주의'에 몰두하면서 우정을 쌓을 정

© iz4aks

❀

유럽 최초의 카페로 알려진 플로리안Florian. 괴테, 바그너, 니체, 모네 등 수많은 문학가와 예술가가 단골로 드나든 카페였다. 카사노바도 감옥에서 플로리안의 에스프레소를 잊지 못해 출감하자마자 맨 처음 이곳에 들렀다는 유명한 일화가 있다. 여성의 출입을 최초로 허용한 카페이기도 하다.

카사노바

도로 식자로서의 대접도 받았다.

1763년 카사노바는 영국을 방문하지만 프랑스에서와는 달리 찬밥 취급 당했다. 영국은 산업혁명을 통해 새로운 산업사회로 나가던 시기였으므로 그가 탁월한 능력을 발휘할 수 있는 도박판이 없었다. 더구나 그의 여성 편력도 신통치 않아 영국 창녀에게 속아서 가진 돈을 모두 빼앗기고 빈털터리가 된다.

카사노바가 당대에 남다른 여성 편력을 자랑할 수 있었던 건 여자로부터 늘 호평을 받았기 때문인데, 바로 카사노바가 여자들을 임신시키지 않는다는 소문 때문이었다. 카사노바는 평소에 콘돔을 갖고 다니면서 임신과 성병을 예방했다. 이 때문에 실질적으로 효과 있는 최초의 콘돔 고안자로도 알려진다. 그런 천하의 카사노바도 그만 영국에서 악성 성병을 얻어 그의 명성에 다소 흠집을 내고 마는데, 최초의 콘돔 고안자이지만 자신도 지키지 못했다는 아이러니는 계속 그를 따라다닌다.

영국에서 참패를 당한 카사노바는 곧바로 수많은 도시를 여행하기 시작한다. 베를린에서는 계몽사상을 맹신하는 프리드리히 대왕으로부터 사관학교 교사 자리를 제시받기도 한다. 프리드리히 대왕의 제안을 거절한 카사노바는 러시아에서 예카테리나 여왕을 만나고 그녀에게 유럽에서 통용되던 그레고리력의 사용을 권했다. 당시 러시아는 11일이나 차이가 나는 율리우스력을 사용하여 정치, 경제, 외교 등 각 분야에서 많은 불편을 겪고 있었지만 러시아는 그의 말에 귀를 기울이지 않았다.

러시아에서의 생활도 러시아 여성들과의 만남 때문에 곤욕을 치르게 된다. 그의 탁월한 여성 편력에 화가 난 러시아 남자들이 수없이 결투를 신청해왔고 이번에도 그가 취할 수 있는 방법은 줄행랑 뿐이었다. 러시아에서 탈출한 카사노바는 폴란드, 스페인으로 향한다.

　스페인에 도착한 카사노바는 이미 나이를 먹은 중년의 사나이가 되어있
었다. 이탈리아에서 탈출하여 세계 각지를 돌아다녔지만 그에게도 고향은 중
요했다. 귀향할 마음을 굳힌 카사노바는 고향인 이탈리아로 들어갈 수 있는
방법을 강구하기 시작했다. 탈옥범 신분인 그가 고국에 돌아갈 수 있는 방법
은 이탈리아의 종교 재판소와 화해하는 것이었다. 원래 글재주가 있는 카사
노바인지라 스페인에서는 주로 베네치아에 부정적인 내용의 책들을 쓰며 비
판에 열을 올렸는데 놀랍게도 이 책이 베스트셀러가 되면서 베네치아 고관들
의 눈도장을 얻었다.

러시아 귀족의 손에 입맞춤하는 카
사노바.

결론적으로 그의 시도는 성공하여 종교 재판소와 화해를 하고 다시 베네치아로 귀환하였다. 이탈리아에 돌아와 보니 자신도 모르게 태어난 딸도 있었고, 자신에게 원한을 품은 남자들도 있었다. 베네치아 당국이 카사노바에게 면죄부를 준 이유는 유용하게 활용할 수 있는 인물이라 여겼기 때문이다. 세상 경험이 많고 외국을 많이 여행한 데다 프랑스 비밀 요원으로도 활약했으므로 종교 재판소의 비밀 첩보원으로 활용할 가치가 있다고 판단한 것이다. 사실 카사노바에게 비밀 첩보원 일을 맡긴 것이 귀환의 조건이라는 말이 있을 정도인데 실제로 카사노바는 약 50건에 달하는 밀고서를 작성했다고 알려진다. 그가 그 불순한 보고서에 서명한 이름은 '안젤로 프라톨리나' 였다.

베네치아에 돌아온 카사노바는 출판업에 열중했다. 베네치아는 출판의 자유를 보장했기 때문에 다른 나라에서 금지된 책들을 비교적 자유롭게 출간할 수 있어 출판 시장은 활황을 누리고 있었다. 카사노바는 프랑스 배우들과 연계하여 주간지 『탈리의 메시지』를 창간하는 등 출판업에 매진했다. 또한 프란체스카 부라키니라는 가난한 처녀와 함께 평범한 가정을 꾸리게 된다. 물론 그의 정적들과 빚쟁이들이 괴롭히긴 했지만 비교적 평온한 생활을 지켜가는데, 안타깝게도 그런 그에게 또다시 불행이 찾아온다.

카사노바가 1883년에 쓴 『사랑도 싫고, 여자도 싫다』는 책의 풍자시가 문제가 된 것이다. 그는 이 책에서 자신의 친아버지가 당시의 베네치아 귀족인 미켈레 그리마니라고 거짓 주장을 했다. 그가 미켈레 그리마니의 양아들인 것은 틀림없는 사실이다. 그런데 그는 자신이 양아들이 아니라 친아들이라고 주장한 것이다. 그가 이와 같은 주장을 하게 된 배경은 카사노바가 제노바의 외교관 카를로 스피놀라의 비서로 활동하고 있었을 때 자신의 담보증서를 보증한 브로커와 알력이 있었기 때문이다. 그런데 미켈레 그리마니의 아들인 카를로 그리마니가 자기 편을 들어주지 않자 그는 나름대로 통쾌한 복수를 한 것이다. 카사노바는 자신이 미켈레 그리마니의 진짜 사생아이고 카를로 그리마니는 세바스티안 지우스타니의 사생아라고 주장했다.

이 사건은 전적으로 카사노바의 잘못이다. 자신이 적자이고 카를로 그리마니가 다른 사람의 사생아라는 주장은 그야말로 적반하장이었다. 그의 말대로라면 자신이 그리마니가의 재산을 상속받아야 한다는 의미가 되므로 간단히 넘어갈 수 있는 문제는 아니었다. 카사노바의 신상을 잘 알고 있는 베네치아에서 일어난 이 사건은 곧바로 여론을 악화시켜 그를 지지하던 사람들조차 고개를 돌리게 하였다. 그가 취할 수 있는 방법은 또다시 줄행랑뿐이었다. 다시금 고향을 떠나지 않을 수 없었고 두 번 다시 돌아올 수 없는 신세가 된다.

카사노바의 일생을 보면 남다른 방랑벽이 있어 잠시도 멈추지 않고 유럽을 돌아다녔음을 알 수 있다. 이유야 어떻든 한 장소에 오래 머무르는 일이 거의 없었다. 곳곳에 염문을 뿌리고 다니며 때로는 사회 여러 계층의 여인들과 비교적 지속적이고 깊은 관계를 맺기도 했는데, 카사노바 역시 진지한 사랑을 나눈 경험을 갖고 있다.

그중 하나가 그의 생애를 아름답게 장식해준 프랑스 여성 앙리에트와의 3개월 동안의 동거다. 다른 하나는 수녀 M. M.과의 사랑이었으며, 로마 여성 루크레치아와의 연애도 있다. 루크레치아와의 사이에서는 딸까지 하나 두었는데 이후에 그 딸도 역시 그의 애인이 되었다는 설이 있다.

카사노바는 때론 자신도 한 여성과 평범한 가정을 꾸릴 수 있다고 말했지만, 그의 행태에 비춰보았을 때 전혀 어울리지 않는 일이었다. 한번은 애인 크리스티나와 결혼을 약속한 적이 있다. 하지만 이내 다시 생각해보더니 결국 그녀에게 대리남편을 구해준다. 이런 그의 행동을 놀라워하던 당시의 남성들은 "카사노바에게는 모든 여성이 감사한다"라는 유행어를 만들어내기도 했다. 카사노바가 남다른 명성을 갖게 된 이유다.

여하튼 그의 고향인 베네치아는 카사노바와 거의 운명을 같이 한다. 그가 사망하고 나서 얼마 뒤, 카사노바를 낳은 환락의 자치 도시 베네치아는 멸망한다. 볼테르의 영향을 받은 프랑스 민중들이 혁명을 일으켜 새로운 정부를 세웠고, 새로 정권을 잡은 나폴레옹의 군대가 유럽을 휩쓸며 베네치아 자치 공화국을 지도에서 지워버렸기 때문이다.[22]

SF의 선구자

고향인 베네치아에서 축출된 카사노바는 체코의 프라하에서 약 2시간 거리에 있는 보헤미아의 발트슈타인 백작 소유의 둑스 성에 마지막 휴식처를 마련한다. 카사노바는 둑스 성에서 1784년부터 13년간 『나의 인생 이야기』를 비롯한 수많은 작품을 완성했다. 프랑스어로 쓰인 그의 회상록은 총 열두 권으로 되어 있는데 카사노바의 가계家系 설명에서 시작하여 긴 방랑 여행을 마치고 트리에스테에 돌아올 때까지의 일이 면밀히 기록되어 있다.

『나의 인생 이야기』는 그에게 문학적인 면에서 불멸의 명성을 안겨준다. 위대한 전기 작가 슈테판 츠바이크는 카사노바의 이 책이 세속적인 개연성에 비추어 볼 때 앞으로도 계속해서 열광적인 독자를 만나게 될 것이라고 극찬했다. 아울러 그는 도박꾼이자 행운아인 카사노바가 무례하게도 단테와 보카치오 이래의 모든 이탈리아 시인을 능가했다고 평가하기도 했다.

스테판 츠바이크가 이처럼 『나의 인생 이야기』를 극찬한 것은 카사노바의 회상록이 자기 인생을 묘사하고 보고하는 데 그치지 않고 스스로 살아온 인생 그대로를 보여주었기 때문이다. 다른 사람이라면 꾸며내고 생각해내야 했을 것을 그는 자신의 삶 속에서 실제로 겪었다. 즉 머리로 써야 할 내용을 정열에 불타는 자신의 육체로 몸소 살아냈으므로 다른 사람들처럼 상상력으로 그럴 듯이 치장할 필요가 없었던 것이다. 극적인 사건이 무궁무진함에도 가필이 필요하지 않고 모두 완성된 상태였다. 한마디로 그 누구도 카사노바의 체험만큼 다양한 상황으로 구성된 삶의 교향곡을 연주하지 못했다는 것이다.[23]

그는 『나의 인생 이야기』 외에 소설 다섯 편, 희곡 단편, 콩트 스무 편을 남겼고 수많은 번역서를 남겼다. 호머의 『일리아드』를 이탈리아어로 번역한 사람도 카사노바인데 놀라운 것은 〈오디세이와 키르케〉라는 오페라 대본도 직접 썼다는 점이다. 더욱 놀라운 사실은 학자들에 따라 그가 쓴 『자코사메론』을 세계 최초의 SF 작품으로 인정하기도 한다는 점이다.

쥘 베른이 쓴 『해저 2만 리』의 선구로 알려진 이 소설은 항해하던 배가 폭풍에 난파되어 침몰한 후 지구 속으로 빨려들어가면서 일어나는 여러 가지 사건들을 다룬다. 1788년에 프라하에서 출간되었는데 원래는 동시대의 사회를 직접 혹은 간접으로 비평하기 위한 작품으로, 가상의 문명인 '메가미크레스'의 다양한 풍속과 면모를 상상력을 동원해 묘사한 것이다. 카사노바는 공상과 상상이 어우러진 이 소설이 성공할 것으로 기대했지만 결과는 좋지 않았다. 그의 작품이 실패한 이유는 출판계에서 큰 흥미를 보이지 않은 탓도 있었지만 다섯 권이나 되는 장편이기 때문이기도 하다.

카사노바가 그저 단순한 바람둥이가 아니라는 점은 그저 둑스 성에서 쓴

Histoire de ma vie
jusqu'à l'an 1797

Nequicquam sapit qui sibi non sapit
Cic. ad Treb:

Preface

Je commence par déclarer à mon lecteur que dans tout ce que j'ai fait de bon ou de mauvais dans toute ma vie, je suis sûr d'avoir mérité ou démérité, et que par conséquent je dois me croire libre. La doctrine des Stoïciens, et de toute autre secte sur la force du destin est une chimère de l'imagination qui tient à l'athéisme. Je suis non seulement monothéiste, mais chrétien fortifié par la philosophie, qui n'a jamais rien gâté.

Je crois à l'existence d'un Dieu immatériel auteur, et maître de toutes les formes; et ce qui me prouve que je n'en ai jamais douté, c'est que j'ai toujours compté sur sa providence, recourant à lui par le moyen de la prière dans toutes mes détresses; et me trouvant toujours exaucé. Le désespoir tue; la prière le fait disparaître; et après elle l'homme confie, et agit. Quels soyent les moyens, dont l'Être des êtres se sert pour détourner les malheurs imminents sur ceux qui implorent son secours, c'est une recherche au dessus du pouvoir de l'entendement de l'homme, qui dans le même instant qu'il contemple l'incomprensibilité de la providence divine, se voit réduit à l'adorer. Notre ignorance devient notre seule ressource; et les vrais heureux sont ceux qui la chérissent. Il faut donc prier Dieu, et croire d'avoir obtenu la grace, même quand l'apparence nous dit que nous ne l'avons pas obtenu. Pour ce qui regarde la posture du corps dans laquelle il faut être quand on adresse des vœux au créateur, un vers du

카사노바 회고록인 『나의 인생 이야기』의 서문 원고.

다양한 수학책과 의학책을 통해서도 알 수 있다. 카사노바가 1790년에 쓴 『입방체의 수학적 문제』는 그가 심혈을 기울인『자코사메론』의 실패를 극복하기 위한 책이었으나 역시 사업적으로는 성공하지 못한다.

바람둥이로만 알려진 카사노바가 남다른 문학적 재능을 가진 전형적인 지식인의 면모를 보일 수 있었던 것은 모두 그의 탁월한 소양과 실력 덕분이라 보지 않을 수 없다. 학자들은 이런 그의 문학가로서의 작품을 볼 때, 그에게 바람둥이라는 수식어만 붙지 않았더라면 창의적이고 열정이 많은 지식인으로 평가받았을 것이라며 아쉬워한다. 그의 이름 앞에 단지 바람둥이라는 수사만 붙는다는 점이 카사노바에게는 다소 아쉬운 점이 될 수 있겠지만, 바로 그 점이 카사노바를 불멸의 명성을 얻게 한 장본이라고도 볼 수 있다. '카사노바 만만세' 라 하지 아니할 수 없다.

셜록 홈스

추리를 통한 과학수사의 원조가 누구인가에 대해서는 여러 가지 이론이 있지만 유럽에서는 대부분 본명이 아서 이그나티우스 코넌 도일Arthur Ignatitus Conan Doyle인 스코틀랜드의 코넌 도일을 꼽는다.

코넌 도일의 고향인 스코틀랜드 에든버러의 피카디 플레이스에 세워진 셜록 홈스 동상.

그는 원래 작가 출신이 아니다. 1882년 의사 자격증을 딴 스물세 살의 의사였다. 도일은 포츠머스 교외의 사우스시에 안과 병원을 열었다. 그러나 환자가 전혀 없으므로 소일거리로 당시에 큰 화제를 일으킨 메리 셀레스테호의 의문스러운 사건을 소재로 소설을 써서 1884년 『콘힐』이라는 잡지에 「J. 하버쿠크 젭슨의 증언」이라는 제목으로 발표했다. 내용 자체는 사건과 전혀 관련이 없지만 많은 사람이 그의 소설을 사실로 믿었다.

그의 소설이 유명해진 것은 메리 셀레스테 사건을 조사했던 솔리 플루드가 정확하지 않은 도일의 책에 분개하여 J. 하버쿠크 젭슨은 사기꾼이며 거짓말쟁이라고 중앙뉴스통신사로 항의 성명을 발표한 일 때문이었다. 이와 같은 반발은 오히려 도일의 명성을 높여주는 결과를 낳았고 『콘힐』에서는 그때까지 한 편에 3기니 하던 도일의 원고료를 30기니로 올려주었다고 한다. 다소 우여곡절이 있었지만 환자가 없어 소일거리를 찾던 도일은 이후 전문적인 작가로 나서며 불후의 인물을 탄생시킨다. 바로 추리소설계에서 최고의 탐정으로 남게 된 셜록 홈스Sherlock Holmes다.

셜록 홈스의 창시자

셜록 홈스는 과학적으로 범인을 추적하는 탐정이다. 당시에는 과학적인 범죄수사라는 개념 자체가 없었던 때였는데 코넌 도일은 의사로서의 전문 지식을 십분 발휘하여 범죄를 분석하는 것만으로도 범인을 찾을 수 있음을 보여주었다.

1885년 루이즈 호킨스와 결혼한 코넌 도일은 1887년 드디어 사립탐정인 셜록 홈스가 등장하는 첫째 작품 『주홍

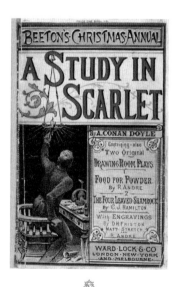

사립탐정 셜록 홈스가 처음 등장하는 『주홍색 연구』의 표지.

색 연구』를 발표하지만 반응은 신통치 않았다. 소설가로 사는 삶에 계속 투신해야 하느냐는 갈등을 겪지만 두 번째 작품인 『네 사람의 서명』이 인기를 얻는 데 성공하면서 홈스 시리즈를 계속 발표할 수 있었고, 그의 기대대로 폭발적인 반응을 모은다. 셜록 홈스의 책으로만 보면 홈스는 1888년까지 10년 동안 무려 500여 건의 사건을 처리하는데 이는 연평균 50건, 일주일에 한 건 정도다. 그런데 홈스도 의뢰받은 사건을 모두 해결하지는 못했으며 실패한 사건도 네 건 있었다고 실토한다. 이는 현대 과학으로 무장한 요즘의 수사 실적으로 보아도 매우 높은 수치이다.

1891년 런던으로 이사해 7월부터 『스트랜드 매거진』에 연재를 시작한 그의 홈스 시리즈는 대단한 인기를 얻으며 이듬해 『셜록 홈스의 모험』이라는 제목의 단편집으로 출간된다. 도일은 계속해서 셜록 홈스 단편을 연재하며 1894년에는 『셜록 홈스의 회상』을 출간한다. 그러나 셜록 홈스로 유명해진 도일이지만 계속 홈스 시리즈만 쓰는 데 권태를 느끼고, 이 단편집의 마지막 작품인 「마지막 사건」을 통해 홈스와 결별한다. 홈스가 '범죄계의 나폴레옹'으로 불리는 모리어티 교수와 알프스 산속에서 싸우다 폭포 속으로 떨어지는 장면으로 마무리한 것이다.

코넌 도일이 셜록 홈스 시리즈를 연재한 《스트랜드 매거진》.

도일이 더는 셜록 홈스를 발표하지 않자 독자들은 열화와 같은 집필 요청을 했지만 도일은 전혀 반응을 보이지 않았다. 그러나 의사가 아닌 셜록 홈스

셜록 홈스가 모리어티 교수와 결투
를 벌이다 폭포 속으로 떨어지는 장
면을 그린 삽화.

로 유명해진 그의 병원을 찾는 사람이 거의 없자 도일도 고집을 접고 다시 홈
스 시리즈를 쓰기 시작했다. 그가 셜록 홈스를 다시 쓰겠다고 말하자 출판사
는 그에게 파격적인 원고료를 제시했다. 이 당시 원고료는 첫 작품인 『주홍
색 연구』의 원고료보다 무려 200배 많은 거액이었다.

　도일 셜록 홈스로 명실상부한 작가로 부상하지만 1899년 보어 전쟁이 일
어나자 곧바로 종군하여 영국 군대를 변호하기도 했다. 또한 다방면에 재주
가 있어 두 차례 지역 의원 선거에 출마했으나 모두 낙선한다. 1894년에는 프
랑스의 레지옹 도뇌르 훈장을 받고 1895년에는 빅토리아 여왕을 배알하며

1902년 기사 작위를 받는다. 재미있는 것은 도일이 실제로는 기사 작위를 받았지만 셜록 홈스가 나오는 책에서는 기사 작위를 거부한다는 점이다.

1906년 아내인 루이즈가 결핵으로 세상을 떠나자 다음 해 진 래키와 재혼한다. 1911년에는 독일, 영국, 스코틀랜드를 횡단하는 자동차 경주에 참가했으며 첫 비행에도 성공한다. 또한 심령학에도 관심을 두고 강연이나 집필 활동을 했다. 1927년 마지막 단편『쇼스콤 관』을 출간했다. 2년 후인 1929년 유럽 순회강연을 마치고 돌아오던 중 협심증을 일으켜 다음 해인 1930년 7월 7일 71세의 나이로 세상을 떠났다. 도일은 첫 부인과의 사이에 자식 두 명이 있고 두 번째 부인과의 사이에도 자식 두 명을 두었다.

도일은 1887년부터 1927년까지 장편 4편, 단편 56편을 저술하여 애호가들에게 정전The Canon으로 불린다. 40여 년에 걸쳐 홈스 시리즈가 출간되었으므로 전체적으로 볼 때 모순되는 점이 많은 것도 사실이다. 그동안 과학기술이 발달하여 새로운 내용이 밝혀지기 때문인데 그것이 작품의 매력을 저하시키지는 않는다. 일반적으로 추리소설은 에드거 앨런 포를 시조로 생각하는 학자들도 있지만 코넌 도일을 시조로 치는 것은 그를 통해 비로소 문학의 한 장르로 자리 잡는 데 성공했음은 물론 그가 범인을 찾아내는 추리 기법이 아직도 독자들의 시선을 끌기 때문이다.

추리소설이 주목을 받는 이유는 소설에 등장하는 탐정은 정의의 사도이며 악행을 응징하는 자이기 때문이다. 따라서 추리소설은 비교적 사회 고발의 측면

가족과 함께 있는 코넌 도일.

을 지닌다. 대중은 악인이 처벌되고 부패가 일소되기를 바란다. 하지만 현실에서는 악인이 시원스럽게 응징되지 않고 부패 또한 좀처럼 일소되지 않는다. 추리소설은 이러한 독자 대중의 기대에 부응하여 그 꿈을 실현해주는 역할을 한다. 셜록 홈스는 그 수단으로 과학 기술을 사용해 큰 호응을 얻은 것이다.

애거사 크리스티가 탄생시킨 명탐정 에르퀼 푸아로.

도일은 원래 셜록 홈스의 이름을 셜록 대신 셰링포드로 생각하고 있었다고 한다. 증거는 없지만 도일은 자신이 상당히 흠모하던 올리버 웬델 홈스에게서 성을 도용했고, 자기가 볼링 시합에서 30회 연속 이기면서 좋아하게 된 어떤 남자에게서 셰링포드란 이름을 따왔다는 말이 전해지고 있다.

참고로 셜록 홈스만큼 유명세를 받은 탐정은 애거사 크리스티의 주인공인 에르퀼 푸아로이다. 그는 애거사 크리스티의 책을 3억 5천만 부나 팔리게 했을 뿐만 아니라 크리스티가 추리소설에서 그를 죽게 했을 때 『뉴욕타임스』는 부음란에 부고를 싣기까지 했다. 실존 인물이 아닌 가공인물로서 『뉴욕타임스』의 부음란에 실린 것은 그가 처음이다.[24]

전설이 된 셜록 홈스

탐정이 본격적으로 사람들에게 인식된 것은 세계 최초의 사설탐정인 셜

록 홈스 덕분이라고 해도 과언이 아니다. 홈스는 런던 베이커리가 221B의 하숙집에서 의사인 존 H. 왓슨과 함께 살면서 수많은 사건을 해결한다. 홈스가 워낙 유명한 인사이다 보니 그의 나이가 얼마인가가 주목의 대상이었다. 홈스의 나이는 책을 분석하여 파악할 수 있는데 1889년경 자신과 왓슨을 '중년의 두 신사'라고 불렀으며 1914년에는 60대로 묘사한 것으로 보아 대체로 1854년경에 태어난 것으로 추정할 수 있다. 이 나이는 코넌 도일보다 5살 정도 많은 나이다. 여러 소설에서 묘사되는 홈스의 모습 중 중요한 부분은 다음과 같다.

홈스는 180센티미터의 큰 키이지만 매우 말랐으므로 더 크게 보인다. 살집이 없는 매부리코는 전체적으로 기민하고 단호한 인상을 준다. 발이 빠르고 나이를 먹었어도 무쇠 같은 손아귀 힘을 발휘한다. 운동을 위한 운동은 좀처럼 하지 않지만 누구보다 힘이 좋고 권투도 잘한다. 그러나 목적 없는 육체적 노력을 정력 낭비로 간주하며 구체적으로 필요가 없으면 몸을 움직이지 않는다. 평소에 일찍 일어나는 법은 거의 없지만 화학 실험에 몰두하면 밤을 새우기 일쑤며, 매우 정력적이어서 피로와 좌절을 모른다.

홈스의 성격도 매우 구체적으로 설명된다

홈스는 사전 지식과 철저한 현장 관찰을 통해 얻은 증거를 갖고 사건을 분석한 후 사건의 흐름을 파악한다. 또한 '모든 가능성이 실패로 돌아갔을 때 그래도 남는 것이 아무리 불가능해 보이더라도 진실이다'라는 철학을 갖고 있다. 자신의 흥미를 추구하며 흥미가 생기지 않으면 바로 돌아서 버린다.

홈스는 대학교를 졸업했으며 전공은 그의 취미로 보아 화학(혹은 자연계열)으로 추정한다. 또한 프랑스어, 독일어, 이탈리아어 그리고 라틴어에 이르기까지 다양한 외국어를 구사한다.[25] 그가 의뢰된 사건을 척척 해결하는 것은 런던 형사들과 많은 친분이 있기 때문으로 사실 형사들이 골머리 아파하는 많은 사건을 해결해준다. 그가 사건을 해결하는 방법은 매우 전설적이다.

홈스는 통찰력과 관찰력이 남달라 겉보기만으로도 그 사람의 출생지나 직업을 추리해낸다. 그는 여성을 관찰할 때에는 우선 소매를 보고 남성일 경우 바지의 무릎을 보면서 생각에 몰두한다. 무언가를 골똘히 생각할 때는 안락의자에 앉아서 파이프를 피우며 종일 빈둥거린다. 왓슨이 홈스가 생각하는 동안 산책하러 갔다 돌아왔는데 파이프 연기가 방에 온통 가득 차 있었다고 할 정도다.

홈스는 경찰은 아니지만 리볼버 권총을 갖고 있으며 때때로 방에서 사격연습(?)을 하기도 한다. 셜록 홈스의 첫 번째 소설인 『주홍색 연구』에 나온 셜록 홈스의 지식과 기술에 대한 말은 매우 흥미롭다.

홈스는 문학과 철학, 천문학에 대해서는 전혀 모른다. 정치학에 대한 지식도

소설 속에서 홈스가 사용한 리볼버 권총인 웨블리.

매우 허약하며 식물학에 관해 관심 있는 분야에 대해서는 비교적 잘 알지만 정원사로서는 실격이다. 지리학도 특정 분야에 대해서 박식한데 나(왓슨 박사)에게 런던 각 지역의 먼지를 구분하여 보여 준 적이 있다. 화학은 해박하고, 생물학은 박식하지만 체계적이진 않다. 바이올린이 수준급이며 목검술, 권투, 검도에 능하다. 영국법에 대해서는 해박하며 범죄 관련 문헌을 놀랄 정도로 잘 알고 있다.

셜록 홈스의 지식은 이후 점점 늘어나는데 『보헤미안 사건』에서는 셰익스피어와 성서를 인용하며 『셜록 홈스의 모험』에 이르면 탐정 활동에 필요한 것은 대부분 통달하게 된다. 또한 홈스는 암호에 대해서도 해박한 지식을 보여 준다.

홈스의 취미와 특기도 관심거리인데 우선 바이올린을 잘 다룰 정도로 음악에 조예가 깊고 작곡도 했다고 전해진다. 그러나 전반적으로 고귀한 신사와는 거리가 먼 인물이다. 코카인에 빠져 있으며 각종 약물에 탐닉하는데 그런 그의 습성은 당시의 기준으로 볼 때 뱃사람들이 즐기는 것으로, 도일이 배를 탔던 경험을 접목한 것으로 생각된다. 홈스의 상징으로 흔히 알려진 것이

격투를 벌이는 홈스. 홈스는 바이올린이 수준급이며 목검술, 권투, 검도에 능하다.

사냥꾼 모자와 파이프일 정도로 지독한 애연가이기도 하다. 그의 고약한 습관인 코카인 복용은 왓슨의 조언으로 서서히 끊는다.

　홈스는 종종 화학 실험에 빠지는데 이는 과학수사에 큰 역할을 한다. 또한 그는 관찰을 통해 특정 인물이 어떤 생각을 하고 있으며, 성격은 어떠하고 직업은 무엇인지 추론하는 능력이 매우 뛰어났다. 왓슨을 처음 만났을 때 악수하는 것만으로 그가 아프가니스탄에서 왔다는 것을 간파했을 정도다. 그뿐만 아니라 변장과 연기에도 능하여 수사할 때 종종 사용했다. 단편『빈집의 모험』에서 셜록 홈스는 허리가 구부정한 노인으로 변장하였는데, 서로 이야기를 나눴는데도 왓슨이 그를 알아보지 못했을 정도다.

홈스가 사용한 파이프와 모자(왼쪽).
홈스가 활동하던 시대에 사용된 현미
경(오른쪽).

소설 속에 등장하는 탐정들에게는 흔히 동료가 붙어 다닌다. 동료가 하는
역할은 주로 일을 거들고 조사 활동을 맡는 일이다. 이를 바탕으로 결코 실수
를 저지르지 않는 주인공이 독자들에게 자신의 생각을 설명할 기회를 마련해
준다. 홈스의 훌륭한 동지이자 조언자인 왓슨 박사는 홈스가 사건을 추적하
는 데 필요불가결한 인물이다.[26] 홈스가 왓슨과 만나는 해는 정확하게 1882년
이다. 왓슨은 군의관으로 복무하다가 전투에서 부상을 당해 귀국한 후 그의
조수였던 스탬포드를 통해 홈스를 소개받아 하숙집을 같이 쓴다.

홈스는 왓슨을 제외하면 사적으로 거의 사람을 만나지 않는다. 한마디로
홈스는 일이 아니면 그다지 사람을 만나지 않는 평생 독신으로 그려진다.
『보헤미안 사건』에서 만나게 된 아이린 애들러와는 지속적인 만남을 갖기는
하나 분명한 연인으로 발전하지 않는다. 이는 그의 이야기로도 알 수 있다.

홈스에게 연애란 것은 감정적인 것으로 자신이 그 무엇보다도 존중하는 이성과 공존할 수 없다고 말한다. 이 말은 홈스가 다소 무미건조하고 무덤덤한 사람이라는 뜻이나 다름없다.

홈스는 어머니에 대해선 장편과 단편을 불문하고 일언반구도 언급하지 않는다. 아버지에 대해서도 마찬가지다. 오직 홈스의 친형인 마이크로프트 홈스에 대해서만 나오는데 그의 형은 영국 정부의 관료로 숫자의 천재이며 정부 회계와 관련된 일을 맡고 있다고 한다. 공식적인 직책 외에 마이크로프트는 영국 여왕이나 수상과도 극히 가까운 관계인데, 국가적으로 곤란한 문제가 발생했을 때 종종 그의 두뇌를 빌려 해결했다고 암시한다. 또한 마이크로프트가 홈스에게 직접 사건을 소개한 적도 두 번 있다.

홈스는 1903년경에 은퇴하면서 양봉에 몰두했고 독일과의 전쟁이 임박하자 독일 첩보 조직을 와해시키는 데 기여한다. 홈스 연구자인 윌리엄 베어링 굴드에 의하면 홈스는 1957년 사망하며 그때 나이는 103살이다. 장수의 비결은 양봉하면서 발견한 로열젤리 덕분이라고 한다.

셜록 홈스는 코넌 도일이 만든 상상의 사설탐정이지만 많은 사람은 그가

왓슨과 대화를 나누는 홈스. 왓슨 박사는 홈스가 사건을 추적하는 데 필요불가결한 인물이다.

연극 무대에서 셜록 홈스와 아이린 애들러로 분장한 배우들.

실존 인물임을 부정하지 않는다. 영국인이라고 해서 가만히 있을 리 만무다. 현재 런던의 '셜록 홈스 박물관' 이 베이커가 221번지 B호221B Baker Street 에 있다는 사실로도 알 수 있다(실제 주소는 239번지). 원래 하숙집이었던 오래된 아파트를 소설 속에 등장하는 모습 그대로 개조해 박물관으로 만든 것이다. 왓슨 박사와 함께 많은 추리를 해냈던 서재에는 괴상한 실험 기구와 다양한 책이 있어 셜록 홈스가 실존한 사람이었다는 착각을 느끼게 한다.

참고로 어떤 대상의 인기를 엿볼 수 있는 척도로 그 작품이 영화로 리메이크된 숫자를 들 수 있는데 '신데렐라' 가 첫째다. 이에 필적할만한 것이 '드라큘라' 로 역사상 리메이크된 영화가 모두 흥행에 성공했다는 신화를 갖고 있다. 그러나 영화 속에서 가장 많이 등장한 캐릭터는 셜록 홈스로, 배우 총 70여 명이 영화 200여 편에서 맹활약을 펼쳤다.[27]

홈스의 소설 속 하숙집 주소인 런던의 221B Baker Street에 실제로 세워진 셜록 홈스 박물관.

셜록 홈스의 모델

셜록 홈스가 워낙 유명세를 타자 많은 사람이 홈스의 모델이 누구냐는 질문을 했다. 도일이 상상만으로 홈스를 탄생시켰다고는 믿기 어렵기 때문이다. 역시 홈스의 모델은 있었다. 도일이 다니던 에든버러 의과대학의 조셉 벨 교수가 바로 셜록 홈스의 모델이었다.

특별한 재주를 가진 벨 교수는 학생들에게 "진단에는 눈과 귀, 손과 머리를 써야 한다"라고 가르쳤다. 그는 진찰실에 들어온 환자가 말도 하기 전에 무슨 병 때문에 찾아왔는지 알아냈을 뿐만 아니라 환자가 지금까지 어떤 생활 태도로 살아왔는지도 학생들 앞에서 알아맞히곤 했다고 한다. 어느 날 병원의 자기 사무실에 있을 때 한 남자가 들어왔는데, 벨 교수는 그에게 곧바로 무슨 고민이 있느냐고 질문했다. 방문객은 자신에게 고민이 있는지 어떻게 아느냐고 질문했다. 그러자 그는 "노크를 네 번 했기 때문이죠. 걱정이 없는 사람은 두 번, 기껏해야 세 번 정도로 그칩니다"라고 대답했다.

그래도 도일은 벨 교수의 능력을 의심했다. 그래서 공개강좌 시간에 아버지의 회중시계를 주면서 소유자가 어떤 사람이냐고 물었다. 벨 교수는 회중시계 주인의 성격과 가정생활 등을 정확하게 집어냈다. 특히 회중시계의 주인공이 과거에는 잘살았을지 모르지만 재산을 모두 탕진했으며 정신적으로 매우 불안한 사람이라고 설명했다.

시계의 주인공인 도일의 아버지는 당시에 가산을 탕진하고 정신병원에 입원해 있었다. 벨 박사가 회중시계를 보자마자 아버지의 현 상황을 정확히 집어내자 도일은 교수가 자신의 집안 내력을 알고 공개적으로 자신을 모욕했다고 반박했다. 그러자 벨 교수는 자신은 도일의 집안 내력을 모를뿐더러 알고자 하지도 않았다며, 회중시계를 보고 내력을 유추해내게 된 경위를 자세히 알려주었다. 이 사건을 통해 비로소 벨 교수의 능력을 이해한 도일은 드디어 셜록 홈스라는 최고의 탐정을 탄생시키게 된다.

셜록 홈스의 실제 모델이 된 에든버러 의과대학의 조셉 벨 교수.

도일이 추리소설가로 나서게 된 배경은 영화 〈닥터 벨과 미스터 도일〉에 비교적 자세히 묘사되어 있다. 영화에서는 의과대학생 도일이 벨 교수의 조수로 나오는데 그가 사랑하던 여자 닐이 살해당하는 사건이 일어나자 벨 교수와 함께 범인을 찾아간다는 이야기다. 당시 영국에서는 과학수사가 그다지 필요하지 않았다. 이는 벨 박사가 다음과 같이 말하는 데서도 알 수 있다.

경찰은 범인을 잡을 수 있다는 확신이 들 때만 수사에 착수한다.

홈스 소설에 자주 등장하는 런던 경시청이 있던 건물.

셜록 홈스

아직 추리소설에 대한 개념이 없는 상태에서 태어난 셜록 홈스가 불후의 명성을 얻게 된 것은 의사였던 도일이 자신의 전문적인 지식을 십분 발휘하여 당시에는 존재하지 않던 추리 수사 기법을 창조했고, 이를 통해 사건을 명쾌하게 해결했기 때문이다. 벨 교수는 작은 것을 모아 큰 것을 만들 수 있음을 도일에게 일깨워주면서 수사의 기본과 과학적 수사의 중요성을 가르쳐주었다.

인간은 거짓말을 하는 유일한 동물이란 말을 증명이라도 하듯 세계 곳곳에서 범죄가 끊이지 않는다. 사회가 복잡해질수록 범죄도 다양해지고 지능적인 범죄도 늘어서 첨단 과학기술을 동원하더라도 범인을 잡지 못하는 경우가 발생하곤 한다. 어떤 범인도 자신이 발각될 것을 전제로 범행을 저지르지 않는 만큼 우수한 두뇌를 가진 범인이 저지른 범죄는 더욱 해결하기 어렵다.

문제는 범인을 잡는 방법이 과거나 현재나 크게 다를 것이 없다는 점이다. 살인 사건을 비롯한 범행이 일어나면 조사원들은 사건 정황을 그려보며 피살자가 어떻게 살해되었는가를 검증한다. 다음에는 범인이 어떻게 살해했는가를 파악한 후 범인이 누구인가를 추정한다. 사건 현장에 남겨진 자료만으로 범인을 찾을 수 없다면 추리를 통해 사실 가능성이 높은 이론, 즉 가설을 세운다. 그런 다음 자신에게 "만약 그 가설이 사실이라면 범인은 누구일까?"라고 묻는다.

홈스가 활약할 당시인 1890년대 런던 경찰.

범행 현장을 분석하여 범인이 범행을 저지를 당시의 행동과 범죄를 저지르게 된 원인에 대한 가정을 올바로 세우면 범인을 쉽게 찾을 수 있다. 반대로 사건 정황을 제대로 분석하지 못하면 오히려 범인이 만들어놓은 함정에 걸려 사건은 미궁에 빠지게 마련이다. 이때 범인을 꼼짝 못하게 하는 방법이 바로 과학수사다. 사건을 조사하는 수사관의 역할은 거짓말을 일삼는 혐의자가 꼼짝할 수 없도록 철저히 증거를 확보하는 것이다.[28]

수사국의 창시자

탐정소설이 가장 많이 읽힌 시기는 아이러니하게도 제2차 세계대전 때이다. 독일의 공습이 연일 이어지면서 런던 시민은 방공호로 대피할 때 읽을 책을 가지고 들어갔는데 이들이 가장 선호한 책은 탐정소설이었다. 이는 제2차 세계대전이 발발할 즈음에 영국의 신간 소설 네 권 중 한 권이 탐정소설이었다는 데서도 알 수 있다. 당대의 일부 비평가들이 "소설로 볼 수 없는 쓰레기 또는 지능적인 팝콘"이라는 혹평을 했음에도 탐정소설의 붐이 쉽게 사라지지 않은 이유는 독자들의 구미를 자극하는 요소가 있었기 때문이다.

탐정소설의 인기가 워낙 높자 수많은 작가가 탐정소설에 도전했다. 이 중에는 노벨상 수상자인 어니스트 헤밍웨이, 존 스타인벡, 펄 S. 벅, 윌리엄 포크너 등도 있다. 심지어 에이브러햄 링컨까지도 탐정소설에 손을 댔다. 그는 일리노이주 퀸시의 잡지 『휘그』에 『트레일러 살인사건』이란 소설을 발표했다. 만약 링컨이 이 소설로 성공했다면 훗날 미국이 자랑하는 위대한 대통령은 나오지 않았을 것이다.

전문적인 탐정의 시초가 된 외젠
프랑수아 비도크.

학자들은 엄밀한 의미에서 전문적인 탐정의 시초를 프랑스인 외젠 프랑수아 비도크Eugène François Vidocq, 1772-1857로 인식하는데 그는 소설로 창안된 인물이 아니라 실존했던 인물이다. 그가 뛰어난 탐정이 될 수 있었던 까닭은 상상력이 뛰어난 소설가도 꾸며낼 수 없을 정도로 다양한 인생 역정을 겪었기 때문이다. 그는 군인, 죄수, 탈옥수, 스파이, 여장 남자, 그리고 파리 지구 범죄 수사국 책임자 등 보통 사람이 겪을 수 없는 다양한 인생을 경험했다.

그가 범죄 수사에 탁월한 감각을 가졌음을 알 수 있는 근거로는 지문이 범인을 확실하게 밝혀낼 수 있다는 사실을 처음으로 인식한 사람 중 한 명이었으며, 필적 분석 결과를 중요한 증거자료로 도입한 최초의 수사 경찰관이었다는 점을 들 수 있다. 그는 자신의 뛰어난 기억력 외에 범죄자의 인상착의와 활동 방식을 상세하게 적은 방대한 기록을 바탕으로 주먹구구식이고 때로는 야만적이었던 당시의 사법제도에 과학적 방법과 관리상의 전문성을 도입했다.

이는 그 자신이 위조범이었던 시절 그리고 자신의 무죄를 입증하려고 도망했던 탈옥수 시절을 겪으면서, 도둑이나 사기꾼의 버릇과 태도를 훤히 꿰뚫고 있었기 때문이다. 더구나 그는 변장술의 대가였다. 열다섯 살 때 여자로 변장한 적이 있었는데 그 이유는 자기보다 나이 많은 여인의 여름휴가 여행지에 남편의 경계심을 일으키지 않고 따라가기 위해서였다고 한다.

도망자 신분이던 비도크가 파리 경찰이 될 수 있었던 것은 경찰 측에 자신의 경력을 충분히 이해시켰기 때문이다. 그가 매우 유용하게 생각한 것은 밀고자였다. 밀고자의 유용성을 개인적으로 확신했기 때문에 윤리와 도덕이란 문제에 대해서도 매우 유연한 생각을 하고 있었다. 그는 나이를 먹었을 때 자신이 각계각층의 유력한 시민으로부터 값비싼 선물을 많이 받았다고 시인했는데, 그러면서도 자신이 뇌물을 받은 것은 어디까지나 준 사람의 성의를 무시하지 않기 위해서였다고 주장했다. 그러면서 그는 현금은 절대 받지 않았다고 말했다. 그의 말에는 일리가 있었다. 특수종이와 특수 잉크에 대한 특허권을 갖고 있었을 정도로 그 자신이 위조범이었기 때문이다.

비도크가 이끌던 범죄수사국은 훗날 영국경시청과 미국연방수사국FBI의 본보기가 되었고 비도크 역시 많은 작가의 모델이 되었다. 발자크는 그를 소설 속의 보트랭 경위로 묘사했고 빅토르 위고는『레미제라블』에서 불쌍한 장발장을 집요하게 추적하는 자베르 경감의 모델로 삼았다. 알렉상드르 뒤마도『몬테크리스토 백작』에서 비도크의 파란만장한 행적을 이용했고, 애거사 크리스티 역시 불멸의 벨기에인 탐정 에르퀼 푸아로를 만들어낼 때 그를 염두에 두었다고 한다.

놀라운 것은 비도크가 사망하자 몇몇 젊은 여성들이 저마다 비도크가 썼다는 유언장을 들고 나타났다는 점이다. 그 유언장들은 모두 진짜였는데 만년의 비도크와 정사를 나누고 받은 것들이었다. 유언장에 의하면 그는 70대와 80대에도 왕성하게 여자들과 로맨스를 즐겼음이 틀림없어 노인들의 사기를 한껏 올려주었다. 현대판 '비아그라'가 없었는데도 말이다.[29]

생텍쥐페리

정식 판매 부수는 8천만 부가 넘고, 해적판까지 합하면 전 세계적으로 1억 부 이상 팔렸을 것으로 추정되는 작품 『어린 왕자The Little Prince』는 160여 개 언어로 번역되어 오늘날에도 널리 사랑받는 작품 중 하나다. 사실 『어린 왕자』는 책 읽는 어린아이들에게 통과의례와 같다고 해도 과언이 아니다.

현재도 전 세계의 어린이들로부터 꾸준히 읽히고 있는 『어린 왕자』는 본명이 앙투안 장밥티스트 마리 로제 드 생텍쥐페리 Antoine Jean-Baptiste Marie Roger de Saint-Exupéry라는 긴 이름을 가진 작가가 쓴 작품이다. 그는 프랑스의 소설가이자 비행기 조종사로 아프리카 · 남대서양 · 남아메리카 항공로의 개척자이며, 야간 비행의 선구자 중 한 사람이다. 그

어린 왕자.

는『어린 왕자』의 시작을 다음과 같이 적었다.

> 나는 코끼리를 삼키고 있는 보아 구렁이를 그려서 어른들에게 보여주었다. 무섭지 않으냐고 하자 어른들은 모자가 뭐가 무서우냐고 하며 그런 그림을 그리고 있느니 지리나 역사에 관심을 두라고 하였다. 그래서 나는 내 어릴 적 꿈인 화가라는 직업을 포기하고 비행기 조종하는 법을 배웠고 나는 세계 여기저기 안 가본 곳이 없다. 비행기를 타고 세계 일주를 하던 중 비행기가 갑작스럽게 고장이 나버렸다. 그래서 도착한 곳은 사하라 사막 한가운데였다. 사막 한가운데에서 비행기를 고치고 있을 때 어린 왕자를 만났다.

소설의 내용대로만 보면 화자話者는 매우 유복한 사람이다. 현대도 그렇지만 소설이 쓰인 1940년대에 자가용 비행기를 갖고 세계 일주를 한다는 것은 일반 사람들이라면 꿈도 꾸지 못할 일이기 때문이다. 생텍쥐페리가 프랑스 귀족 중의 귀족 가문에서 태어났으며『어린 왕자』곳곳에 남다른 순진함이 묻어나는 이유도 그의 성장 배경이 순수하고 특수하기 때문이다.

어린 시절의 생텍쥐페리.

B-612라는 별에서 온 어린 왕자는 크고 작은 일곱 개 별을 방문한다. 그중 마지막 별, 즉 일곱 번째로 방문한 별이 지구다. 어린 왕자는 지구에서 지혜로운 여우 한 마리를 만나게 된다. 어린 왕자가 친구가 되자고 제의했으나 여

여우를 만난 어린 왕자.

우는 길이 들지 않아서 친구가 될 수 없노라고 말한다. '길들인다'는 것이 무슨 뜻이냐고 묻자 여우는 '관계를 맺는다'는 뜻이라고 설명해준다. 길들인다는 것에 대한 소중함을 깨닫게 된 어린 왕자는 정원에 핀 수많은 꽃이 자기의 장미와는 조금도 닮지 않았다는 것을 알아차린다. 그리고 그 장미들이 자기에게는 아무런 가치도 없다는 것을 느끼게 된다.

이와 같은 설명은 『어린 왕자』가 다소 신비적이고 철학적인 이야기를 담고 있다는 것을 보여준다. 어린 왕자는 말 그대로 어린아이인데 얼마나 심오한 이야기를 하는지 보자.

추락한 지 어드레째 되는 날 물이 떨어졌다. 어린 왕자와 함께 샘물을 찾아

나섰다. 별들이 보였다. "별은 보이지 않는 꽃 때문에 아름다운 거야. 사막이 아름다운 것은 어딘가 우물이 숨어 있어서 그래." 이 말을 듣고 나는 이 모래의 신비로운 빛남을 이해하게 되었다. 왕자는 잠이 들었다. 잠든 왕자가 내 마음을 감동하게 하는 것은 이 애가 꽃 하나에 충실한 것 때문이었으리라. 어린 왕자가 지구에 떨어진 지 일 년이 되던 날. 그는 우물가의 벽에 올라앉아 노란 뱀과 이야기하고 있었다. 그는 돌아갈 것이라고 쓸쓸히 말했다. "내 별이 작아 보여줄 수는 없어. 모든 별을 봐. 그 중의 어느 하나에서 내가 웃고 있겠지. 그러면 아저씨에게는 모든 별이 웃는 것 같이 보이겠지. 결국 아저씨는 웃을 줄 아는 별을 가진 거야."

『어린 왕자』가 지금도 많은 독자에게 사랑받는 이유는 어린 왕자라는 연약하고 순결한 어린이의 눈을 통하여 잊히고 등한시되었던 진실들을 하나하나씩 깨달을 수 있기 때문이다. 속이 보이지 않는 보아 구렁이의 그림으로부터 시작하여, 가장 중요한 것은 눈에 보이지 않고 마음으로 보아야 한다는 것과 길들인 것에 대해서는 책임을 져야 한다는 것이 이 작품의 전체에 흐르는 중심 사상이다. 이 작품에서 생텍쥐페리는 여우를 통해 마음으로 느끼고 마음으로 보는 진실성을 점차로 상실해가고 있는 오늘의 어른들, 즉 삭막한 물질문명에 찌든 사람들로

Mon dessin ne représentait pas un chapeau. Il représentait un serpent boa qui digérait un éléphant

코끼리를 삼킨 보아 뱀.

가득한 현실을 고발했다고 볼 수 있다.

> 『어린 왕자』가 그야말로 많은 사람으로부터 사랑을 받는 것은 그만큼 『어린
> 왕자』의 이미지가 신선하면서도 심오한 의미를 품고 있기 때문이다. 서강대
> 학교 우찬제 교수는 『어린 왕자』가 사랑받는 이유로 어른들의 광기에 물든
> 강압적 세계로부터 예술적, 풍자적으로 인간을 해방해주고, 현실세계의 숨
> 막히는 사막 속에서 우리가 비로소 숨을 돌릴 수 있도록 해준다는 점을 들었
> 다. 그러나 가장 근본적인 이유는 사랑의 조건이 없는 성실성에 대한 믿음을
> 『어린 왕자』가 어느 정도 되살려낼 수 있기 때문이라고 말한다. 그것은 죽음
> 속에서도 깨지지 않는 사랑의 결합을, 우정과 연대의 숭고한 노래를 매혹적
> 인 소박함과 아름다움의 이미지로 보여주는 것이다.[30]

어린 왕자 생텍쥐페리

생텍쥐페리는 1900년 프랑스 리옹에서 태어났다. 귀족의 후손이었던 그
는 아버지를 일찍 여의었으나 어머니의 사랑을 받으며 열두 살 때 리옹 근처
에 있는 앙베리외의 작은 시골 비행장에서 작은 비행기를 졸라 탈 수 있을 정
도로 행복한 유년 시절을 보냈다. 1919년 해군사관학교에 응시했지만 구두
시험에서 불합격했고 다음 해 파리미술학교 건축과에 들어갔다. 1921년 공
군에 입대하여 조종사가 되었으며 1922년 전투중대 중위로 파리의 주 공항
인 부르제에서 공군 2년차를 마쳤다. 이때 작가 루이즈 드 빌모랭과 약혼했
지만 이듬해 파혼했고 6월에 전역했다.

전역 이후 사무원과 트럭 외판원 생활을 했고, 본격적으로 작가 수업을 한 것은 1923년부터였다. 1926년 툴루즈의 라테코에르사에 들어가 아프리카 북서부와 남대서양 및 남아메리카를 통과하는 우편 비행을 담당하게 되는데 이것이 그의 생애와 문학에 결정적인 전기로 작용한다. 당시의 비행기는 안전이 보장되지 않았으므로 많은 비행사가 추락했다. 그의 업무는 우편 비행과 함께 추락한 조종사들을 찾는 일이었다.

1926년 『르 나비르 다르장』에 단편 「비행사」를 발표했고 1929년에는 아에로포스탈 아르헨티나 영업부장이 되었으며, 과테말라 출신 문인 엔리케 고메즈 카리요의 미망인 콩수엘로와 만나 1931년 4월 12일에 결혼했다. 이해 모로코의 경험을 토대로 한 『야간비행』을 발표하여 페미나상을 받았고 덕분에 유명 인사가 되었다.

1934년에는 에어프랑스사에 입사해 사이공에서 활약했고 이듬해에는 파리–사이공 비행 기록을 세우기 위해 이집트로 출발했지만, 12월 30일 카이로에서 200킬로미터 떨어진 리비아 사막에 불시착해 5일간 걸어가다가 극적으로 구조됐다. 1938년에도 뉴욕에서 이륙해 비행하다가 과테말라에서 추락하여 심각한 부상을 당했다. 이듬해 1939년에는 『인간의 대지』가 출간됐고 같은 해 6월 미국에서 『바람과 모래와 별들』이라는 제목으로 번역 출간되었다. 이 책은 미국에서 '이달의 책'으로 선정되었으며, 프랑스 아카데미프랑세즈 소설 대상을 받는 등 작가로서 최전성기를 맞이했다.

유럽에서 제2차 세계대전의 기운이 감돌자 1939년 9월, 생텍쥐페리는 공군 대위로 복귀한다. 그러나 예전 비행에서 당한 사고로 좌반신의 움직임이 자유롭지 못하다는 이유로 신체검사에서 전투기 조종 불가 판정을 받았다. 그러나 그가 진정으로 원하는 것은 비행기 조종이었다. 프랑스 귀족 중의 귀

생텍쥐페리 부부(위), 1933년 비행기 앞에서 찍은 사진(중간), 베스트셀러 작가로 최전성기를 누린 1939년에 찍은 사진(아래).

족이라는 배경을 활용하여 공군 장성과 장관 등에게 청을 넣은 것이 주효하여 1939년 말부터 1940년 7월까지 2/33 전투비행 중대 소속으로 복무하며 위험한 고공 정찰, 촬영 임무를 수행했다. 인기 작가였고 연령도 동료 비행사들보다 높았지만, 그는 스스럼없이 동료와 어울리며 악조건을 견뎌냈다고 알려졌다.

1940년 7월에 전역한 생텍쥐페리는 드골이 이끄는 자유 프랑스 진영에 가담하지 않았다. 그는 프랑스의 승리를 위해서는 미국의 개입이 절대적이라고 확신했다. 자신을 프랑스와 동일시하는 드골에 대한 불신감이 깊었던 데다가, 드골의 자유 프랑스가 독자적으로 대독 전쟁을 수행할 능력이 없다고 판단되자 생텍쥐페리는 미국의 참전을 독려하기 위해 미국행을 결심한다. 그는 모로코, 리스본을 거쳐 1940년 12월 31일 즉 1940년 마지막 날에 뉴욕에 도착했다.

미국에서 생텍쥐페리는 사실상 망명자나 마찬가지였다. 처음에는 한 달만 미국에 머물면서 미국의 전쟁 참전을 독려할

비행기 조종사로 사는 삶을 고수
한 생텍쥐페리.

예정이었지만, 프랑스로 돌아가도 뚜렷한 전망이 보이지 않는 데다 미국 내
에서 인기 작가가 되어 있었으므로 결국 프랑스로 돌아가지 않았고 아내 콩
수엘로도 미국으로 오게 했다.

　1942년 여름 생텍쥐페리 부부는 뉴욕에서 기차로 45분 거리에 있는 롱아
일랜드 노스포트 근처 이튼네크로 옮겼는데 이 집이 『어린 왕자』의 사실상의
산실이다. 1943년 4월 레이널앤히치콕 출판사에서 『어린 왕자』 영어와 불어
판이 출간되었다. 놀랍게도 이 당시 발간된 영어판 초판은 3만 부, 프랑스어
판 초판은 7천 부였다. 프랑스에서는 생텍쥐페리가 사망한 1945년 11월에야
책이 발간되었다.

　『어린 왕자』가 출간되어 인기를 끌었지만 제2차 세계대전이 장기화하자
생텍쥐페리는 지난날 동지들이 있는 2/33 비행중대에 합류하기 위해 뉴욕을
떠나 1943년 5월 알제리에 도착했다. 당시 알제리의 드골 임시정부는 유명
인사 생텍쥐페리가 참전하지 않는 것을 빗대 공공연히 비겁자로 비방하며

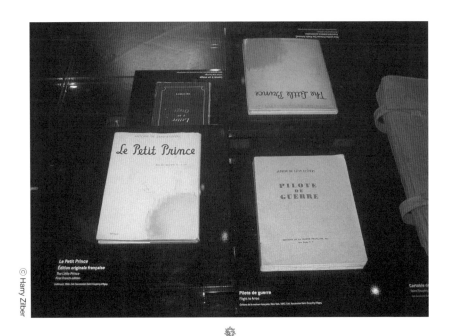

프랑스 파리 항공우주박물관에 전시된 두 가지 버전의 『어린 왕자』(왼쪽 아래와 오른쪽 위).

그의 책 『전시조종사』의 판매를 금지하기까지 했다. 그러나 이 문제에 대해서는 생텍쥐페리가 친구에게 "왜 내가 전투 비행기에 몸을 싣고 순정한 삶을 살도록 허락하지 않는단 말인가"와 같은 말을 한 것을 볼 때 매우 과장된 것으로 보인다.

　우여곡절 끝에 1943년 7월 생텍쥐페리는 튀니스에 주둔하고 있던 자신의 옛 비행중대에 복귀했다. 조종사 연령제한이 30세 전후이므로 전투기를 타기에 그의 나이 44세는 너무 많았다. 그럼에도 그의 비행기 조종에 대한 의지는 꺾이지 않았다. 생텍쥐페리는 이때 "나는 죽음이라는 개념에 대해 완전히 무관심했다"라고 말하기도 했다.

　또한 점쟁이들이 내가 바다에서 생을 마감하게 될 것이라고 이야기했다

생텍쥐페리가 마지막으로 조종했던 기종인 록히드사의 P-38.

고 동료 조종사들에게 말하기도 했다. 이것이 훗날 그가 자살했다고 알려진 이유 중의 하나다. 결국 그는 프랑스의 코르시카에 있는 새로운 기지로 이동했다. 이곳에서도 나이가 많아 부대의 주력기이자 초현대식 항공기인 록히드사의 P-38(일명 번개) 쌍발기를 조종하는 것을 거절당했으나 그의 세계적인 작가로서의 명성과 귀족이라는 연줄을 이용해서 또다시 출격 허락을 받았다. 그러나 두 번째 출격에서 착륙하던 중 활주로에서 벗어나 기체에 심한 손상을 입히면서 출격 정지 처분을 받았다.

계속된 비행기 사고에도 하늘을 날겠다는 그의 의지는 꺾이지 않아 1944년 4월 정찰비행만 한다는 조건으로 비행중대에 다시 복귀했다. 6월 29일에는 출동 순번이 아님에도 자신이 잘 아는 지역 정찰이라는 이유를 들어 출동을 자원했고, 엔진 고장으로 이탈리아 제노아 상공까지 넘어가 격추 위기에 몰리기도 했다. 1944년 7월 31일 아침 8시 45분, P-38을 탄 생텍쥐페리는 스위스 국경 근처인 프랑스 동부지방의 그르노블-안시 지역 지도를 작성하는 임무를 수행하기 위해 코르시카의 포레타 비행장에서 이륙했다. 그것이 그의 마지막이었다. 예정된 기지 귀환 시각은 오후 1시 30분 무렵이었지만 생텍쥐페리가 조종하는 정찰기는 기지로 돌아오지 않았다.

그 후 60여 년 동안 생텍쥐페리의 실종에 대해 여러 추측이 난무했다. 가장 잘 알려진 이야기는 자기 조국을 해방시키기 위해 싸운 외롭고 용감한 조종사였다는 것이다.

어린 왕자의 비행기를 발견하다

1998년 9월, 트롤 어선 로리종호의
선장 장클로드 비앙코는 프랑스 마르세
유 근처 지중해에 그물을 내렸다. 얼마
후 선원들은 윈치로 그물을 감아올리면
서 잡힌 물고기들을 분류하고 쓰레기들
을 바닷속에 버리기 시작했다. 그런데
일등항해사 하비브 베나머는 석회화된
검은색의 침전물 덩어리를 바다로 던지
려다가 무언가가 은빛으로 빛나는 물체
를 발견했다. 그는 덩어리의 덮개를 해
머로 두들겨 속에 있는 것을 꺼냈다.

생텍쥐페리의 유품인 팔찌를 발견한 어
부 장클로드 비앙코.

그가 발견한 것은 팔찌였다. 그는 곧바로 선장에 보고했다. 팔찌를 받은
비앙코 선장은 긁히고 시커멓게 변해 있는 부분을 세제로 문질러 보았다. 팔
찌에는 예상대로 글자가 나타났다. 대문자로 'ANTOINE DE SAINT-EXUPER
Y(앙트완 드 생텍쥐페리)'라고 적힌 글자와 함께 그 옆에는 'CONSUELO(콩수
엘로)'라고 적혀 있었다. 콩수엘로는 생텍쥐페리의 아내 이름이다. 비앙코는
로리종호의 그물이 20세기 문학의 가장 큰 수수께끼 중 하나인 『어린 왕자』
의 작가 생텍쥐페리가 실종된 사건을 푸는 큰 열쇠를 건져 올렸다는 사실을
깨달았다.

팔찌를 발견한 로리종호의 비앙코 선장은 다음날 마르세유에 있는 다이
빙 회사 사장인 앙리 제르멩 드로즈에게 팔찌를 보여주었다. 해저에 가라앉

은 파편을 주로 조사하는 드로즈는 생텍쥐페리가 탔던 비행기의 잔해를 발견할 수 있을지도 모른다는 생각을 했다.

그는 곧바로 탐사선 미니벡스호를 타고 로리종호가 그물을 내렸던 해역으로 가서 수중 음파탐지기, 케이블로 유도되는 로봇, 2인용 미니 잠수함을 이용한 수색에 착수했다. 그러나 100제곱킬로미터의 해저를 뒤지는 중에도 비행기의 흔적은 보이지 않았다. 그가 생텍쥐페리의 비행기를 찾고 있다는 사실을 눈치챈 언론에서는 보도에 열을 올렸다.

비행기 탐사가 답보하고 있을 때 마르세유의 전문 잠수부인 뤽 방렐이 등장한다. 그는 비앙코 선장이 팔찌를 발견했던 곳을 잠수하면서 금속 잔해가 널려 있는 곳을 발견했던 기억을 떠올렸다. 그는 자신이 금속을 발견했던 장소로 잠수하여 사진을 찍었고 미국의 전문가들에게 이메일을 보냈다. 제367전투비행단의 P-38 조종사였던 잭 커티스는 그것이 P-38의 잔해임을 알려주었다. 커티스의 조언에 힘을 얻은 방렐은 2년 동안 파편이 널려있는 곳으로 계속 잠수해서 잔해들의 사진을 찍었다. 항공기의 잔해는 충격으로 폭발되었음을 증명하는 듯 넓은 지역에 파편이 흩어져 있었다.

작업은 매우 어렵고 오래 걸렸지만 그는 계속 자료를 모았고 2000년 5월 마르세유에 있는 수중유물관리국에 자신이 발견한 것을 신고했다. 그는 당시의 자료를 검토하여 당시에 P-38기 네 대가 추락했는데 그중 세 대는 이미 잔해가 확인되었다는 것을 알았다. 방렐이 발견한 파편들이야말로 생텍쥐페리의 항공기 파편일 가능성이 더 높아진 것이다. 그것을 증명하는 방법은 파편 중에서 아직 남아있을지 모르는 비행기의 일련번호를 찾아내는 것이었다. 그러나 그게 그렇게 간단한 일은 아니었다. 프랑스에서는 아마추어 잠수부들이 바다에 수장된 고대 유물들을 건져서 판매하는 일이 많으므로 해저에서 인공물을 건져올리는 행위를 엄격히 규제했다. 더구나 관리들은 생텍쥐 페리의 비행기에 대한 수색 작업을 반대했다. 한 기자는 다음과 같이 적었다.

생텍쥐페리가 어린 왕자처럼 사라져버렸다는 사실은 신성한 신화와 같은 것 이다. 많은 사람이 그런 신화를 굳이 깨뜨릴 필요는 없다고 생각한다.

그러나 생텍쥐페리의 비행기가 발견되었다는 사실이 워낙 큰 화제를 몰

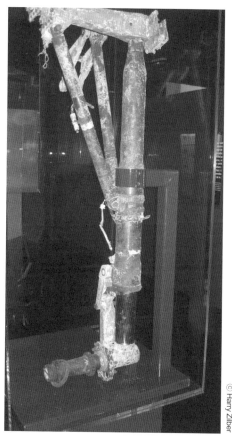

생텍쥐페리가 실종된 장소에서 건져 올린 항 공기 잔해.

© Harry Zilber

고 오자 수중유물관리국은 3년에 걸쳐 허락하지 않던 발굴 작업을 2003년에야 승인했다. 2003년 9월 드로즈는 방렐과 함께 미니벡스호를 몰고 리우 섬 근처에서 항공기의 파편을 건져 올렸다. 항공기의 10퍼센트 가량을 건져낸 그들은 결국 그들은 생텍쥐페리가 몰았던 항공기의 고유번호 2734가 뚜렷이 찍힌 숫자를 발견했다. 생텍쥐페리는 리우 섬에서 1킬로미터쯤 떨어진 지중해에 추락한 것이다.

비행기가 리우 섬 근처에 추락한 사실이 밝혀지자 왜 그곳에 추락했는가에 대한 조사가 진행되었다. 많은 가설 중의 하나는 독일 전투기에 격추되었다는 것이었다. 이는 생텍쥐페리의 명예를 올리는 데 크게 이바지하므로 프랑스인들이 가장 선호하는 답변이었다.

둘째는 엔진이 고장 나 베테랑 조종사인 생텍쥐페리도 어찌해볼 수 없이 추락했다는 것이고, 셋째는 당시 최신 비행기이므로 산소 공급 장치를 사용했는데 이것이 고장을 일으켜 기절했을지도 모른다는 가설이었다.

그러나 첫째 가설은 당시 독일 공군 기록에 1944년 7월 31일 P-38기를 격추했다는 문구가 발견되지 않았고, 발견된 파편에도 탄환 구멍이 나 있지 않았다는 점 때문에 인정받지 못했다. 둘째 가설도 부정되었다. P-38기는 엔진 하나만 온전해도 비행을 계속할 수 있는 첨단 비행기였다. 마지막으로 산소 공급 장치에 이상이 있었다 해도 베테랑 비행사인 생텍쥐페리가 낮은 고도로 내려왔다면 숨 쉴 공기가 충분히 있었을 것이라는 지적이다.

이후 잔해를 면밀히 검토한 학자들은 비행기가 엄청난 속도로 바다와 충돌했다는 사실을 발견했다. 스테인리스 스틸은 구부러졌고 주름이 잡혀있었다. 이는 생텍쥐페리가 마지막 순간에도 엔진을 완전히 가동한 채 거의 수직 강하했음을 의미한다. 이들 증거를 종합해볼 때 유력한 가설은 생텍쥐페리

LA CORSE
RAPPELLE QUE D'ICI
L'ECRIVAIN AVIATEUR
DE SAINT EXUPERY
S'ENVOLA LE 31 7 1944
POUR SA DERNIERE
MISSION DE GUERRE

생텍쥐페리 추모비.

가 항상 이야기했던 말, 즉 자살했을지도 모른다는 것이었다.[31] 프랑스인들이 씁쓸해했음은 물론이다.

그런데 프랑스인의 사기를 한껏 올려주는 사건이 발생한다. 2008년 3월 제2차 세계대전 당시 독일 공군 메서슈미트 전투기 조종사였던 호르스트 리페르트(당시 89세)가 프랑스의 한 언론과의 인터뷰를 통해, 자신이 생텍쥐페리가 타고 있던 비행기를 격추했다고 고백했다. 1944년 7월 31일 당일 리페르트는 프랑스 남부 해상을 비행하고 있었는데, 미국산 'P-38 라이트닝'을 발견하고 수차례 근접 공격하여 격추했다는 것이다. 그는 이렇게 말했다.

> 이제 안 찾아다녀도 된다. 내가 바로 생텍쥐페리의 비행기를 격추한 사람이다. 나중에야 바다에 떨어진 그 비행기에 생텍쥐페리가 타고 있었음을 알았다. 나는 제발 그가 아니길 바랐다. 우리 시대의 모든 젊은이가 그러했듯이 나도 그의 책에 빠져 있었기 때문이다.

리페르트의 주장에 신빙성이 없다는 말도 있지만 프랑스인으로서는 위안을 받기에 충분한 설명이었다. 생텍쥐페리가 45세의 나이에도 비행기를 몰다가 전사했다는 사실은 그의 명예도 올리고 프랑스인들의 자존심도 높여주었기 때문이다.

이보다 앞서 생텍쥐페리의 명성을 높여준 일이 있었다. 타마라 미하일로프나 스미르노바가 1975년 11월 2일에 소행성대에서 발견한 소행성 '1975 VW3'을 '2578생텍쥐페리'로 명명한 것이다. 한편 『어린 왕자』에서 어린 왕자는 소행성 B-612에서 살고 있다. B-612는 실제로 존재하는 행성으로 '소행성 46610베시두즈'로 불린다.

4부

비운의 인물 미스터리

THE
MYSTERY AND
THE TRUTH

메리 스튜어트

영국이 축구의 종주국이라는 데는 이론의 여지가 있지만, 세계 축구계에서 영국의 힘은 막강하다. 영국은 월드컵에서 티켓 네 장이 배정돼 잉글랜드, 웨일즈, 아일랜드, 스코틀랜드의 4개국 대접을 받는다. 아무리 영국이 축구의 종가라고 해도 어쩐지 불공평하게 느껴지는데 이는 역사적으로 완전히 다른 나라나 마찬가지이기 때문이다.

메리 스튜어트 여왕.

그중에서도 스코틀랜드와 잉글랜드는 그야말로 앙숙인데 이는 뿌리 깊은 투쟁의 역사 때문이다. 잉글랜드와 스코틀랜드는 17세기에 와서야 하나의 나라로 통합되는데 결론은 승자는 잉글랜드, 패자는 스코틀랜드다. 스코틀랜드의 마지막 여왕이 바로 메리 스튜

제임스 5세와 메리 스튜어트의 탄생지인 린리스고 궁전.

어트Mary Stuart로 여왕인데도 참수형으로 생을 마감한다. 비운의 인물이라 하지 않을 수 없다.[1]

파란만장한 그녀의 생을 엿보면 더욱 그렇다. 그녀는 아름다우면서 권모술수까지 갖추었고 스코틀랜드 여왕에 올랐지만 갖은 고초를 겪은 후 참수당했다. 메리 여왕만큼 세인들을 매혹할 소재를 제공해준 여성은 드물었다. 현재까지 그녀를 다룬 책이 무려 100여 권이나 발간되었고 영국에서는 16년에 걸친 3부작 TV 드라마가 상영되기도 했다.

메리 여왕의 생은 그야말로 축복을 받으면서 시작했다. 1542년 헨리 7세의 적손 증손녀로 세상에 태어난 지 일주일 만에 스코틀랜드의 왕좌에 오른다. 부친인 스튜어트 왕가의 제임스 5세가 서른 살이라는 젊은 나이로 세상을 떠났기 때문이다.

그런데 그녀가 왕위에 오른 지 6개월 만에 헨리 8세의 아들이자 왕위 계승자인 에드워드 6세와 계약 결혼이 성사되면서부터 일이 꼬이기 시작한다. 이는 수백 년 동안 앙숙으로 지내온 스코틀랜드와 영국을 평화롭게 통일시키기 위한 헨리 8세의 포석이었다. 물론 이 계약에는 헨리 8세의 철저한 계산이 작용했지만 두 가지 면에서 불행을 포함하고 있었다. 하나는 무한한 가능성이 열려 있는 왕족에게 스스로 삶을 설계할 권리를 전혀 인정하지 않았다는 것이고 다른 하나는 두 나라의 백성을 마치 부동산이나 주식처럼 상속의 대상으로 삼았다는 것이다.

그런데 6개월 뒤 즉 그녀가 한 살이 되었을 때 메리 스튜어트는 헨리 8세의 음모에서 벗어날 수 있었다. 이 계약이 결국 스코틀랜드가 잉글랜드에 예속되는 것을 의미한다는 사실을 알아차린 스코틀랜드가 잉글랜드와 맺은 계약을 파기한 것이다. 당시 잉글랜드는 스코틀랜드보다 영토가 거의 두 배나 넓고 인구수도 네 배나 되었다. 산업 및 군사력 면에서도 잉글랜드가 스코틀랜드를 압도했다. 그런데도 스코틀랜드가 잉글랜드에 정복되지 않은 이유는 스코틀랜드가 잉글랜드의 숙적인 프랑스와 끈끈한 동맹을 맺고 있었기 때문이다.

종교적 갈등 표출

스코틀랜드와 잉글랜드는 오랜 기간 숙적이었지만 두 나라가 결정적으로 갈라서게 된 계기는 종교 때문이었다. 헨리 8세가 아름답고 야심만만한 앤 불린과 재혼하기 위해 교황청에 첫 부인과의 결혼을 파기해 달라고 요청했는데 교황이 이를 거부하는 사건이 있었다. 그러자 헨리 8세는 1534년 교황

헌리 8세(위)와 앤 불린(아래).

청의 잉글랜드 교구 관할권을 박탈하고 교회 재산을 몰수하는 한편 자신을 수장으로 하는 영국성공회를 만들었다. 하지만 스코틀랜드는 가톨릭을 고수했는데 이 틈새에 신교인 칼뱅파가 세력을 넓히면서 종교적인 갈등을 노출시켰다.

결국 가톨릭으로서는 헨리 8세와 앤 불린의 결혼은 무효였으므로 그들 사이에 태어난 자식인 엘리자베스 역시 공식적으로는 사생아였다. 따라서 잉글랜드의 왕위는 당연히 헨리 7세(헨리 8세의 아버지)의 증손녀인 메리에게 돌아가야 한다는 것이 교황청의 생각이었다.[2]

이런 정황을 배경으로 메리가 다섯 살이 되자 프랑스 로렌 지방 출신인 어머니 마리 드 기즈는 딸을 프랑스로 보내 교육하기로 하고 이탈리아에서 시집온 카트린 드 메디시스 왕비의 장남인 프랑수와 2세와 약혼시켰다. 프랑스 왕세자인 프랑수와 2세가 열네 살, 메리가 열다섯 살 되던 해에 둘은 결혼식을 올렸고 메리는 프랑스의 왕비가 되었다. 그런데 프랑수와 2세가 열여섯 살인 1560년에 사망하는 바람에 메리 스튜어트는 열일곱 살 어린 나이에 스코틀랜드의 여왕이자 프랑스 왕비이면서 과부가 되었다.

그녀가 프랑스에 있는 동안 잉글랜드와 스코틀랜드의 관계는 갈수록 악

에드워드 6세와 교황. 누워 있는 헨리 8세가 아들인 에드워드 6세를 가리키고 있고 교황은 그 아래로 넘어지면서 약화되는 교황권을 상징하고 있다.

화되었다. 더구나 스코틀랜드 의회가 칼뱅파를 국교로 승격시키자 이에 격분한 가톨릭교도들이 내전에 버금갈 정도의 폭동을 일으켰다. 당시 잉글랜드의 엘리자베스 1세는 로마 가톨릭으로부터 파문되었음에도 여왕으로 등극했고 스코틀랜드의 칼뱅파를 적극 지원하고 있었다.

프랑스의 왕비로 과부가 된 메리는 미망인으로 프랑스에서 계속 머무는 것보다는 스코틀랜드에 가서 여왕이 되는 것이 더 바람직하다고 생각했다. 열아홉 살이 된 메리는 1560년 스코틀랜드로 돌아왔다. 이곳에서 메리는 백성으로부터 열

마리 드 기즈와 프랑수와 2세.

광적인 환호를 받았다. 문제는 태어날 때부터 스코틀랜드의 여왕이었던 메리가 가톨릭 편을 들면서 칼뱅파들을 억압하기 시작했다는 점이다. 물론 처음에 칼뱅파 대부분이 막강한 대지주이므로 그들의 도움 없이는 통치가 어렵다는 것을 간파한 메리가 유연한 자세를 취했다. 강력한 적대자인 칼뱅파의 존 녹스를 초청하여 칼뱅파 지지자들에게 예배의 자유를 허용하겠다는 아량을 베풀기도 했다.

그런데 문제는 메리가 엘리자베스 1세와 달리 국정과 사생활을 말끔하게 관리하지 못했다는 데 있었다. 1565년 스물두 살이 된 메리는 엘리자베스 1세의 중매로 십 대 소년이자 사촌인 단리 백작(엘리자베스 1세와는 6촌)과 결혼하면서 그에게 '스코틀랜드 왕'이란 칭호를 부여했다. 단리는 키가 크고 천사처럼 새하얀 용모를 갖춘 미남으로 메리가 반할 만하기는 했지만 메리의 기대에 못 미치는 나약하고 허영심 많은 청년이었다.

메리가 가톨릭 의식으로 단리와 결혼식을 치르자 스코틀랜드인의 다수를 차지하는 칼뱅파가 다시 봉기를 일으켰다. 하지만 에든버러로 진격하던 칼뱅파 군대는 왕궁의 대포에 막혀 결국 항복을 선언했고 주동자들 대부분은

메리 스튜어트와 단리 백작.

잉글랜드로 피신했다. 당시 스코틀랜드 여왕의 군대는 보스웰 백작이 지휘했다.

봉기가 진압되는 동안 메리는 단리를 거부하고 수많은 남자를 거느리기 시작했다. 문제는 단리가 아무리 힘이 없더라도 명목상 스코틀랜드 왕이라는 사실이다. 메리가 피에르 드 샤토랄이란 시인을 정부로 삼자 단리는 여왕의 침실에 숨어들었다는 죄목으로 그를 참수했다. 메리는 드 샤토랄이 죽자마자 곧바로 젊은 음악가인 다비드 리치오를 선택했는데 단리는 부하 다섯 명과 함께 메리와 리치오가 식사하고 있는 방 안으로 난입하여 리치오를 옆방으로 끌고 가 죽여버렸다.[3, 4]

그러자 메리는 그녀를 위기에서 구한 적이 있는 보스웰 백작을 다시 끌어들였다. 그런데 공식적으로 왕의 신분이었던 단리가 비밀리에 칼뱅파를 지원한 사실이 밝혀졌음에도 왕의 지위를 평생 보장해 달라고 메리에게 요구한 것이 화근이었다. 이처럼 복잡하게 얽힌 정국 속에 메리가 선택한 카드는 그야말로 모두를 놀라게 했다.

잉글랜드로 피신했던 칼뱅파 지도자들이 스코틀랜드로 돌아와 공격해오자 그녀는 배신자인 단리를 처형하기보다는 단리와 함께 도주해버린 것이다. 그런데 여전히 행운의 여신은 메리 편이었다. 보스웰 백작이 이끄는 기병대가 1566년 3월 반란군을 진압했고, 국왕 부부는 당당하게 에든버러로 재입성할 수

메리의 재임 시절 스코틀랜드 왕실 군대의 문장.

　　　　　　　　　　　메리 스튜어트

있었다.

메리는 6월에 아들을 낳았다. 왕실도 평온을 되찾는가 싶었지만 그것도 잠시, 8개월 후인 다음 해 초에 단리가 살해되는 사건이 일어난다.[5] 국민들은 보스웰이 살인자이고 메리가 공범이라고 생각했다. 하지만 재판에서 보스웰은 결국 무죄 판결을 받았다. 이때 메리는 또다시 악수를 두는데 단리가 사망한 지 겨우 넉 달밖에 지나지 않았음에도 보스웰과 결혼식을 올린 것이다. 물론 이번에는 새 남편을 스코틀랜드 왕에 책봉하지 않고 오크니 앤드 셰틀랜드 공작에 임명했지만, 전남편의 살해범으로까지 의심받는 사람을 새 남편으로

메리 스튜어트의 세 번째 남편인 보스웰 백작.

살해당한 단리를 그린 스케치.

맞았으니 이를 누가 달갑게 여길까? 게다가 왕실에 더 커다란 불씨를 갖고온 것은 보스웰이 가톨릭 결혼식을 거부하는 프로테스탄트라는 점이다. 이것이 메리를 파멸로 몰고 간 결정적인 요인이라고도 볼 수 있다.

국민들은 보스웰이 재판에서 무죄 판결을 받았지만, 메리와 보스웰이 단리 살해한 공범자라고 공공연히 말하고 다녔다. 곧이어 귀족들이 반란을 일으켰고 스코틀랜드는 또다시 내전으로 치달았다. 그들의 결혼식이 끝난 지한 달 만에 왕궁 앞에서 전투가 벌어지는데 이번에는 반란군 측이 승리했다. 패전한 보스웰은 오크니 군도로 건너가 해적 두목이 되었으나 폭풍을 만나노르웨이 해안에서 표류하던 중 덴마크 군함에 붙잡혔다. 포로 신세가 된 그는 사슬에 묶인 채 11년 동안 어두운 감옥 안에 수감되어 있다가 미쳐 죽었다고 전한다.[6]

메리도 포로가 되어 호수 속에 있는 로크리븐 성에 감금되었는데, 전투에서 승리한 반란군은 이제 겨우 13개월이 지난 아들(스코틀랜드의 제임스 6세로 훗날 잉글랜드의 제임스 1세가 됨)에게 왕위를 물려줄 것을 강요했다. 메리는 11개월 동안 감금 생활을 하면서도 퇴위 압력을 거부했고, 도주에 성공하여 다시 한 번 군대를 일으켰다. 그러나 1568년 메리와 이복 남매지간으로 스코틀랜드를 섭정하고 있던 제임스 스튜어트에 의해 진압당했다. 메리는 결국 잉글랜

메리 스튜어트와 그녀의 아들 제임스 6세.

드로 피신하였는데 국경을 넘으면서 훗날 반드시 돌아와 스코틀랜드를 불바다로 만들겠노라고 폭언을 했다. 그러나 결론적으로 메리의 호언은 실현되지 못했다. 잉글랜드의 엘리자베스 1세 때문이다.[7]

메리보다 아홉 살 위인 엘리자베스 1세는 앞서 말했듯 헨리 8세와 앤 불린의 딸로 태어났다. 그러나 앤은 그 후 2년이 지나도록 아들을 낳지 못하자 결국 처형되고 말았다. 엘리자베스 1세가 만 세 살이 되기도 전에 일어난 일이었다. 엘리자베스 1세는 목숨이 언제 사라질지 모르는 서출 신분으로 남다른 권모술수를 발휘해 궁정에서 살아남는 묘수를 발휘했는데, 다행히 행운의 여신도 그녀 편이었다. 언니인 메리 튜더가 사망하면서 서출인 그녀가 왕의 자리에 오른 것이다. 일단 여왕이 되자 엘리자베스 1세는 강인하고 위압적이면서도 공사를 엄격히 구분할 줄 알았다.

문제는 메리 스튜어트가 프랑스의 왕비이므로 프랑스로 피해도 될 것을 정적인 엘리자베스 1세가 있는 잉글랜드로 피신했다는 점이다. 엘리자베스 1세가 잉글랜드 왕위를 이어받을 당시만 해도 막강한 프랑스의 왕비였던 메리에게 잉글랜드의 왕위 계승권은 그다지 중요한 문제가 아니었다. 그래서 메리는 엘리자베스 1세가 왕위에 오를 때도 축하하지 않았다.

그런데 엘리자베스 1세는 메리가 스코틀랜드에 감금되어 있을 때 그녀를 석방시키기 위해 노력했고 용기를 잃지 말라는 뜻에서 반지를 보내기도 했다. 메리가 자신을 다소 박대하긴 했지만 어떻든 간에 같은 혈통을 갖고 있으므로 우군으로 생각한 것이다. 족보로 따진다면 엘리자베스 1세와 메리는 5촌 간으로 엘리자베스 1세가 아주머니뻘이다.

엘리자베스 1세가 메리를 받아들인 것은 상당히 정략적인 의도가 다분했다. 난처한 상황에 빠진 메리를 받아들임으로써 자신의 명성을 높일 수 있음은 물론, 그동안 받은 모욕을 마음껏 되돌려줄 기회이기 때문이다. 엘리자베스 1세는 국경을 넘어온 메리를 환영하기 위해 신하 두 명을 보내 일단 요크셔의 볼튼 성으로 안내한 후 그곳에 유폐했다. 엘리자베스 1세로서는 이빨 빠진 호랑이 신세인 메리를 군이 죽일 필요는 없었다. 오히려 그녀를 살려두는 것이 여러 면에서 유리했다.[8]

메리가 잉글랜드로 피신한 것은 그야말로 악수 중의 악수였다. 아마 거기까지는 예상치 못했겠지만 그녀가 잉글랜드에 입국한 사실은 엘리자베스 1세에게도 커다란 위협이 되었다. 헨리 8세가 만든 성공회에 거부감을 느끼고 있던 잉글랜드 북부의 대지주들은 대다수가 가톨릭교도였는데, 메리를 잉글랜드의 여왕으로 만들면 그동안 신교와 구교가 대립하면서 야기된 문제점을 일거에 해결할 수 있다고 생각했기 때문이다. 그들은 엘리자베스 1세에 대한 반란을 모의하면서 엘리자베스 1세의 신임을 받던 노퍽 공작을 통해 메리에게 접근했고 메리도 그의 제안에 동조했다.

그러나 노퍽이 주도한 북부 귀족들의 반란은 실패로 돌아갔다. 노퍽은 1572년에 처형되었는데, 엎친 데 덮친 격으로 당시 반란의 배후를 조종하던 스페인 대사가 잉글랜드의 혼란을 틈타 잉글랜드를 공격하려던 계획이 탄로 나면서 스페인 대사도 추방되었다. 이 사건으로 메리가 예측불허의 교만한 가톨릭교도이며 잉글랜드에는 도움이 되지 않는다는 인식이 퍼지기 시작했다. 메리는 사면초가에 몰렸지만 그럼에도 14년 동안이나 처형되지 않은 것은 엘리자베스 1세의 정략적 의도가 작용했기 때문으로 보인다. 실제로 1572년 잉글랜드 의회가 메리를 처형하라고 요구했지만 엘리자베스 1세는 정치적인 면을 고려하여 거부했다. 정치적인 면이란 메리를 처형하는 데는 동의하지만 자신이 직접 지시를 내리지는 않겠다는 것이다. 대신 스코틀랜드에서

1578년에 그린 메리 스튜어트의
초상화.

그녀를 처형한다면 메리를 넘기겠다고 제안했다. 하지만 스코틀랜드인들 역시 메리의 처형만은 순순히 받아들일 수 없는 상황이었다.

감금생활 13년째인 1581년, 메리는 서른여덟 살 나이에 다시 음모의 전선에 나선다. 시어머니인 카트린 드 메디시스와 시동생인 프랑스의 앙리 3세로부터 아들을 스코틀랜드 왕으로 옹립한 후 왕권을 아들과 나누라는 권고를 받은 것이다. 그렇게 되면 스코틀랜드 군대가 잉글랜드를 공격해서 메리를 사지에서 구해줄 수 있다는 것이었다.

모의는 사전에 발각되었는데, 메리는 자신이 겪고 있는 고초에 대한 책임이 순전히 엘리자베스 1세에게 있다고 주장했다. 만약을 대비해 엘리자베스 1세는 메리의 숙소를 여러 번 옮겼다. 그러던 중 1585년에 메리가 스페인의 힘을 빌려 잉글랜드를 공격할 계획이라는 편지가 발각되었다.

1586년에는 엘리자베스 1세의 암살을 꾀하고 있던 앤서니 배빙턴과도 서신을 교환했다는 사실이 드러났다. 가톨릭교도이자 북부의 부유한 지주인 배빙턴은 스코틀랜드와 스페인의 연합작전으로 메리를 구하려고 했다. 스페인의 펠리페 2세와 영국의 구교도 귀족들이 손을 잡고 엘리자베스 1세를 폐위시킨 뒤 메리를 옹립한다는 계획이었다. 음모가 발각되자 배빙턴은 체포되어 처형당했고 메리도 반란과 암살 공모 혐의로 체포되었다. 엘리자베스 1세는 메리의 간수장에게 다음과 같은 편지를 보냈다.

당신이 보호하고 있는 사악한 살인자의 극악무도한 행위 때문에 무거운 마음으로 이런 명령을 내릴 수밖에 없었다는 것을 그녀에게 이해시키기 바라오. 오랫동안 온갖 위험을 무릅쓰고 그녀의 생명을 지켜준 은인에게 그런 배신행위를 한 데 대하여 신의 용서를 간절히 빌라고 말해주시오.'

1585년경의 엘리자베스 1세.

메리는 1586년 10월에 사형선고를 받았다. 메리는 자신을 변호하며 반란 책동에 공모한 적이 없다고 강하게 부정했지만 대세는 사형으로 기울었다. 엘리자베스 1세는 메리의 사형 집행을 망설였다. 스코틀랜드 왕좌에 있는 메리의 스무 살 된 아들 제임스 6세가 어떤 반응을 보일지 몰랐기 때문이다. 그러나 이 문제를 계속 끌고 가는 것은 국익에 도움이 되지 않는다는 사실을 확인한 후 엘리자베스 1세는 그에게 거래를 제안했다. 메리의 처형을 받아들이면 대신 자신이 죽은 후 그를 잉글랜드의 왕으로 삼겠다는 조건이었다. 마침 엘리자베스 1세에게 적자가 없었으므로 제임스 6세에게도 구미가 당기는 제안이었다. 그녀의 제안은 곧바로 승낙되었고 엘리자베스 1세는 안심하고 메리의 처형 집행 명령서에 서명했다.

처형이 임박하자 메리는 엘리자베스 1세에게 세 가지를 요청했다. 첫째, 자신을 비밀리에 처형해줄 것, 둘째 시신을 프랑스 땅에 묻어줄 것, 마지막으로 자신의 유품은 시종들에게 나눠주고 절대 처벌하지 말 것이었다. 사실상

의 유서이지만 엘리자베스 1세는 메리에게 답장을 보내지 않았다.[10]

피터버러 대교구의 수도원장은 처형장에서 마지막까지 메리를 영국성공회로 개종시키려고 노력했다. 그러나 메리는 자신은 가톨릭교도이고 가톨릭교도로서 당당하게 죽음을 맞이할 것이며, 수도원장의 기도는 자신에게 아무 소용이 없다고 호통쳤다.

여하튼 가톨릭교도인 메리를 처형한 데 대해 가톨릭계는 분노했고 스페인의 펠리페 2세는 다음 해 무적함대를 출정시켰다. 메리의 죽음에 대한 책임을 물어 잉글랜드를 징벌하기 위해서였다. 그러나 결론적으로 스페인의 무적함대 원정은 실패로 돌아갔고 오히려 잉글랜드는 무적함대를 꺾은 여세를 몰아 세계를 제패하는 대영제국의 기반을 마련한다.

엘리자베스 1세와 제임스 6세와의 거래는 약속대로 이루어졌다. 1603년 엘리자베스 1세가 후사 없이 세상을 떠나자 메리의 아들인 제임스 6세가 잉글랜드의 제임스 1세로 왕위를 계승했다. 어머니인 메리가 당대에는 결코 이루지 못할 과업이었지만 결국 그의 아들인 제임스 1세가 왕위를 계승하면서

처형당하는 메리 스튜어트. 가톨릭교도인 메리는 끝까지 영국성공회로 개종하지 않았다.

스페인 무적함대의 패배.

잉글랜드와 스코틀랜드가 하나의 국가로 통합된 것이다. 다소 후대의 일이기는 하지만 스코틀랜드가 잉글랜드의 차별화 정책에 불만을 품고 반란을 일으켰고 1651년 올리버 크롬웰이 우스터 전투에서 이를 진압한다. 이로써 1707년 두 나라는 마침내 잉글랜드를 중심으로 완전히 통합되어 '그레이트 브리튼Great Britain'을 구성했다.

　학자들은 메리가 조금만 덜 격정적인 여인이었다면 역사가 어떻게 진행되었을지 추론해보지만 메리의 파국은 교만하고 분별없는 성격 때문에 일어난 것은 아니었다. 대부분의 승리자 역시 그와 같은 성격을 지니고 있기 때문이다. 메리가 승리를 거둘 수 없었던 이유는 욕망을 절제케 하는 냉철한 목표의식과 의지가 부족했기 때문이다. 물론 영국과 스코틀랜드는 인구도 적고 전력에도 큰 차이가 나므로 종국에는 소국 스코틀랜드가 탐욕스러운 잉글랜드에 패배했을 것으로 추정한다. 메리의 비극은 태어난 시대가 그녀를 비극

　　　　　　　　　　　　　　　　　　　　　　　　메리 스튜어트

으로 몰아갈 수 있는 요건을 충족했기 때문에 일어난 것이다.[11]

16세기 영국은 엘리자베스 1세와 메리라는 두 여자가 만들었다고 해도 과언이 아니다. 엘리자베스 1세는 메리라는 강력한 라이벌이 있었기에 자신의 통치권을 더욱 공고히 하고 영국을 안정적으로 이끌 수 있었다. 한편 메리는 죽음의 칼이 목에 들어오는 순간까지도 자신의 왕위 계승권을 결코 포기하지 않았다. 이것이 결국 아들인 제임스 1세에 이르러 잉글랜드와 스코틀랜드가 통합되는 계기가 된다. 물론 아들이 어머니를 처형하는 데 동조한 대가기는 하지만 말이다. 한 가지 흥미로운 점은 엘리자베스 1세와 메리는 25년이라는 긴 세월 동안 단 한 번도 만난 적이 없다는 사실이다.

　　디즈니 영화사의 로고로 나오는 성의 모델은 두 개로 알려졌다. 디즈니의 영화 〈백설공주〉에 나오는 성의 모델인 스페인 세고비아의 알카사르와 독일의 노이슈반슈타인 성이다. 이 중에서 노이슈반슈타인 성은 '광기의 왕' 또는 '성의 왕'이란 이름을 가진 루트비히 2세 Ludwig II가 독일 전설을 충실하게 옮겨놓은 곳으로 잘 알려져 보기만 해도 환상의 세계로 빠져들게 된다. 그런데 사람들을 놀라게 하는 것은 노이슈반슈타인 성이 국가의 부나 권력을 과시하기 위해서가 아니라 그 주인 루트비히 2세와 소수 측근의 개인적인 처소로 사용하기 위해 지어졌다는 점이다.[12]

'성의 왕'이라 불린 바이에른의 왕 루트비히 2세. 그는 정치가라기보다 예술가에 가까운 기질을 지니고 있었다.

루트비히 2세가 속한 비텔스바흐 가문은 유럽에서 가장 오래 통치권을 쥐고 있던 가문 중 하나로 남부 독일의 바이에른 왕국을 지배하면서 황제를 뽑는 귀족을 뜻하는 선제후選帝侯라는 칭호로 불렸고 1806년부터 왕으로 불렸다. 비텔스바흐 가문이 왕으로 불린 지 얼마 되지 않아 루트비히 2세는 왕세자 시절인 일곱 살 때 크리스마스 선물로 집짓기 블록을 선물 받았다. 그 후 집이나 성, 교회를 만드는 데 취미를 붙였는데 학자들은 이때의 경험이 나중

루트비히 2세가 어린 시절을 보낸 호엔슈방가우 성. 그는 이 성 맞은편 언덕에 자신이 꿈꾸던 노이슈반슈타인 성을 건설한다.

에 건축에 대단한 열정을 보이게 된 계기라고 추정한다.[13]

그러나 그의 건축에 대한 열정은 아버지로부터 물려받았다고 볼 수 있다. 아버지 막시밀리안 2세는 1832년 폐허의 요새로 옛날부터 백조의 기사 로엔그린을 둘러싼 설화가 전해지는 호엔슈방가우를 사들여 도이치 방식, 즉 중세 양식의 네오고딕으로 고치게 했다.[14] 호엔슈방가우 성은 탄호이저가 로마에서 돌아오는 길에 영주들의 성에서 밤을 지냈다고 하는 전설까지 있으므로 '백조의 성'이라고도 불렸는데, 배에 앉아 있는 성배Holy Grail 기사 로엔그린의 모습을 성 내부에 그리도록 했을 정도였다. 루트비히 2세는 이 그림들을 보고 자신을 로엔그린과 동일시했고 특히 이곳에서 작곡가 리하르트 바그너에 심취하기도 했다.[15] 루트비히 2세는 이 성에서 바그너와 함께 피아노를 치는 등 예술과 함께하는 어린 시절을 보냈는데 당시 쓰던 피아노가 아직도 전시되어 있다.

루트비히 2세가 장성한 후에도 둘은 죽이 잘 맞았다. 바그너는 독일 게르만 민족의 전설을 기초로 하여 오페라 〈로엔그린〉과 〈탄호이저〉 등을 작곡했는데 그것이야말로 루트비히 2세가 원하는 작품이었다.[16] 바그너의 음악은 일련의 환상을 만들어냈고 루트비히 2세는 바그너의 작품에 나오는 전설을 표현하는 건물이 반드시 있어야 한다고 생각했다.

바그너 전문가인 어네스트 뉴만은 당시 상황을 다음과 같이 설명했다.

루트비히 2세와 교류하며 그에게 많은 영감을 줬던 음악가 리하르트 바그너.

간단하게 말하면 어린 시절부터 루트비히는 자신이 미래에 왕으로서 국민들을 이상적인 길로 이끌 것이라는 영웅적인 환상에 사로잡혔고, 바그너의 작품들은 단지 결정적인 시기에 이 환상을 자극함으로써 중대한 영향을 끼쳤다.[17]

그런데 황금빛의 호엔슈방가우 성도 아름답기는 하지만 루트비히 2세가 원하는 게르만인들의 전설을 모두 담기에는 다소 부족한 점이 없지 않았다.[18] 온통 새로운 성의 건설에만 신경을 쓰고 있을 때인 1860년, 그를 더욱 초조하게 만든 것은 바르트부르크 성이었다. 바르트부르크 성은 독일 아이제나흐 인근의 성으로 중세 튀링겐 지방의 문화 중심지였다. 종교개혁자인 마틴 루터가 신약성서를 번역했고 바그너와 괴테 및 유명 인사의 여행지로도 유명

막시밀리안 2세의 가족사진. 맨 왼쪽이 왕세자 루트비히 2세, 맨 오른쪽이 동생인 오토 1세다.

중세 튀링겐 지방의 문화 중심지였던 바르트부르크 성. 루트비히 2세는 이 성을 보고 이보다 한 수 위의
성을 지어야겠다고 생각했다.

하여 1999년에 유네스코UNESCO지정 세계문화유산으로 등록된 곳이다.

바르트부르크 성을 보고 난 루트비히 2세는 적어도 바르트부르크 성보다
한 수 위의 성을 지어야만 독일 신화의 주인공들인 로엔그린, 파르지팔, 지크
프리트, 트리스탄, 탄호이저들이 살아 숨 쉴 수 있다고 생각했다. 한마디로
세계에서 가장 아름다운 성을 건설할 사람은 자신밖에 없다는 것이다.

환상적인 백조성을 만들어라

루트비히 2세의 다짐을 실현할 순간은 예상보다 빨리 왔다. 1862년 18세의 루트비히 2세가 바이에른의 왕위에 올랐기 때문이다. 그는 왕위에 오르자마자 곧바로 자신이 생각했던 약속을 지키는 데 몰두했다.

먼저 뮌헨에 있는 왕궁의 통로를 바그너의 오페라 〈니벨룽겐의 반지〉에 등장하는 30개 장면의 벽화들로 치장하게 했다. 이어서 왕궁을 화려한 바로크 양식으로 새로 꾸미고 연회실 건물 지붕을 부분적으로 무어 건축물이 들어간 겨울 정원으로 바꾸어 환상적인 분위기를 연출토록 했다. 또한 프랑스 루이 15세의 정부였던 퐁파두르 부인을 위해 만든 프티 트리아농을 닮은 작은 궁전을 오버아머가우에 세웠으며, 힘제 호수에는 아예 프랑스가 자랑하는 베르사유 궁전과 같은 궁을 짓도록 했다.

당시는 독일의 미래를 결정짓는 극적인 사건들이 일어나고 있을 때였다. 프로이센과 오스트리아 사이의 7주 전쟁이 벌어졌는데 바이에른은 오스트리아를 지지했다. 그런데 전쟁은 오스트리아가 패배하고 바이에른의 최고 사령관도 전사했다.

그럼에도 루트비히 2세는 중세 기사도에 사로잡혀 전쟁에는 거의 열의를 느끼지 못했는데 바이에른은 또다시 전쟁에 참여하지 않을 수 없었다. 프로이센과 프랑스 간에 벌어진 전투로 이번에는 프로이센 편을 들었다. 프로이센은 바이에른의 참여를 조건으로 보상금을 제공했지만 대신 프로이센 왕 빌헬름 1세를 독일 제국의 황제로 추대토록 했다. 엄밀한 의미에서 바이에른은 1871년부터 독일 제국의 일부가 되었지만 통치자들은 계속 왕이라는 칭호를 지녔다.

세계 정황이 급격하게 바뀌고 있음에도 루트비히 2세는 오히려 바그너의 음악에 몰두했다. 그는 당시 파산하여 피신하고 있던 바그너의 모든 부채를 갚아주고 뮌헨으로 불러 자신의 구상을 이야기했다. 그는 독일 민족의 진정한 천재를 후원하는 것이 자신의 의무이자 특권이며 기쁨이라고 생각했다.

바그너는 루트비히 2세의 전폭적인 지원에 힘입어 뮌헨에 자신의 이름이 들어가는 '바그너의 축제 극장'을 건설하자고 루트비히 2세에게 제안했다. 루트비히가 곧바로 승낙했음은 물론이다. 문제는 음악가인 바그너와 군주의 관계가 너무 밀착했다는 점이다. 어려서부터 친구인 루트비히 2세가 음악가인 바그너를 총애하는 것은 이해한다고 하더라도 이러한 관계는 가뜩이나 어려운 국가재정

1864년 바이에른 왕위에 오른 직후의 루트비히 2세(위)와 독일을 통일한 프로이센의 '철혈 재상' 비스마르크(아래).

을 해치는 것은 물론 바그너가 정치에도 입김을 불어넣을 수 있다는 지적이 일었다. 국민과 궁정 관리들도 바그너를 단호히 거부했다. 바이에른의 최고 대신인 폰 데르 포르텐 남작은 루트비히에게 다음과 같은 편지를 썼다.

폐하께서는 지금 운명의 갈림길에 서 계십니다. 충성스러운 백성의 사랑과 존경 그리고 리하르트 바그너와의 '우정' 중 하나를 선택하셔야만 합니다.

결국 루트비히 2세는 1865년에 바그너에게 바이에른을 떠나 스위스로 가라고 요청하지 않을 수 없었다. 그가 왕위에서 강제로 물러난다면 친구인 바그너를 후원하고 보조할 수 없다고 생각했기 때문이다.[19]

루트비히 2세는 바그너를 쫓아낼 수밖에 없었던 자신을 비관하면서 자살과 퇴위를 생각하다가 호엔슈방가우 지역을 생각해내면서 생기를 되찾았다. 그가 어릴 적 자랐던 호엔슈방가우 지역에 새로운 활력소를 불어넣겠다는 것이다. 한마디로 자신이 자랐던 호엔슈방가우 맞은 편에 바르트부르크 성보다 더 훌륭한 성을 건설하여 자신이 꿈꾸어 왔던 독일의 신화를 모두 살리겠다고 다짐했다.[20] 세계에서 가장 아름다운 성 중 하나로 평가되는 노이슈반슈타인 성이 탄생하게 된 순간이다.

그러나 호엔슈방가우 건너편에 바르트부르크 성과 똑같은 성을 지으려던 그의 계획은 수정되지 않을 수 없었다. 건축 예정지가 바르트부르크 성과 똑같은 여건이 아니고 워낙 험한 지역이었으므로 똑같은 모양의 성을 건설한다는 것은 불가능했다.

노이슈반슈타인 성의 원래 스케치는 1868년에 뮌헨 궁정 극장의 무대 디자이너인 크리스티안 양크가 그린 것이다. 한마디로 건물 자체를 건축용이 아니라 무대 디자인용으로 설계한 것이다. 이 스케치를 루트비히 2세가 만족스럽게 생각하자 건축가 에두아르트 리델이 실제로 건설될 수 있도록 구조는 물론 디자인도 수정하여 루트비히 2세에게 보여주었다. 루트비히 2세는 그가 보여준 환상적인 설계도면을 보고 "그것이 어떻게 만들어지는지는 알

호엔슈방가우 지역. 세계에서 가장 아름다운 성으로 손꼽히는 노이슈반슈타인 성이 탄생한 곳이다.

고 싶지 않네. 그냥 그 광경만 보게 해주게" 라고 몽상적으로 말했다.

노이슈반슈타인 성 건설은 1868년에 시작되었는데 공사가 시작되자마자 루트비히 2세는 바그너에게 다음과 같은 편지를 보내 그가 노이슈반슈타인 성을 건설하는 의도를 설명했다.

티롤 지역의 산들과 그 너머에 평원이 있는 훌륭한 전망을 볼 수 있을 겁니다. 세상에서 가장 아름다운 곳이지요. 아주 성스러워서 아무나 가까이할 수 없는 곳, 나의 고귀한 친구인 당신 같은 사람에게 어울리는 사원입니다.

루트비히 2세가 말한 티롤 지방을 약간 설명한다. 세상에서 가장 아름다운 경관 중 하나로 꼽을 수 있는 티롤 지방은 여행하는 구간 구간이 아름다운 동화 속 장면과 같다. 그중에서도 이탈리아의 코모 호수에서 독일의 쾨니스 호반까지 이르는 길은 특히 더 보는 사람들의 눈을 즐겁게 한다. 사랑 이야기를 담는 영화에서 가장 많이 나오는 장소로도 유명한데 한 가지 단점은 교통이 다소 불편하므로 반드시 자동차로 여행하는 게 좋다.

건축가 델의 환상적인 설계도는 완성되었지만 막상 시공에 착수하려 하

오스트리아, 스위스, 독일의 국경이 붙어있는 오스트리아의 티롤 지방. 풍광이 매우 아름다운 곳으로 유명하다.

독일과 오스트리아의 접경지대인 바
이에른 주 남쪽 알프스의 산자락에
있는 노이슈반슈타인 성. 바그너는
이 성을 보고 이렇게 말했다고 한다.
"불후의 걸작이 태어났다! 산꼭대기
에 있는 성이여"(위). 노이슈반슈타인
성의 외부(아래).

루트비히 2세

자 설계도를 작성할 때보다 더욱 건설 여건이 나쁘다는 사실이 드러났다. 건축해야 할 장소가 기존 도로보다 200미터 정도 높은 데다 건설 현장에 공급해야 할 물도 인근에서 발견할 수 없었다. 우여곡절 끝에 인근에서 샘을 발견해 성까지 파이프로 연결하면서 물 문제를 해결했다. 현재도 노이슈반슈타인 성에서는 공사 당시 물을 공급했던 시설을 그대로 사용하고 있다. 공사 총괄 책임은 설계도를 그린 리델이 1872년까지 맡았다.

먼 곳에서 찍은 사진만 보고 노이슈반슈타인 성을 방문한 사람들은 막상 입구로 가면 매우 놀란다. 건물의 외부가 그야말로 단순한 처리로 마감되었기 때문이다. 그러나 노이슈반슈타인 성의 진가는 바로 루트비히의 꿈이 한껏 펼쳐져 있는 실내에 있다. 성 안으로 들어가면 우선 풍부하고 복잡한 실내

뉴이슈반슈타인 성의 알현실.

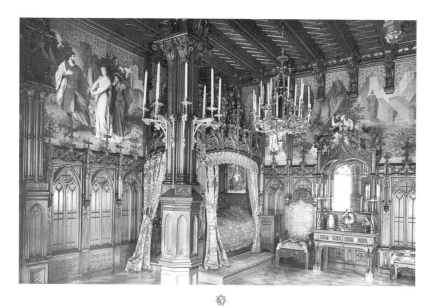

노이슈반슈타인 성에 있는 침실. 벽에는 중세의 신화를 그려넣었으며 당시로선 최첨단 시설을 갖추고 있었다.

장식이 방문객들의 탄성을 자아낸다. 특히 벽이나 바닥에는 그림이나 장식이 없는 부분이 거의 없고 루트비히 2세의 침실은 특히 호화롭다. 또한 루트비히는 노이슈반슈타인 성을 유럽에서 가장 화려하고 아름다운 성으로 만들기 위해 당시 그가 동원할 수 있는 최상급 가구와 장식들을 배치했다.[21] 당대의 최신 과학 기술을 접목시키는 데도 주저함이 없어 리델이 제시하는 최신 기술을 성안에 모두 도입했다. 당대에는 다소 생소한 자동으로 물이 내려가는 수세식 화장실, 중앙난방시설은 물론 음식을 나르는 선반 엘리베이터 등 전기를 이용한 각종 시설을 설치했고 당시 발명된 지 얼마 안 된 전화까지 설치했다.[22]

미친 왕에게 나라를 맡길 수 없다

세계에서 가장 아름다운 성을 건설하겠다는 루트비히 2세의 집념은 결과적으로 볼 때 완수되었지만, 막상 루트비히 2세는 노이슈반슈타인 성의 완공을 보지 못했다. 노이슈반슈타인 성을 비롯한 수많은 성의 건설을 둘러싼 바이에른 정부와 루트비히 2세의 알력 때문이었다. 한마디로 루트비히 2세가 국가 재정을 엉망으로 만든 것이다.

루트비히 2세는 해마다 여러 곳의 궁성 건축을 위해 약 150만 마르크를 사용했는데 그 정도로는 그의 계획을 모두 만족하기에 턱없이 모자랐다. 당시 그는 노이슈반슈타인 성과 헤렌힘제 성을 동시에 건설하고 있었다. 그런데 국가의 예산이 고갈되자 신하들은 루트비히 2세에게 성의 건축을 중지하라고 요청했다. 그러나 루트비히는 신하의 말을 듣지 않고 자신의 개인 재산을 쏟아 완성하겠다고 했다. 헤렌힘제 성은 그야말로 루트비히 2세의 무모함을 단적으로 보여주는 예다. 헤렌힘제 성은 사람이 살고 있기는커녕 주인인 루트비히 2세 조차 거의 발을 디뎌본 적이 없는 곳으로 단지 성이 어느 정도 틀을 갖추어가자 하룻밤을 묵었을 따름이다.

그럼에도 왕은 또다시 새로운 성을 짓겠다고 했는데 방대한 건설 자금이 하늘에서 떨어지는 것은 아니었다. 국가의 재정이 바닥나고 빚이 눈덩이처럼 불어남에도 루트비히 2세는 "성을 건설할 수 있는 자금을 확보하지 않으면 짐이 자살하든지 이 나라를 버리고 어딘가로 사라지겠다" 며 내무대신 등에게 성을 완성하기 위한 돈을 어떤 방법으로든 마련하라고 재촉했다.

대신들은 자금을 준비할 수 없었다. 이제 아무리 왕의 명령이라고 해도 자금을 구한다는 것은 간단한 일이 아니었다. 실제로 채권자들은 돈을 받지 못할지 모른다는 불안감으로 궁정 대신들에게 상환을 독촉하고 있었고 자금을 회수할 수 없다고 판단이 되면 성 자체를 압류하겠다고까지 위협하고 있었다. 당시의 법률로는 설사 왕의 성이라도 압류가 불가능한 것은 아니었다.[23] 실제로 1886년 4월 가스 및 물 회사에서 연체 요금을 지급해달라고 루트비히 2세에게 요청했다.

　최후의 수단으로 루트비히 2세는 프로이센의 재상 비스마르크와 상의했다. 그는 루트비히 2세에게 이 문제를 바이에른 의회에 제출하라고 조언했다. 의회에서 분명 왕의 중대한 요구에 도움이 될 만한 조처를 해줄 것이라는 얘기였다. 그러면서 루트비히 2세에게 이런 중요한 문제를 대신에게 맡기지

❋

하늘에서 바라본 헤렌힘제 성. 바이에른 주에 있는 힘제 호수의 섬 위에 세워졌다.

헤렌힘제 성의 내부. 루트비히 2세가 지은 성 중 가장 마지막으로 지은 궁전으로 방 70개 중 20개만 치장됐고 나머지는 모두 미완성으로 남았다.

프랑스의 베르사유 궁전을 그대로 옮겨놓은 듯한 헤렌힘제 성.

말고 직접 뮌헨으로 들어가 의회를 설득하라고 했다. 그러나 루트비히 2세는 뮌헨으로 들어가지 않고 자금만 재촉했다.[24] 급기야 루트비히 2세는 각료들이 필요한 자금을 확보하지 못하자 각료들을 경질하고 마부와 요리사, 시종들을 각료로 하는 '신 내각'을 발표하기에 이르렀다. 드디어 국왕이 미쳐가고 있다는 증거였다.

루트비히 2세를 폐위하는 것만이 나라를 살리는 방법이라고 판단한 대신들은 거사를 꾸미기 시작했다. 방법은 간단했다. 그를 정신병자로 진단 내리고 루트비히 2세의 숙부인 예순다섯의 루이트폴트를 섭정으로 세우자는 것이다.

이때 악역을 담당한 사람이 당시 가장 유명한 정신과 의사였던 베른하르트 폰 구덴 박사다. 그는 왕의 남동생인 오토 1세의 시의侍醫이고, 오랫동안 루트비히 2세를 만난 적이 없었지만 그가 보기에 루트비히의 증세는 일종의 과도한 편집증이 틀림없었다. 그는 탄핵에 필요한 자료를 만들기 위해 그동안 부당하게 루트비히 2세로부터 해고를 당했거나 신임을 얻지 못한 사람들에게 왕의 정신 상태를 의뢰했고, 그

루트비히 2세를 정신병자로 진단한 베른하르트 폰 구덴 박사.

들은 적극적으로 루트비히 2세의 광기를 증언했다.

왕은 국정을 내팽개치고 성에 틀어박혀 있었다. 만찬회에 참석하는 것도 거절했고 부득이하게 참석해야 할 경우 꽃병이나 탁자로 벽을 만든 후 초청자

들과 이야기를 나누지도 않았다.

그가 미쳤다는 불리한 증언들은 계속 축적되었다. 뮌헨 숲의 작은 오두막에서 난잡한 파티를 열고 어린 병사들에게 왕 앞에서 나체로 춤을 추게 했다는 증언도 나왔다. 구덴 박사가 수집한 내용 중에는 다음과 같은 내용도 있었다.

- ✤ 왕은 내각 대신들을 전혀 만나지 않고 하인이나 요리사와 정사를 의논했다.
- ✤ 하인 한 명이 왕의 방에 들어갈 때 눈을 감지 않았다는 이유로 3일간 머리를 땅에 대고 무릎을 꿇어야 했다.
- ✤ 명령을 듣지 않았다고 검은 가면을 뒤집어쓰게 하거나 이마에 낙인을 찍었다.
- ✤ 식사 때 루이 16세와 마리 앙투아네트의 초상화에 프랑스어로 말을 걸더니 시종에게 손님을 정중히 모시라고 말했다.
- ✤ 환각에 시달리며 "발소리가 난다"고 혼자 중얼거리기도 했다.

1886년 6월 8일 구덴 박사 등 정신과 의사 네 명은 루트비히 2세가 정신병자라고 진단하며 다음과 같은 서류에 서명했다.

우리는 만장일치로 다음과 같이 선언한다. 국왕의 정신 이상은 극단으로 치달아 패러노이어라는 병에 걸렸다. 이 병은 시름시름 오래가는 것이기 때문에 불치병이라고 인정하지 않을 수 없다. 국왕은 앞으로 더욱 이성을 잃을 것으로 추정된다. 병으로 사고능력이 완전히 파괴되었기 때문에 국왕이 왕권

섭정이 된 루이트폴트 공의 명령으로 강제 퇴위 당한 루트비히 2세는 스타른베르크 호수 인근의 베르크 성으로 압송되었다. 그를 유폐시킬 장소였다. 6월 13일 일찍 눈을 뜬 루트비히 2세는 밤새 내리던 비가 그치자 호수 주변을 산책하겠다고 말했다. 간병인 두 명과 경호원 한 명이 그들의 뒤를 따랐다. 산책에서 돌아온 루트비히 2세를 본 구덴 박사는 그가 폐위되었음에도 언행이 매우 정상적이며 정신병을 치료하는데 협조적이라며 뮌헨에 있는 수상에게 "만사가 순조로움"이라고 전보를 쳤다.

오후에 루트비히 2세가 혼자 다시 산책하러 가겠다고 하자 구덴 박사는 자기만이라도 국왕을 따라가겠다고 했다. 그들은 배웅 나온 뮈러 박사에게 저녁 여덟 시까지는 돌아오겠다고 했다. 그러나 두 사람은 약속된 시간에 돌아오지 않았다. 곧바로 대대적인 수색이 시작되었고 구덴 박사의 모자, 국왕의 상의와 외투, 우산이 호숫가에서 발견되었다. 국왕의 시신도 호수 안에서 발견되었다. 사인은 곧바로 자살로 판정되었다. 그러나 루트비히 2세가 익사했다는 건 믿기 어려운 일이었다. 그는 수영 실력이 탁월했기 때문이다. 더구나 구덴 박사의 목에서는 목 졸린 흔적이 발견되었고 오른손 손톱 하나가 찢겨나갔다. 호숫가에서 격투를 벌인 흔적도 있었다.

공식 조사 결론은 호숫가에서 루트비히 2세가 구덴 박사와 몸싸움을 벌였고 루트비히 2세가 구덴 박사를 살해한 후 스스로 물속으로 걸어갔다는 것이다. 그 증거로 구덴 박사의 시신은 물에 머리를 처박은 자세로 발견되었지만 루트비히 2세의 시신은 완전히 물속에 잠겨있었다는 점을 들었다.

루트비히 2세의 사망은 워낙 큰 사건이므로 철저하게 조사되었는데 대체로 다음 네 가지 설로 압축되었다. 첫째는 사고설이다. 두 사람이 물가를 산책하던 중 루트비히 2세가 발작을 일으켜 구덴 박사의 목을 조르자 박사의 의식이 흐려지면서 달아나려는 왕의 다리를 붙잡고 물속으로 함께 들어갔다는 것이다.

둘째는 자살설로 루트비히 2세가 도저히 재기할 수 없다고 생각한 후 자살하려 했다는 것이다. 구덴 박사는 그와 다소 떨어져 걸으면서 루트비히 2세의 행동을 주의 깊게 보고 있는데 갑자기 루트비히 2세가 모자와 웃옷을 벗기 시작하자 놀란 구덴 박사가 달려온다. 루트비히 2세는 이에 아랑곳하지 않고 물속으로 걸어 들어갔는데 이를 제지하려고 왕의 등을 붙잡고 매달리던 구덴 박사가 오히려 왕에게 목이 졸려 사망했다는 것이다. 물론 구덴 박사의 죽음

루트비히 2세의 시신이 발견된 스타른베르크 호수에 세워진 십자가.

에도 루트비히 2세는 당초 생각대로 물속으로 걸어 들어갔다는 것이다.[25]

셋째는 구덴 박사가 클로로포름으로 그를 살해하려고 했다는 설이다. 박사가 가지고 다니던 클로로포름으로 왕을 살해하려 하자 싸움이 벌어져 왕은 죽고 구덴 박사는 심장마비를 일으켰다는 추측이다. 그러나 왕은 박사보다 키가 훨씬 크고 젊었으므로 이 이야기에 신빙성은 거의 없다는 지적이다.[26]

마지막으로 탈출을 도모했는데 상황이 여의치 않아 사망했다는 설이다. 당초 루트비히 2세는 자신에게 닥친 상황을 정확히 파악하지 못했는데 자신이 정신병자로 판정되었다고 하자 우선 성에서 탈출할 계획으로 물속으로 들어간다. 그는 수영 실력이 탁월했으므로 다소 거리를 두고 따라가던 구덴 박사가 이내 쫓아와서 탈출을 말렸는데, 그런 구덴 박사를 살해하고 도망치려다 심장마비를 일으켜 돌연한 죽음을 당했다는 것이다. 당시 과식을 했고 물이 너무 차가워 물속에서 심장마비를 일으켰을 것이라는 주장이다.[27]

공식 문서의 사인은 자살이었고[28] 일주일 후 장중한 위령곡과 함께 성 미카엘 교회 지하에 묻혔다. 이후 그의 심장은 병에 담겨 다른 조상들의 유골과 함께 알트 오팅의 봉헌 교회에 안치되었다.[29]

세계유산으로 되살아난 루트비히 2세

노이슈반슈타인 성의 벽면은 그의 계획대로 모두 독일의 신화로 채워졌다. 루트비히는 바그너 오페라를 통해서 알게 된 전설의 세계가 반드시 존재한다고 믿었다. 특히 루트비히 2세는 자신을 그 주인공, 즉 백조의 기사 로엔그린이라고 여겼다. 성에는 오스트리아와 이탈리아에서 가져온 돌로 만든

인공 동굴이 만들어졌으며 백조 모양의 조각품이나 도자기가 많이 배치됐다. 백조의 기사가 살아야 할 성은 바로 노이슈반슈타인 성이었기 때문이다. 그런데 루트비히 2세가 아름다운 성을 짓는 일에 왜 그렇게 열성적이었는지에 대한 의문은 가시지 않는다. 왕이었던 그가 파산할 정도로 아름다운 성을 짓는 일에 집착한 데에는 어떤 특별한 이유가 있지 않았을까?

이 의문은 앞으로도 영원히 밝혀지지 않으리라고 생각하지만 루트비히 2세의 일생을 보면 어느 정도 이해가 가는 점이 있다. 사실 루트비히 2세가 유폐된 베르크 성에서 탈출하려다 갑자기 사망했다는 설명은 상당한 정황 증거가 있다.

루트비히 2세는 어려서부터 사촌누이인 오스트리아 황후 엘리자베트에게 마음이 끌리고 있었다. 그런데 그녀가 예상을 깨고 유럽의 최고 권력자인 오스트리아의 황제 프란츠 요셉에게 시집을 가면서 둘은 헤어졌다. 그러나 그 후에도 두 사람은 '독수리', '갈매기'라며 은밀히 편지를 주고받았다. 참고로 세르비아를 방문할 때 살해되어 제1차 세계대전의 빌미가 되었던 오스트리아 페르디난드 황태자의 어머니가 바로 엘리자베트다.

루트비히 2세가 폐위되었다는 소식을 들은 엘리자베트는 곧바로 스타른베르크 호수로 달려와 근처의 작은 호텔에 묵고 있었다. 엘리자베트는 루트비히 2세를 탈출시킬 계획을 세웠었는

오스트리아의 황후 엘리자베트.

데 그가 그만 탈출하려다 사망했기 때문에 모든 계획이 수포로 돌아갔다는 설명이다.

당시 오스트리아의 합스부르크 왕가는 대영제국의 위세에 절대 눌리지 않는 유럽의 패자였다. 그런 가문에 시집간 엘리자베트에게 루트비히 2세는 무언가를 보여줄 필요가 있었다. 그러나 루트비히 2세가 권력과 재력으로 오스트리아 황제를 이길 수는 없는 일이다. 루트비히 2세가 착안한 것은 세계에서 가장 아름다운 성, 즉 동화 속 백조의 성을 지어 엘리자베트에게 보여주는 것이었다. 엘리자베트 역시 파산하는 와중에서도 노이슈반슈타인 성을

가수의 방. 이 방은 중세 기사 이야기 '파르시팔'의 내용 중 성배에 관한 이야기를 재현한 벽화들로 장식되었다.

루트비히 2세

건설해 자신에게 보여주려는 의지의 사나이 루트비히 2세를 곤경에서 구해 주고 싶었을 것이다. 루트비히 2세가 폐위된 성 근처에 있었다는 것은 호사 가들의 시선을 끌기 충분한 소재였다. 이 가설에 기초하여 수많은 작품이 만들어졌음은 물론이다.

　루트비히 2세가 세상에서 가장 아름다운 성을 짓겠다고 다짐했던 노이슈 반슈타인 성은 오늘날 세계에서 가장 환상적인 성 중 하나로 꼽힌다. 특히 5층에 자리하고 있는 '가수의 방Singers Hall'은 가장 호화로운데 중세 기사 이야기 '파르시팔'의 내용 중 성배에 관한 이야기를 재현한 벽화들로 장식되었다.

마리헨 다리에서 바라본 아름다운 노이슈반슈타인 성. 이 모습은 디즈니의 로고 모델이 되었다.

왕의 공식 알현실에는 신성한 왕권에 경의를 표하는 그림이 그려졌다. 루트비히 2세가 노이슈반슈타인 성을 건축하면서 바그너의 작품을 기본으로 삼았다는 것은 그가 바그너에게 한 다음과 같은 말을 통해서도 알 수 있다.

> 이곳은 인간이 발견한 가장 아름다운 장소 중 하나로 손꼽힐 만한 곳입니다.
> 사람의 발길이 닿지 않는 성스러운 곳이라서 신전을 지어도 손색이 없지요.
> 〈탄호이저〉를 상기시킬 만한 것들도 마련될 것입니다.[30]

매년 이곳에서 바그너 콘서트가 열리는 것은 이런 이유 때문이다.

엄밀한 의미에서 루트비히 2세는 실패한 사람으로 볼 수 있다. 그는 반강제적으로 왕위에서 물러났고 그가 그렇게도 집착하던 노이슈반슈타인 성도 빼앗겼으며, 사적으로 사용하겠다던 성은 그가 사망하고 3주가 지나 관광객들에게 개방되었다. 그러나 이로써 역설적이게도 루트비히 2세에게는 독일 최고의 관광 명소를 만든 역사적인 왕이라는 불후의 명성이 주어졌다.[31]

노이슈반슈타인 성에서 조금 올라가면 마리헨 다리가 나오는데 이곳에서 보는 노이슈반슈타인 성은 세계에서 가장 아름다운 풍광으로 알려졌다. 그 증명서가 바로 월트 디즈니의 로고다.[32]

월트 디즈니의 로고.

빈센트 반 고흐

1890년 7월 27일, 파리 북쪽의 한 작은 마을인 오베르 시르 우아즈에서 총성이 울렸다. 세기의 천재로 알려진 빈센트 반 고흐Vincent van Gogh가 생을 마감하려 그의 배에 쏜 총소리다. 그의 총소리에 그가 그렸던 까마귀들이 하늘로 올라갔다. 이 총은 고흐가 까마귀를 쫓는다고 빌린 것이다.

가난한 예술가로 불우한 삶을 살았지만, 불후의 명작을 남겨 세계의 미술시장을 평정하다시피 한 빈센트 반 고흐는 1853년 3월 30일 네덜란드 남부의 브리반트에서 목사의 6남매 중 맏이로 태어났다. 부모는 그가 열한 살이 되던 해에 기숙사에 넣었는데 고흐는 이 일로 부모를 평생 용서하지 않았다. 열여섯 살이 된 그는 헤이그에 있는 한 화랑에 견습생으로 들어갔고 화랑 주인은 그를 런던으로 보냈다. 그러나 괴팍한 성품 탓에 여러 차례

어린 시절의 반 고흐.

고객과 승강이를 벌이는 등 사사건건 마찰을 빚자 결국 해직된다.

고흐는 도르드래흐트에서 책방 점원으로 일했고, 암스테르담에서는 신학 공부를 시작했다. 그러나 신학교에서 성직자가 되기 위한 단기 연수를 받던 중 졸업도 하지 않고 학교를 뛰쳐나갔다. 그러자 교회에서는 그를 벨기에의 가난한 탄광지대인 보리나주로 파견했다. 선교 활동을 하는 대가로 매달 50프랑을 지급하는 조건이었다.

그런데 고흐는 단순히 광부들에게 설교하는 데만 만족하지 않고 직접 광부들과 함께 갱으로 내려갔다. 그곳에는 남자뿐만 아니라 여자와 아이들도 있었는데, 하루 12시간씩 일주일 중 엿새를 끔찍한 노동에 시달리고 있었다. 그곳에서 광부들과 동고동락하며 하층민들의 비참한 생활상을 지켜본 그는 목탄화로 노동자들의 아픔을 표현하면서 완전한 기독교에 바탕을 둔 새로운 공동체를 부르짖었다. 교회 당국은 고흐의 이런 광신적 행동에 놀라 당장 그를 해고했다. 고흐는 이곳에서 일 년 정도 더 머물렀다. 그때 가슴 속에서 그림에 대한 열정이 서서히 불타면서 그림을 통하지 않고는 자신을 표현할 길이 없다고 실토하기까지 한다. 이렇게 그는 그림의 길로 들어서기로 마음먹는다.

고흐는 브뤼셀로 가서 미술 아카데미에서 공부를 시작했지만 기질상 오래 버티지 못하고 곧바로 그만두었다. 이어 아버지의 집으로 들어가 화가들과 교류를 시작하고 스물아홉 살에 처음으로 유화를 그렸다. 그런데 그가 동거하던 창녀와 결혼하려 하자 동생 테오 반 고흐를 비롯하여 온 가족이 들고 일어났다. 결국 결혼을 포기하고 1883년 네덜란드 북부에 있는 한적한 마을로 도주했고, 2년을 빈둥거리며 그림을 그렸다. 당시 그가 그렸던 그림은 대부분 행방불명되었는데 오늘날까지 많은 전문가가 진품을 찾기 위해 열을

반 고흐가 청년 시절을 보낸 집. 이곳에 머물던 시절 화가가 되기로 마음먹는다.

올리고 있다.

자신의 그림 실력을 다듬어야 하겠다고 생각한 고흐는 1885년 안트워펜 아카데미에 들어갔는데 이곳에서도 사람들과 화합하지 못하여 석 달 만에 그만두었다. 곧바로 그는 파리에서 화상을 하는 동생 테오의 집에 들어가 2년 동안 거주했다. 파리에서 고흐는 프랑스 전위미술가들과 교류를 가졌는데 클로드 모네, 폴 세잔, 툴루즈 로트레크, 폴 고갱도 이 당시 만났다. 그러나 파리에서도 오래 버티지 못하고 지중해의 프로방스로 이사를 한다.[33]

세계 미술 시장을 석권한 반 고흐

고흐는 아를르와 생레미에서 2년을 보낸 후 오베르 쉬르 우아즈로 옮긴다. 고흐의 몸은 엉망진창이었다. 그림을 그리기 시작했지만 몸은 그의 뜻대로 움직여주지 않았다. 아를르에서 광기 어린 발작을 일으켰고 심지어 고갱과 언쟁을 한 후 자신의 오른쪽 귀를 도려내기까지 했다. 이 일을 계기로 그는 자청해서 생 레미 정신병동에 입원했고 거기서 1년여의 세월을 보냈다. 그러나 병이 회복될 기미가 보이지 않자 동생은 평소 자신과 친분이 있는 폴 가세Paul Gachet 박사에게 형을 부탁했다.

가세 박사는 피사로, 세잔, 르누아르 등 인상파 대가들의 정신병을 치료한 경험이 있었고 그 자신이 아마추어 미술가이기도 했다. 고흐는 가세 박사의 치료에 힘입어 점차 건강을 회복해갔다. 그는 자살 기도 3일 전까지만 해도 예술에 대한 열망을 불태우고 있었다. 그런데 불과 그로부터 3일 후 자신의 배에 총구를 겨눴던 것이다. 그가 자살한 이유 중에서 가장 유력한 것은[34] 그의 주치의라고 볼 수 있는 가세 박사와의 불화이다. 가세는 처음엔 의사로서의 객관적 입장을 유지하며 그에게 정신적 안정감을 주기 위해 노력했다. 그러나 고흐와 마찬가지로 정서적 불안증에 시달리던 가세는 스물한 살인 그의 딸 마르게리트가 고흐를 만나기 시작하자 이를 강력히 반대했다. 전망도 좋지 않은 무명작가인 데다 정신병까지 앓고 있으니 부모로서 반대할 만한 이유는 충분했다. 문제는 마르게리트였다. 아버지의 생각과는 달리 고흐가 제의한 모델 일을 승낙하자 그는 곧바로 딸을 고흐와 만나지 못하도록 격리시켰다.

이때 고흐는 남다른 항의 방법을 선택한 것으로 추정된다. 한마디로 정신병력에다 충동적 행동을 보이는 고흐인지라 마르게리트를 떼어놓은 가세 박사에게 항의하기 위해서 총을 발사했을 개연성이 많다는 설명이다. 학자들은 여러 정황상 그가 진정으로 자살을 기도한 것은 아니었다고 추정한다. 그렇지 않다면 굳이 배에다 발사할 필요는 없는 일이다. 고흐가 자살한 후 가세 박사의 가족도 다음과 같이 말했다.

고흐가 그린 〈피아노에 앉은 가세의 딸〉.

아마도 고흐는 실연에 대한 충격과 배신감으로 자살했을지 몰라요. 마르게리트는 솔직히 한쪽 귀가 없는 이 가난한 화가를 탐탁히 여기지 않았어요. 하지만 고흐는 마르게리트의 초상화를 그린다는 명목으로 집에 드나들며 적극적인 구혼을 했지요. 이 일로 인해 가세 박사는 고흐와 언성을 높이며 싸웠고 결국 서로 등을 돌렸어요.[35]

여하튼 그는 밀밭에서 배에 총을 발사한 후 고통을 참으며 마을로 돌아왔다. 피투성이가 된 고흐를 발견한 것은 집주인이었고 가세가 저녁 아홉 시쯤 그를 찾아왔다. 동생 테오도 다음 날 아침에 찾아왔는데 의사들은 총알이 너무 깊숙이 박혀 제거할 수 없다고 결론 내렸다.

빈센트 반 고흐와 테오 반 고흐가 나란히 묻힌 묘지(위)와 사망 당시 묵은 라부 여인숙(아래).

결국 이유야 어떻든 그는 자살하는 데 성공했고 다음 날 새벽 서른일곱의 짧은 삶을 마감했다. 자살한 사람에게는 장례미사를 베풀지 않는다는 관례에 따라 그의 관은 몇몇 친구와 마을 사람들이 지켜보는 가운데 밀밭 옆 공동 묘지에 곧바로 매장됐다. 그 자리에 마르게리트는 없었다.

고흐처럼 생전에 비참하게 살다가 사후에 엄청난 조명을 받은 사람은 없을 것이다.[36] 고흐는 생전에 소묘 700여 점과 유화 작품 800여 점을 남긴 것으로 알려졌으나 그중에서 돈을 받고 판 것은 단 한 점에 불과했다. 고흐가 자살하기 5개월 전에 포르투갈의 여류화가 안나가 그의 〈붉은색 포도밭〉을 400프랑에 구매한 것이다. 알려지기는 테오가 고흐에게 한 점이 아니라 두 점이 팔렸다고 말했다고 하지만, 엄밀하게 말하면 400프랑도 결코 싼 가격은 아니다(한화로 따지면 약 500만 원 정도). 당시 대표적인 인상주의 화가인 르누아르나 모네의 그림도 200~300프랑에 불과했기 때문이다. 그러므로 그가 사망한 지 7년 후인 1897년에 〈가세 박사의 초상〉이 300프랑에 팔렸다는 것도 그다지 나쁜 가격은 아니라고 볼 수 있다. 물론 당대 최고의 그림 가격은 밀레의 작품으로 1889년에 50만 프랑에 팔렸으므로 당시 밀레 작품 한 점 값이면 고흐의 소묘를 포함한 전 작품을 사고도 남았을 정도다.

그런데 고흐의 〈가세 박사의 초상〉은 1990년에 8,250만 달러에 팔림으로써 경매 사상 최고 기록을 갈아치웠다. 반면 밀레의 작품은 1995년에 소더비에서 거래된 〈이삭줍기〉(잘 알려진 유명한 〈이삭줍기〉가 아닌 다른 작품)가 341만 달러로 낙찰되어 밀레 작품 중 현재까지 최고가를 기록하고 있다.[37]

물론 고흐의 기록은 새로운 작품들이 나오면서 깨졌다. 2012년 5월 노르웨이 화가 에드바르 뭉크의 〈절규〉가 1억 1,992만 달러에 낙찰되어 미술품 경매 사상 최고 가격을 경신했다. 가로 59센티미터, 세로 79센티미터에 파스텔로 그려진 이 작품은 뭉크의 대표작이란 점에서 경매 전부터 최고가 경신이 예상됐다.

파블로 피카소의 〈누드, 녹색 잎과 상반신〉이 1억 650만 달러에 낙찰되었으며 3위는 알베르토 자코메티의 〈걸어가는 사람〉으로 1억 432만 달러에 팔

© Warrox

네덜란드 암스테르담에 있는 반 고흐 박물관. 〈해바라기〉, 〈감자 먹는 사람들〉 등 고흐의 많은 작품을 볼 수 있다.

렸다. 전문가들은 반 고흐의 걸작이 당장이라도 경매시장에 나오면 뭉크의 가격을 간단하게 경신할 것으로 추정한다.

빈센트 반 고흐의 동생이자 미술상이었던 테오 반 고흐.

학자들이 가장 아쉬워하는 부분은 고흐가 생전에 이들 가격의 1,000분의 1 정도에 작품을 단 한 점이라도 팔았더라면 궁핍한 생활로 좌절하면서 배에 권총을 발사할 일은 없었을 거라는 점이다. 비유가 정확하다고 할 수는 없지만 고흐가 만약 피카소처럼 아흔한 살까지 살았다면 1944년에 세상을 떠났을 텐데, 만약 그랬다면 그가 그리는 더 다양하고 넓은 세계를 볼 수 있었을 것이란 아쉬움이 든다.[38] 사실 고흐도 언젠가 자신의 그림이 빛을 볼 수 있을 것으로 생각했다. 그는 자살하기 전해에 동생 테오에게 다음과 같은 편지를 보냈다.

내가 쏟아부은 돈만큼 이 그림들이 벌어들일 날이 올 거야.

결론적으로 고흐의 예언은 틀리지 않았다. 고흐에 대해서는 수많은 사람이 연구했고 아마 고흐처럼 많이 알려진 화가도 드물 것이다. 그에 대한 자료는 워낙 많으므로 여기서는 고흐와 고갱의 만남, 고흐의 광기에 대해서만 설명한다.

폴 고갱과의 만남

고집이라면 누구에게도 지지 않을 천재 인상파 화가 고흐와 고갱이 1888년 프랑스의 남부 프로방스의 아를르에서 9주 동안 함께 지냈다. 고흐가 고갱을 만난 것은 1년 전인 1887년 11월 파리에서였는데 그의 나이 서른네 살 때다. 고흐가 그림을 그리기 시작한 지 겨우 7년이 지났을 무렵이다. 반면 서른아홉 살인 고갱은 화가로서의 경험이 풍부했고 모험으로 가득 찬 삶을 살았다. 그림에 전념하기 위해 아

프랑스 후기인상파 화가 폴 고갱. 고흐는 그와 함께 작업하는 것을 커다란 기쁨으로 여겼다.

내와 자식을 떠나 배를 타고 세계를 돌아다니며 선원 생활도 했고 카리브해의 마르티니크 섬으로 가서 방랑 생활도 맛보았다.

이러한 차이점에도 두 사람은 죽이 잘 맞았는데 이유는 고갱이 고흐의 예술에 대한 정열을 존중했기 때문이다. 고흐도 고갱의 그림이 고고한 시정詩情을 갖고 있다고 찬양했다. 그 후 고갱은 브레타뉴 지방으로 갔고 고흐는 프로방스 지방인 아를르로 향했다. 지중해의 기후와 정경에 매력을 느낀 고흐는 혼신의 정열을 다해 그에게 보이는 나무, 건초더미 등 일반인들은 시선조차 주지 않는 대상을 그리기 시작했다. 그는 자신에게 생활비를 보내주는 동생 테오에게 다음과 같이 편지를 보내기도 했다.

순간순간 극도로 명확해지는 순간이 있는데, 그럴 때면 자연이 너무나 눈부시게 아름다워서 거의 무의식 상태에서 마치 꿈인 것처럼 그림이 떠오른다.

그러면서 파리에서 고갱과 만났던 일에 생각이 닿자 함께 작품을 하고 싶다는 생각으로, 동생 테오의 도움을 받아 '노란 집' 이라고 부르는 작은 집을 한 채 빌렸다. 그는 이 집이 남부의 화실이 되기에 안성맞춤이라고 생각했다. 그는 고갱을 초청했다. 고갱을 초청하기 위해 테오는 500프랑이라는 거금을 보냈다.

고갱이 오는 동안 고흐는 미친 듯이 작업에 몰두했는데 그중에는 그의 상징이 된 해바라기 그림도 포함되어 있다. 고갱은 10월 23일 아를르에 도착하여 고흐와 재회했다. 그는 다소 놀란 투로 당시의 상황을 다음과 같이 적었다.

어떤 곳이든 무엇이든 무질서했으므로 대단히 충격을 받았다. 그의 화구 통

반 고흐의 〈노란 집〉. 고흐는 이 집에서 예술가들과 함께 생활하길 원했다. 그는 평소 존경하던 고갱을 초청했고 고갱은 이곳에서 2개월가량 함께 생활했다.

에는 물감이 모두 들어 있는 일이라곤 없고 물감은 마개가 잠기지 않은 채 아무렇게나 뒤섞어 있었다.

게다가 고흐의 뒤죽박죽인 자금 관리에 놀란 고갱은 예산을 엄격하게 쓰고자 했다. 그러면서도 고흐의 생활에 방해되지 않도록 배려했는데 그가 적은 고흐의 예산에는 '위생용'이란 항목도 있었다. 이는 그들이 사창가에 방문했음을 뜻하는데 사창가를 찾는 이유가 걸작이다. 사창가를 찾는 것이야말로 연애 놀음에 빠지는 걸 방지하고, 그림을 그릴 때 생산성을 높일 수 있다는 설명이다.

　고갱이 합류한 후 고흐는 그림 그리는 방식을 변경할 정도로 고갱에 몰두했다. 고갱이 도착하기 전까지는 대상을 관찰하며 바로 그 자리에서 마무리까지 하는 것이 고흐의 제작 방식이었다. 그러나 고흐는 고갱을 만난 후 바깥에서 스케치를 하고 스튜디오에서 작업을 마무리 짓는 고갱의 제작 습관을 기꺼이 따랐다.

　고흐와 고갱이 그림을 그리는 방법이 서로 다르다는 것을 잘 보여주는 작품이 있다. 그들의 아틀리에인 '노란 집' 근처에 있는 카페 주인 마담 지누를 각각 그렸는데 고흐는 마담 지누가 두 사람을 위해 포즈를 취한 지 단 한 시간 만에 그림을 완성했다. 반면에 고갱은 종이에 백묵과 목탄을 가지고 스케치를 한 후 여러 날이 걸려 '밤의 카페'라 불린 술집 배경 전면에 그녀를 옮겨놓았다. 그림 전면에서 압생트 한 잔을 권하는 마담 지누의 모습이다.

　고갱이 고흐에게 그림을 그려달라고 부탁하자 고흐는 해바라기 열두 송이와 열네 송이를 그려주었다. 이 그림을 받고 고갱이 기뻐하자 고흐는 또 〈해바라기〉 두 점을 그려 고갱에게 선사했다. 고흐의 〈해바라기〉는 그의 작품을 대표하는 것이므로 매우 큰 유명세를 탔는데 〈해바라기〉 한 점이 1987년 당시로써는 상상할 수 없는 고가인 3,950만 달러에 팔렸다. 이 그림은 일본의 야스다安田 화재해상보험회사가 구매했다.

　그런데 이 그림은 나중에 큰 소용돌이에 빠진다. 이 〈해바라기〉를 정밀 연구한 영국인 노르만이 이 작품을 삼류 화가가 그린 위작이라고 폭탄선언했기 때문이다. 전하는 바로는 그 삼류 화가는 자신의 능력을 인정해주는 사람이 아무도 없자 스스로 자신의 가치를 증명해보려고 고흐의 작품을 모사했다고 한다. 흥미로운 것은 세계 언론이 이 내용을 특종으로 보도했지만 야

고흐의 대표작 중 하나인 〈해바라기〉. 고흐는 노란 집에서 고갱이 오길 기다리며 기쁜 마음으로 이 작품을 그렸다.

스다 화재해상보험회사는 이에 대해 일언반구도 언급하지 않았다는 점이다. 고흐의 〈해바라기〉가 진짜 위작이냐 아니냐는 사실 야스다 화재해상보험회사에서 정밀 감정하면 간단하게 밝혀질 일이다. 그러나 위작으로 판명되는 순간 휴지로 변할 수 있다면 굳이 과학적인 잣대를 들어대야 하는지는 생각해볼 문제다. 여하튼 고흐의 작품이 그만큼 유명세를 치르고 있다는 것은 사실이다.[39]

고흐와 고갱이 함께 그림을 그리는 11월 중순 고흐의 동생 테오는 고갱의

폴 고갱의 〈해바라기를 그리는 반 고흐〉. 고흐와 고갱은 서로 존중하며 함께 작업을 해나갔지만 얼마 안 있어 둘 사이는 파탄에 이르게 된다.

그림 몇 점을 팔아 고갱이 수년간 번 것보다 더 많은 돈을 고갱에게 안겨주었다. 그러자 고갱은 아를르를 떠나 마르티니크로 가야겠다고 생각했다. 그곳에서 '열대의 화실'을 차리겠다는 것이다. 고갱의 이런 생각은 고흐로 하여금 '남부의 화실'에 회의를 느끼는 것으로 비쳤고 결국 두 사람이 결정적으로 헤어지면서 잘 알려진 세기의 사건을 만든다.

고흐가 고갱을 찾아가 전날 술에 취하여 고갱의 얼굴에 압생트 술을 뿌린 것을 사과했다. 고갱은 고흐의 사과를 선선히 받아주었다. 그러나 다음 날 고갱이 아를르를 떠난다는 것에 화가 난 고흐는 거리를 걷고 있는 고갱에게 칼을 들고 쫓아가 욕을 퍼부었다. 고갱이 이를 맞받아치자 고흐가 그들의 아틀리에인 '노란 집'으로 들어가 자신의 귀를 잘랐다는 것이다. 이후 다소 엽기적인 이야기지만 고흐는 잘린 왼쪽 귀를 조심스럽게 포장하여 사창가의 젊은 여자에게 선물했다. 고흐의 이런 행동에 기가 질린 고갱은 다음 날인 12월 23일 파리로 떠났고 서로 다시는 만나지 못했다.

고갱은 고흐와 헤어진 후 13년 동안 브레타뉴와 남태평양에서 그림을 그렸지만 아를르에 대한 아픈 추억은 항상 그의 마음을 슬프게 했다. 타히티에서 병들고 파산 상태가 된 그는 1898년 파리의 한 친구에게 자기 정원에 심을 해바라기 씨를 보내달라고 부탁했다. 그 해바라기가 꽃을 피우자 그는 일련의 정물화를 그렸다. 친구 고흐와 '남부의 화실'에서 함께 살던 시절에 대한 경의의 표시였다.[40]

근래 매우 놀라운 내용이 발표되었다. 독일 미술사학자 한스 카우프만은 『반 고흐의 귀: 폴 고갱과 침묵의 계약』이라는 책에서 고흐의 귀를 자른 사람은 고흐가 아니라 고갱이라는 주장을 펼쳤다. 당시 두 사람이 심한 언쟁을 벌이는 와중에 화가 난 고갱이 칼로 반 고흐의 귀를 잘랐고(고갱은 펜싱 솜씨가

반 고흐의 〈귀가 잘린 자화상〉. 고갱과 언쟁을 벌이던 고흐는 결국 자신의 귀를 잘랐다.

수준급이었다), 이것이 형사 사건으로 비화하면 고갱에게 중형이 내려질 것을 우려한 두 사람이 합의해 고흐의 자해로 사건을 덮었다는 것이다.

카우프만은 고흐와 격한 언쟁을 벌이던 고갱이 들고 있던 칼로 고흐의 귀를 잘랐는데 귀를 노리고 잘랐는지, 단순 방어 차원이었는지는 확실하지 않다고 말했다. 그는 당대의 경찰 보고서와 주변 인물의 증언을 증거로 제시했다. 사건이 다소 확대되자 고갱은 말썽을 피하려 했고 고흐는 고갱이 아를르를 떠나지 않기를 바랐기 때문에 두 사람 간의 '묵약默約'이 성립했다는 것이다. 고갱은 경찰 조사 중 고흐가 직접 귀를 잘랐다고 말했으며, 고흐는 반박하지 않았다는 설명이다. 고흐가 동생 테오에게 보낸 편지에서 "고갱이 총을 갖고 있지 않아서 다행이다"라고 적은 것을 볼 때 고흐의 귀를 자른 것은 고갱이 틀림없다고 주장했다.[41]

물론 나름의 논거를 가지고 제기한 주장이지만, 고흐 전문가 마틴 게이포드를 비롯해 많은 학자들은 이 주장을 일축한다. 사람들은 젊은 나이에 자살한 고흐에 대한 애정과 동정심으로 고갱이 고흐의 처지를 이해하지 못하고 괴롭힌 것처럼 착각하지만, 정신착란 증세를 보이는 고흐와 단기간 동안이나마 함께 살아야 했다는 점에서 실제 피해자는 고갱이었으며, 고흐의 귀는 고흐가 자른 것이 확실하다는 것이다.[42]

예술가가 사랑한 술 압생트

학자들은 고흐의 이런 광기 어린 행동을 간질병에서 오는 간헐적인 발작으로 인식한다. 고흐는 당시 심장 질환 약으로 처방되는 디기탈리스digitalis를

고흐가 그린 〈폴 가셰 박사〉. 왼손에 들
고 있는 것이 심장 질환 약으로 처방되
는 디기탈리스다. 디기탈리스를 과다하
게 복용하면 각종 부작용이 올 수 있다.

복용했다. 그가 그린 가셰 박사의 초상화를 봐도 알 수 있는데, 가셰 박사는
손에 디기탈리스 줄기를 들고 있다. 디기탈리스를 과다하게 복용하면 구토,
현기증, 시각적 혼란이 올 수 있다.

고흐의 초기 그림은 어둡고 음울하다. 그런데 프랑스 지중해로 간 후부터
그림 스타일이 크게 바뀌고 밝은 빛이 넘쳐흐른다. 해바라기를 보면 그렇다.
해바라기는 물론 자신의 집을 그린 그림에도 노란색이 주조를 이루는데 학
자들은 그 이유가 디기탈리스 복용과 관련이 있다고 말한다.

메니에르병으로 알려진 중이염도 고흐에게 골칫거리였다. 동생 테오에
게 보낸 편지 796통을 보면 환각을 느끼는 것처럼 난청과 구토, 현기증 등으
로 고통받는 고흐의 모습을 볼 수 있다. 또한 다른 사람의 움직임에 남다르게
예민한 반응을 보였고 커다란 소리를 참지 못했다. 메니에르병에 걸리면 환

청이나 귀에서 벨이 울리는 것 같은 증상을 자주 겪는다. 그러한 고통을 줄이기 위해 환자들은 종종 귀를 잘라낸다거나 얼음 깨는 송곳으로 귀에 구멍을 뚫기도 했다. 고흐가 불구가 된 것도 바로 이 병의 영향으로 본다.

고흐의 기이한 발작이 '녹색 요정', '에메랄드 지옥' 등으로 불리는 압생트Absente라는 술 때문이라는 해석도 있다. 그가 즐겼던 압생트는 알코올, 쓴쑥Artemisia absinthium의 기름, 아니스(지중해 미나리과 식물과 그 열매), 회향, 곱향나무 그리고 육두구(열대성 상록수)가 표준 성분이다. 압생트라는 이름은 쓴쑥(향쑥)의 라틴명 압신티움에서 유래했는데 쓴쑥에는 의식불명과 경련을 일으키는 써존thujone이라는 테르펜 성분이 들어 있어 환각 상태는 물론 간질병을 유발한다.

🌸
고흐의 〈압생트와 카페 테이블〉. 고흐는 '녹색 요정', '에메랄드 지옥' 등으로 불린 이 술을 특히 즐겼는데 이 술의 주성분인 쓴쑥은 환각 상태와 간질병을 유발한다.

이 쓴맛의 녹색 술은 값이 싸고 빨리 취기가 돌아 와인 생산량이 줄어든 틈을 타 대중적인 술이 됐다. 특히 고흐, 마네, 드가, 로트렉, 고갱, 피카소, 보들레르, 베를렌, 랭보, 앨런 포우, 오스카 와일드 등 예술가들이 이 술의 애호가로 알려지면서 더욱 유명해졌다. 쓴맛을 없애기 위해 각설탕을 구멍이 난 숟가락에 올린 뒤 차가운 물을 부어 마시는 독특한 음용법이 특징이다.

압생트. 현재의 압생트는 첨가제로 쓴쑥 대신 아니스를 사용하고 있다.

고흐가 압생트를 많이 마셨다는 사실은 그의 사후에도 증명되었다. 그가 세상을 떠난 후 1년이 지났을 때 묘지 위에 심어진 테르펜을 빨아들이는 성질이 있는 작은 나무뿌리가 그의 관을 둘둘 감싸는 바람에 훗날 묘지를 이장할 때 이 나무도 함께 옮겨 심었다는 이야기가 있다.[43]

고흐, 로트렉 등은 압생트의 대표적인 중독자로 간질발작으로 목숨을 잃거나 자살한 것으로 전해진다. 특히 압생트를 만든 한 제조업자가 아내와 아이를 살해하는 사건이 발생하자 1915

압생트의 원료인 쓴쑥.

년 유럽 전역에 압생트금지령이 내려졌다. 그러나 과학적인 성분 분석 결과 써존은 극히 미미하게 들어있고 정신에 미치는 영향이 과장됐다는 주류업계의 주장이 받아들여지면서 1981년 부활했다.

이 술은 한국에서도 정식 수입되어 판매되었는데 2010년 식약청에 의해 잠정 판매 금지 처분을 받아 화제의 대상이 되기도 했다. 세계에서 유일하게 압생트를 금지한 이유는 압생트에 식용금지 성분인 쓴쑥이 함유되었기 때문으로 알려지는데, 기본적으로 현재의 압생트는 쓴쑥 대신 아니스를 첨가제로 사용하고 있다.**

고흐의 숨결이 남아 있는 아를르

로마 시대의 유적이 풍부하게 남아 있는 지중해 남부 도시 아를르는 아직도 로마 원형경기장에서 투우 경기가 열릴 정도로 남다른 전통을 갖고 있다. 더구나 화가로서 고흐의 숨결이 많이 남아 있는 곳이기도 해서 곳곳에서 고흐의 향기를 느낄 수 있다. 아를르 구시가지의 중앙에 반 고흐 정원이 있는데 이곳은 고흐가 수용된 정신병원이 있던 자리다. 당시의 병원 건물은 현재 각종 특별 전시 공간으로 활용되고 있다. 또한 포룸 광장에는 반 고흐 카페가 있는데 고흐의 작품인 〈아를르의 포룸 광장의 카페 테라스〉의 그림 속 실제 장소이다. 그가 검은색을 전혀 쓰지 않고 군청색, 보라색, 초록색으로만 밤 풍경을 그렸다고 적은 바로 그곳이다.

아를르에서 10여 분 정도 떨어진 거리에 있는 〈랑글루아 다리와 빨래하는 여인들〉의 그림 속 실제 장소는 제2차 세계대전 때 폭격으로 파괴되었지

프랑스 아를르에 있는 반 고흐 카페. 고흐의 작품 〈아를르의 포룸 광장의 카페 테라스〉의 실제 모델이 되었던 장소다(위). 현재는 다리의 기능을 읽고 기념물이 된 랑글루아 다리(아래).

빈센트 반 고흐

아를르의 전원 풍경. 고흐의 그림 속에 등장하는 실편백나무 등이 보인다.

만 아를르 시가 그림과 똑같이 복원하여 방문객들을 즐겁게 하고 있다. 아를
르 인근 지역을 다니다보면 고흐가 그린 실편백나무와 해바라기 그림들의
모델 그리고 강렬한 햇빛 등을 만끽할 수 있다.

메릴린 먼로

20세기 초만 해도 미국은 유럽에 대한 콤플렉스에서 벗어나지 못하고 있었다. 유럽인들에게 미국은 땅덩어리는 크지만 신대륙이라는 촌구석에서 문화라는 것조차 모르는 무식쟁이들이 모여 사는 나라로 치부되었다. 그래서 많은 미국인은 재산을 모으면 유럽의 귀족 가문과 인맥을 맺어 미국에서는 누리지 못하는 상류사회의 일원으로서의 삶을 살려는 꿈을 꾸었다.

그러나 제1차 세계대전과 제2차 세계대전이 일어나면서 유럽의 요청으로 미국의 참전하고 연합군이 승리하게 되자 미국은 서방의 맹주로 떠올랐다. 그리고 이어서 벌어지는 공산국가와의 대결에서 승리하면서 미국은 고대 로마제국을 넘어서는 팍스 아메리카노, 즉 무소불위의 힘을 행사하는 국가로 자리 잡는다.

이런 위상 변화는 누구도 따라올 수 없는 어마어마한 문화 자원이 있었기 때문이다. 이를 역으로 설명한다면 20세기 중반 미국이 항상 열등감에 시달렸던 유럽 문화를 박차고 나와 자신들만의 문화를 만들어내는 데 성공했다는 뜻이다. 잘 알려진 팝아트 혹은 대중문화라 불리는 문화가 그것이다. 그 한

가운데에 50~60년대 미국 문화를 대표하는 한 여성이 등장했다. 바로 오늘날까지도 대중의 인기가 사그라들지 않고 있는 메릴린 먼로Marilyn Monroe다.

일반적으로 우리가 사망한 할리우드의 배우를 떠올리는 경우는 극히 드물다. 할리우드에서는 항상 기존 스타를 대체하는 새로운 스타가 등장하기 때문이다. 그런데 메릴린 먼로는 자살한 지 50년이 넘었지만 아직도 대중의 시선을 받고 있다. 인간 복제가 가시화된다는 설이 있었을 때 가장 복제하고 싶은 여자로 뽑힐 정도로 여전히 높은 인기를 구가하고 있다.[45]

백치미의 대명사

영국 패션 웹사이트 '미스 버터플라이'의 여론 조사에 따르면 영화 속 최고의 드레스로 메릴린 먼로가 〈7년 만의 외출〉에서 입은 옷이 꼽혔다고 한다. 〈7년 만의 외출〉은 하이 코미디의 명장인 빌리 와일더 감독의 대표작 중 하나로, 메릴린 먼로의 연기 생활 전반기를 대표하는 작품인 동시에 1950년대 미국 코미디 영화를 이야기할 때 빠트릴 수 없는 명작이다. 메릴린 먼로를 세

메릴린 먼로가 영화 〈7년 만의 외출〉에서 입은 옷.

영화 〈7년 만의 외출〉의 포스터.

계적인 스타로 만든 이 영화의 줄거리는 다음과 같다.

편집인인 리처드 서먼은 부인과 아들을 피서지에 보낸 후, 오랜만에 혼자서 생활하며 해방감을 맛본다. 그때 불현듯 그의 마음을 사로잡은 생각이 있었으니 '만약 내가 바람을 피워본다면'이다. 마침 같은 아파트 2층에 말할 수 없이 아름다운 금발 미녀(메릴린 먼로)가 이사를 온다. 우여곡절 끝에 그녀를 자기 아파트로 초대하는 리처드. 하지만 리처드에겐 선천적으로 과대망상증이 있다. 아가씨를 초대해놓고 그녀가 나타나길 기다리는 동안, 그는 혼자 간호원과 연애를 한다거나 자기 여비서와 맹렬한 사랑에 빠지는 등의 황당무계한 망상에 빠져든다.

한편 금발 미녀와의 이상한 상상에 탐닉해 있을 즈음, 피서지에 있는 아내로부터 전화가 걸려온다. 아내는 그곳에서 리처드의 친구인 탐을 만났다고 말한다. 리처드는 그런 아내의 거동을 불안하게 느끼고 별의별 망상을 다한다. 다음 날 리처드는 과대망상의 원인을 한 의사의 연구 논문에서 찾아낸다. 그 의사는 "모든 남자는 결혼 7년째에 이르면 바람을 피고 싶은 충동에 시달린다"고 주장한다.

그의 망상은 한층 심해진다. 예컨대, 금발 미녀가 갑자기 TV 방송에 나와 자기와 리처드와의 수상한 관계를 까발리는 것이다. 초조해진 그는 아가씨를 유혹해 함께 영화를 보러 간다. 그날 밤 금발 미녀는 날씨가 너무 덥다며 냉방장치가 있는 리처드의 방으로 와서 하룻밤을 지내게 되는데, 두 사람 사이에는 아무 일도 일어나지 않았다. 하지만 리처드는 이번엔 아내가 자신에게 피스톨을 쏘는 망상에 걸린다. 다음 날 상냥하고 마음씨 친절한 금발 미녀의 보살핌으로 겨우 기력을 회복한 리처드는 모든 망상을 청산하고 유쾌히 아내와 아들이 있는 피서지에 합류하러 떠난다.

여름에 아내와 아이들을 피서지에 먼저 보내고 자기의 휴가가 시작되기를 기다리는 한 가장이 위층에 사는 섹시한 아가씨와 벌이는 엉뚱한 해프닝을 그린 〈7년 만의 외출〉은 지하철에서 분 바람에 먼로의 스커트가 들어 올려지는 장면으로도 유명하다. 특히 더워서 팬티를 냉장고 안에 넣어두었다는 등의 기발한 대사도 많은 이야깃거리를 남겼음은 물론, 남편들은 결혼 7년째에 가장 바람나기 쉽다는 말은 유행어가 되기도 했다.

메릴린 먼로는 매혹적인 비단옷, 섹시함을 강조하는 검은색 긴 장갑, 반쯤 감은 눈, 고혹적인 미소를 트레이드 마크로 내세워 대중을 사로잡았다. 금발에 푸른 눈, 풍만한 가슴과 엉덩이를 가진 메릴린 먼로는 백치와 요부의 이중적 이미지를 동시에 가진 20세기의 대표적인 섹스 심벌로 알려진다. 메릴린 먼로 이전과 이후로 수많은 섹시 스타가 명멸했지만, 누구도 그 위치를 넘보지 못할 정도였다.

슈퍼스타보다 더 유명한 슈퍼스타

메릴린 먼로는 1926년 6월 1일, 노마 진 모튼슨Norma Jean Mortenson이란 이름으로 태어났다. 자라서는 어머니의 성을 따 노마 진 베이커Norma Jean Baker라는 이름으로 세례를 받았다. 그녀의 어머니는 할리우드의 크고 작은 스튜디오에서 필름 편집 일을 했는데 그녀의 아버지는 아직까지도 알려지지 않고 있다. 한마디로 사생아로 태어난 것이다. 그녀의 어머니 글레이디 펄 베이커는 가난한 데다 정신병까지 앓고 있던 미혼모로 딸을 다른 집의 양녀로 보낸다. 그리하여 먼로는 아홉 살 때부터 고아원과 보육원을 전전하는 생활을 해야만 했다.

비행기 공장에서 일하던 먼로는 열여섯 살이 되던 해인 1942년 6월 19일, 지미 도허티Jimmy Dougherty와 첫 번째 결혼을 했다. 그는 고등학생 시절 여학생들의 인기를 한몸에 받던 잘생긴 남학생으로 댄스 파티에서 만난 열다섯 살 먼로에게 반해 데이트를 거듭하던 중 아예 결혼식을 올린 것이다. 그들의 결혼 생활은 4년 만인 1946년에 끝이 났다. 그녀가 이른 결혼을 한 이유는 아마도 지미를 사랑해서가 아니라 남의집살이에서 도피해보려는 생각에서였던 것으로 추정된다.

1945년 먼로는 무기 공장의 페인트 공으로 일자리를 얻는다. 그곳에서 만난 한 해군 사진작가가 그녀를 모델로 사진을 찍었는데 그 사진들은 그 당시 사람들의 기준으로 볼 때는 현재의 포르노물과 같은 수준으로 상당히 외설적이었다. 그런데 이 사진이 군부대에서 폭발적인 인기를 끌자 모델 에이전시가 그녀에게 연락을 취했다.

이 일은 그녀를 그야말로 슈퍼스타로 자리매김하게 하는 데 큰 역할을 했다. 마침 제2차 세계대전도 끝났을 때인데, 1945년 말에 이미 무려 33개 주요 잡지의 핀업 걸로 등장했을 정도였다. 1946년, 그녀는 공장을 그만두고 첫 남편 지미 도허티와 이혼한 후 풀타임 모델로 변신한다.

20세기폭스필름은 그녀와 주 125불로 계약을 맺자마자 스타 만들기 작업

『양키, 아미 위클리』(1945년 6월 26일자)에 실린 지미 도허티의 사진.

에 들어갔다. 대중들이 금발을 좋아한다는 것을 간파한 할리우드는 메릴린 먼로의 머리카락을 빨간색이 들어간 짙은 갈색에서 금발로 바꾸었다. 이때 이름도 '노마 진 베이커'에서 '메릴린 먼로'로 바꾸었다. 메릴린은 여배우 메릴린 밀러에서 따왔고 먼로는 그녀의 외할머니 성이었다.

메릴린은 엑스트라로 첫 데뷔를 했다. 〈스쿠다후 스쿠다헤이〉, 〈미스 필 그림의 쇼킹〉에 엑스트라로 출연했고, 1950년에 존 휴스턴 감독의 스릴러물 〈정글 아스팔트〉와 〈이브의 모든 것〉에서 비교적 비중이 있는 배역을 맡았다. 그녀는 그동안 할리우드를 주름 잡던 여배우들과는 달랐다. 풍만한 몸매에 곱슬곱슬한 금발머리, 얼굴 어딘가 찍혀 있는 매력 점, 도톰하며 살짝 벌어진 입술, 어딘가 나른하고 멍한 듯 보이는 푸른 눈, 이것은 메릴린 먼로의 외모이지만 동시에 전형적인 미국 미인의 상징이기도 했다. 당시 미국은 강한 남성상을 강조하고 있었으므로 백치미를 가진, 어딘가 둔하지만 순진해 보이고 보호해줘야 할 것 같은 매력을 가진 먼로야말로 적격인 인물이었다.[46] 먼로의 대명사라고도 볼 수 있는 약간 무겁게 느껴지는 눈꺼풀과 약간은 졸린 듯 보이는 시선에 남성들이 환호한 까닭은 그녀의 표정이 마치 다음과 같이 말하고 있는 것 같았기 때문이다.

나는 방금 누군가와 환상적인 섹스를 나누었어요. 그리고 다음 상대는 당신이 될 수도 있어요.

그녀야말로 당대의 남성들이 확실히 상대해볼 만한 가치가 있었다. 더구나 먼로는 관능미에다 어린 소녀의 천진무구함과 연약함을 결합했는데, 그녀가 어린 소녀의 목소리를 간직하고 있다는 점도 큰 장점이었다. 한마디로

풍만한 몸매에 곱슬곱슬한 금발머리, 얼굴 어딘가 찍혀 있는 매력 점, 도톰하며 살짝 벌린 입술, 어딘가
나른하고 멍한 듯 보이는 푸른 눈. 그녀의 표정은 마치 다음과 같이 말하고 있는 것 같다. "나는 방금 누
군가와 환상적인 섹스를 나누었어요. 그리고 다음 상대는 당신이 될 수도 있어요."

그녀를 본 어떤 남자라도 그녀의 든든한 보호자를 자처하고 나서게 하기에 충분했다.[47]

그런데 1952년 잘 나가던 그녀에게 위기가 찾아온다. 그녀가 한참 돈이 궁할 때 50달러를 받고 찍었던 누드 사진이 달력으로 제작되어 발매되기 시작한 것이다. 영화사에서는 누드 사진을 찍었다는 것을 부인하지 않으면 배우 생활을 끝장내겠다고 으름장을 놓았지만 먼로는 당대에 가장 강력한 힘을 발휘하고 있었던 주간지 『라이프』를 찾아가 솔직하게 당시의 상황을 고백했다. 『라이프』는 그녀의 솔직한 이야기에 매료되어 오히려 먼로에 대한 대대적인 특집호를 내주었다. 이것이 그녀를 스타덤에 올려놓는 계기가 되었다. 그녀를 위협하던 영화사에서도 그녀의 인기가 치솟자 곧바로 대대적인 홍보에 나섰고 그녀의 주가는 놀라울 만큼 상승세를 타기 시작했다.

그녀의 주가를 더욱 올린 것은 야심만만한 젊은이인 휴 헤프너가 1953년 12월에 창간한 『플레이보이』에 문제의 누드 사진들을 게재한 사건이었다.

로키산맥에서 영화 〈돌아오지 않는 강〉을 촬영 중인 메릴린 먼로.

헤프너가 달력 회사와 접촉하여 거금 500달러를 들여 판권을 사들인 후 「이 달의 연인」이라는 제목으로 삽입했는데 이 기사는 메릴린 먼로의 위상을 높여 준 것은 물론 미국 역사에 길이 남을 매우 유명한 자료가 되기도 했다. 그녀의 누드 사진이 미국 대중매체에 실린 최초의 컬러 누드 사진이 된 것이다.

헤프너의 『플레이보이』는 그야말로 상상을 초월하는 효과를 거두었다. 헤프너는 한 부에 50센트나 되는 창간호가 성공할 것으로 예측할 수 없었기 때문에 잡지에 발행인의 이름과 발행 날짜를 고의적으로 넣지 않았다. 그런데 3만 부는 팔려야 손익분기점을 넘어설 것으로 예측되던 잡지는 무려 5만 4천 부나 팔리며 대성공을 거뒀고 불과 3년 만에 50만 부가 팔렸다. 1959년에는 『에스콰이어』를 뛰어넘어 매월 100만 부를 팔았다. 학자들은 『플레이보

미국 시카고의 번화가 파이오니어 광장에 설치돼 선정성 논란을 빚은 대형 메릴린 먼로 상. 현재는 철거되었다.

이』가 엄청난 성공을 거둔 요인으로 헤프너가 메릴린 먼로라는 모델을 창간호에 활용한 것을 꼽는다. [48]

메릴린 먼로는 『플레이보이』가 공전의 인기를 끌고 있다는 기쁨을 만끽하면서 1954년 1월 14일, 두 번째 결혼을 한다. 당대의 야구 슈퍼스타 조 디마지오가 그녀의 남편이었는데 언론은 이들의 결혼을 '세기의 커플'이라고 떠들어댔다. 이들의 결혼은 정말로 주목받을만했다. 미국에서 최고의 인기를 자랑하는 야구 선수와 영화배우가 결혼했기 때문이다. 먼로는 디마지오와의 결혼을 기뻐하며 다음과 같이 말했다.

> 조는 야구 선수일 뿐만 아니라 만능 스포츠맨이다. 나보다 한 뼘은 키가 크다. 내가 머리 가르마를 탈 때 조는 뒤에서 그것을 다 볼 수 있다.

그런데 이들은 일 년도 채 못 가서 이혼한다. 이혼 사유는 직업상의 갈등이지만 한국과 밀접한 관련이 있으므로 보다 상세하게 설명한다. 사실 두 사람은 물과 기름과 같은 존재였다. 그것은 결혼식에서부터 드러났다. 미국 야구 역사상 아직도 깨지지 않는 56게임 연속 안타를 기록한 후 은퇴한 슈퍼스타인 디마지오는 결혼식을 조용하게 치르자며 결혼 신고를 위해 샌프란시스코 시청에 함께 도착했다. 문제는 타자기였다. 당시 샌프란시스코 시청에는 타자기가 한 대도 없었기 때문에 결혼 증명서를 발급받기까지 시간이 걸리자 먼로는 자신과 계약한 20세기폭스필름사에 결혼 사실을 알려주었다.

20세기폭스필름으로서는 자신들에게도 알리지 않고 결혼한다는 소식을 보내온 것에 놀라지 않을 수 없었지만 그들의 대처는 재빨랐다. 메릴린 먼로가 시청에서 전화를 건 지 30분도 안 되어 수많은 관중이 시청 앞 광장에 모

메릴린 먼로와 그녀의 두 번째 남편 조
디마지오.

였다. 관중들은 디마지오를 보러 온 것
이 아니라 먼로를 보러 온 것이다. 재미
있는 것은 먼로가 자신의 나이를 28세가
아닌 25세로 기록했다는 점이다.

허니문 후반에 두 사람은 일본으로
날아갔다. 본래 이것은 디마지오가 계획
한 것으로 결혼하기 훨씬 전부터 야구계
의 우상인 옛 친구 오들에게 "일본 순회

여행에 동행하겠다"고 약속한 바 있다. 디마지오는 2년 전 도쿄에서 은퇴 시
합을 한 적도 있었으므로 일본의 야구 시즌 개막도 볼 겸 먼로와 함께 떠날
여행지로 일본을 선정한 것이다. 이때의 여행은 전적으로 디마지오의 의사
였다.

그러나 디마지오와 먼로가 일본에 도착하자마자 상황은 역전되었다. 야구
계의 슈퍼스타인 디마지오를 환영하리라 생각하고 일본에 도착하였지만 일
본인들은 디마지오가 아니라 먼로에게 열광했다. 공항에서 도심으로 향하는
길가에서 환호하는 사람들은 온통 "먼로"를 외쳤다. 호텔에서는 경관 200여
명이 지키고 서서 관중들이 먼로에게 다가가는 것을 철저히 막았지만 역부
족이었다. 팬들은 연못에 빠지기도 하고 회전문에 끼이기도 했으며 쇼윈도
유리를 깨기도 했다.

디마지오를 더욱 낙담하게 한 것은 부인과 함께 있는 그에게 기자들이 다
가와 자신을 "미스터 먼로"라고 불렀다는 점이었다. 한편 먼로는 한 인터뷰
에서 속옷을 입었느냐는 질문에 "내일 옷을 살 거에요"라고 대답해 화제가
되기도 했다. 디마지오를 정말로 화나게 한 것은 한 장군이 그들 부부에게 한

국전쟁에 참전한 미군 병사를 위문해주지 않겠느냐고 질문했을 때이다. 디마지오가 "기꺼이"라고 대답했는데 장군은 "당신에게 물은 것이 아니라 부인에게 물은 거지요"라고 말했다는 것이다.

불쾌한 순간이지만 신혼여행이므로 꾹 참았는데 장군은 한술 더 떠 디마지오에게 '미스터 먼로'로서 한국에 동행하겠느냐 아니면 먼로만 한국을 방문케 하고 그는 일본에 머물겠느냐고 질문했다. 자존심이 강한 디마지오는 후자를 선택했고 먼로는 한국으로 향했다.

먼로가 한국행을 결정한 이유는 한국에서 콘서트를 여는 것이 애국적인 행위였기 때문이다. 그녀가 방문할 미군 부대는 미국의 정예부대인 해군 제1사단이었다. 먼로의 위문 공연은 나흘 동안 계속되었다. 군인들 대부분은 먼로를 영화에서 한 번도 본 적이 없었다. 먼로가 인기 절정으로 치닫고 있을 때 전선에 나가 있었기 때문이다. 그럼에도 장병들은 먼로를 잘 알고 있었다. 그녀가 부대를 방문하기 2개월 전, 로스앤젤레스에서 발간된 『플레이보이』 창간호에 먼로가 표지 모델로 나왔기 때문이다.

그녀의 위문 공연은 그야말로 전 세계를 강타했고 병사들은 열광했다. 그녀는 당대의 할리우드 스타였음에도 다른 배우와는 달리 깐깐하지 않았다. 그녀는 함께 사진을 찍고 싶다고 말하면 누구와도 찍어주었다. 먼로도 이 당시 소감을 다음과 같이 말했다.

모두 함께라는 느낌이었어요. 나를 바라보고 있는 사람들이 나를 받아들여주고, 또한 나를 아주 좋아한다는 사실을 태어나서 처음으로 느꼈지요. 소망이 이루어진 느낌이었습니다.

    먼로가 한국에서 공전의 성공을 거두었다는 소식을 들은 디마지오는 마음이 편치 않았다. 먼로는 도쿄에 도착하자마자 남편인 디마지오에게 기쁨을 전했다.

> ★ 조, 너무 굉장했어요. 만 명이 넘는 사람들에게 환성을 받는다는 것이 어떤지 알아요?
>
> ★ 알지. 그런데 내 경우는 칠만 오천 명이었어.[49]

    먼로의 여행은 두 사람 사이를 결정적으로 금가게 하였다. 자존심이 강한 디마지오가 손찌검까지 하자 먼로는 9개월 만에 두 번째 이혼 도장을 찍는다. 이혼 후에도 디마지오가 먼로를 사랑했다는 것은 전설로 통할 정도로 잘 알려진 사실이다. 그가 폐암으로 죽기 직전에 변호사에게 한 "먼로를 다시 볼 수 있겠어"란 말은 이를 증명한다.

한국전쟁에 참전한 미군 병사를 위해 위문 공연에 나선 메릴린 먼로. 하지만 이 여행은 두 사람 사이를 결정적으로 갈라놓았다.

백치미와 지성의 만남

1956년 6월 29일, 먼로는 유명한 대중 작가이자 미국의 지성으로 알려진 아서 밀러와 세 번째로 결혼하여 주가를 더욱 높인다. 먼로는 아서 밀러를 공개적으로 과찬하고 다녔다. 아서 밀러 역시 먼로의 아름다움으로부터 작품의 영감을 얻는다고 말하면서 먼로의 인간성과 가치가 다른 그 누구보다도 훌륭하다고 말했다.

세 번째 남편인 아서 밀러와 함께 포즈를 취하고 있는 메릴린 먼로.

사실 먼로와 밀러는 부부관계라기보다는 사제 관계에 가까운데도 먼로가 밀러와 결혼한 이유는 지적인 남편을 얻어 기존의 이미지를 벗어버리고 싶었기 때문이다.[50] 그러나 그들의 사이는 밀러와의 사이에서 임신한 아이를 자궁 외 임신으로 사산한 후부터 점점 벌어지기 시작했다는 것이 정설이다. 아이를 잃은 먼로가 프랑스 배우 이브 몽탕, 프랭크 시나트라 등과 어울리자 밀러가 이를 용납하지 못하면서 결혼 생활은 4년 만에 끝이 났다. 당시 두 사람의 이혼을 두고 한 언론에서는 다음과 같이 꼬집었다.

> 그들의 이혼은 백치미와 지성이 만나면 얼마나 비참해지는가를 단적으로 보여 준 일례이다.

먼로는 약물복용으로 심신을 달래고 있었는데 바로 그때 대단한 형제를

1962년 5월 뉴욕 메디슨 스퀘어가든에서 열린 존 F. 케네디의 45세 생일 파티에 참석한 메릴린 먼로가 존 F. 케네디, 로버트 케네디와 함께 있는 장면.

만난다. 당대의 정치가인 케네디 형제들이다. 케네디 대통령과 먼로의 만남은 존 케네디가 대통령에 당선되기 전에 이루어졌다. 존 케네디와 먼로 사이에서 뚜쟁이 노릇을 한 사람은 존 케네디의 동서인 영화배우 피터 로포드이다. 존 케네디를 거쳐 간 유명 배우로는 오드리 헵번, 제인 맨스필드, 엔지 디킨슨, 주디스 엑스너 등도 있었다.[51] 문제는 메릴린 먼로였다. 그녀는 자신이 존 케네디에게 특별한 존재가 되어간다고 믿기 시작했다. 메릴린 먼로와의 밀회 장소는 카라일 호텔의 대통령 전용 펜트하우스였고 존 케네디가 대통령에 취임한 후 두 사람은 대통령 전용기를 타고 함께 여행하기도 했다. 그녀의 변장술이 너무나 뛰어나 아무도 그녀가 영화배우 먼로라는 사실을 알아채지 못했다고 한다.

먼로는 자신이 케네디가의 며느리가 될 것이라는 망상에 사로잡혀 있었

메릴린 먼로가 존 F. 케네디에게 준 선물.

는데 집착이라 느껴질 정도로 진지했다. 심지어는 재클린에게 직접 전화를 걸어 자리를 내놓으라는 말을 했다는 소문도 있다.[52] 그러나 존 케네디는 섹스와 사랑을 혼동하는 타입이 아니었다. 미국이라는 막강한 국가의 대통령이 된 존 케네디는 그동안 미국 대통령이 되기까지 조력해준 재클린과 이혼하면서까지 먼로와 결혼해 정치 경력을 망칠 생각은 추호도 없었다. 알려지기에는 FBI 국장으로부터 먼로와 정사를 나누는 것이 모두 감시되고 있다는 경고를 받은 존 케네디가 먼로와의 관계를 끝냈다고 한다.

변심한 케네디 대통령을 대신하여 접근한 사람은 그의 동생 로버트 케네디다(존 케네디가 소개해주었다는 설도 있음). 그는 먼로를 동정하기 시작했고 곧이어 사랑에 빠졌지만 로버트 케네디 역시 그녀에게 진지한 사람은 아니었다. 그는 그녀와 헤어질 구실을 찾고 있었다.

신경 쇠약에 걸린 먼로는 점점 더 수면제와 술에 의존했고 밤마다 불면증

메릴린 먼로

먼로의 죽음을 보도하는 신문.

에 시달렸다. 당시 먼로는 〈아내는 살아 있었다〉라는 영화를 찍고 있었는데 세트장에 몽롱한 상태로 나타나 대사도 제대로 외우지 못했다고 한다. 이 영화는 20세기폭스필름사가 심혈을 기울이는 작품이었으므로 마침내 먼로는 배역을 빼앗겼고 촬영은 중지되었다.

자신의 배우 생활이 끝났다고 생각하지 않을 수 없는 상황에서 로버트 케네디와의 사이에서 임신한 아이까지 중절하자 먼로는 초조함을 느꼈고 정신이 이상해졌다. 이것이 자살 동기 중 하나라는 추측이 많다.[53] 알려지기에는 케네디 형제로부터 버림받았을 때 그녀에게 구원의 손길을 내민 것은 전남편 조 디마지오라고 한다. 먼로는 그와 다시 결혼할 것을 결심한다. 그러나 결혼을 3일 앞둔 1962년 8월 5일 먼로는 침대 위에서 의문의 변사체로 발견된다.[54]

마피아의 살해

먼로의 사망 요인은 역시 약물 중독이라고 최종 결론지어졌다. 그녀는 실제로 두 번이나 자살 시도를 했다. 수많은 조사에 의한 결론은 세 번째 시도가 성공했다는 것이다.[55]

그녀의 사망은 곧바로 세상의 이목을 집중시켰다. 먼로의 공식 사인은 수

면제 바르비탈 과다 복용에 의한 중독이다. 시신을 부검한 관계 당국은 혈액과 간장에서 많은 양의 바르비탈이 검출되었다고 발표했는데 엥젤버그 의사는 전날 그녀에게 바르비탈 50정을 주었다고 증언했다.

그녀의 사망 원인으로 자살보다는 타살이 의심되는 이유는 사망 정황에 몇 가지 의문스러운 점들이 있었기 때문이다. 우선 그녀가 약물 과다 복용으로 사망했다면 상당히 많은 양을 한꺼번에 먹어야 하는데 그녀의 시신 주위에서 발견된 약병에는 아직도 상당한 양(30정)의 바르비탈이 남아있었다. 더욱이 약물 과다 복용으로 일어나는 경련도 없이 먼로의 몸은 바른 자세로 얌전히 누워있었다.[56] 또한 시신으로 발견되었을 당시 그녀는 한 손에 전화 수화기를 쥐고 있었는데 누군가에게 전화를 걸고 있었는지도 의문이지만 통화

메릴린 먼로의 사망 진단서. 그러나 메릴린 먼로의 진단서에 서명을 했던 검시관은 그녀의 부검 기록과 자살을 의미하지 않은 생전 마지막 일기장 그리고 그녀의 사건에 관한 첫 번째 경찰 보고서 또한 사라졌다고 말했다.

기록은 발견되지 않았다.

사실 먼로는 전에도 여러 차례 자살을 시도했고, 그때마다 사람들에게 전화해 도움을 청했었는데 그날 밤 통화한 기록은 발견되지 않았다. 부검 기록과 일기장도 사라져버렸다. 시신의 위치와 자세도 일반적인 수면제 과다 복용으로 사망한 경우와 달라보였다.

자살로 발표되긴 했지만 미국 마피아와 CIA, 미국 대통령 존 케네디와 그의 동생 로버트 케네디까지 그녀의 죽음에 연루되었다는 의심을 받았다. 이것이 사실이라면 케네디 가문과 관련된 마피아나 CIA가 다소 정서가 불안한 슈퍼스타를 위험한 존재로 여길만한 충분한 이유가 된다. 그녀가 대통령에 관련된 각종 비밀이나 보안 사항들을 누설하면 대통령직조차 위태로워질 수 있기 때문이다.[57]

먼로의 개인 전화번호 수첩.

이를 뒷받침이라도 하듯이 1991년 메릴린 먼로의 죽음을 둘러싼 의혹을 다룬 책이 발간되었다. 마피아 보스인 샘 지안카나의 동생 척 지안카나가 쓴 『더블 크로스』다. 이 책의 주장은 먼로가 CIA의 의뢰를 받은 지안카나의 부하들에게 살해되었다는 것이다. 당시 케네디 집안은 마피아 보스인 지안카나와 매우 친밀한 관계에 있었다. 존 케네디가 대통령에 입후보했을 때 50만 달러를 내놓았고, 그의 아버지 조셉 케네디가 누군가에게 생명의 위협을 받고 있을 때 도와준 사람도 지안카나였다. 그런데 조셉 케네디가 지안카나의 아들을 존 케네디의 측근으로 삼겠다는 약속을 깨트리자 지안카나는 이를 응징해야겠다고 생각하고 있었다.

한편 먼로는 케네디 형제에게 위험한 존재가 되어가고 있었다. 그녀가 케네디 형제와의 사생활을 폭로하면 존 케네디의 정치 생활이 엉망이 될 것은 분명한데 먼로는 이를 공언하고 있었다. CIA는 마침내 그녀를 없애기로 하고 그 해결을 지안카나에게 의뢰했다. 지안카나는 먼로가 죽으면 결국 케네디 형제와의 사생활이 폭로될 것이므로 쾌히 승낙했다.

살인청부업자들은 오전 0시, 즉 자정에 먼로의 방으로 들어가 그녀의 입을 테이프로 막고 바르비탈이 들어 있는 좌약을 항문에 삽입했다. 입을 통해 약을 마시게 하는 것은 위험한 일이기 때문이다. 엎치락뒤치락하는 사이에 몸에 상처를 남길 우려가 있고 부작용 때문에 토해버릴 수도 있기 때문이다. 청부업자들은 입에 붙였던 테이프를 벗기고 말끔히 뒤처리한 후 조용히 사라졌다.

그런데 로버트 케네디를 먼로의 살해범으로 몰려던 지안카나의 계획은 실패로 끝났다. 법무부 장관인 로버트 케네디가 어느새 먼로의 죽음을 알아차렸기 때문이다. 그는 살인청부업자들이 먼로를 살해했으리라고는 생각지 못하

메릴린 먼로가 잠든 웨스트우드 빌리지 공원묘지.

고 의사가 약을 과다 투여해서 죽은 것이 아닌가 생각했다. 그렇지만 먼로의 죽음은 결국 형인 존 케네디를 비롯하여 자신에게도 피해를 줄 것이 틀림없는 일이었다.

로버트 케네디는 피터 로포드와 탐정 오타슈에게 경찰이 냄새를 맡기 전에 먼로의 집을 철저히 정리해달라고 지시했다. 그들은 로버트 케네디가 우려하는 일기, 전화번호부, 사건 전에 먼로를 방문한 증거들을 모조리 없애버렸다. 이것이 『더블 크로스』가 폭로한 메릴린 먼로의 사망에 관한 의혹이지만, 이 역시 의혹만 있을 뿐 그녀의 죽음을 명쾌하게 설명 수 있는 것은 아니다.[58] 메릴린 먼로에 얽힌 미스터리가 계속 이어질 수 있는 이유다.

01 제왕 미스터리

1 『Egypt』(Bonechi, 2008).
2 『Egypt』(Bonechi, 2008); 마르코 카타네오, 이은정 옮김, 『유네스코 세계고대문명』(생각의나무, 2006).
3 「유적의 보존」, 『뉴턴』, 1999년 12월.
4 『Egypt』(Bonechi, 2008).
5 「유적의 보존」, 『뉴턴』, 1999년 12월; 『유네스코 세계 고대문명』(생각의나무, 2006).
6 이종호, 『과학으로 여는 세계 불가사의』(문화유람, 2008).
7 양승윤 외, 『바다의 실크로드』(청아출판사, 2003).
8 장대우, 「[부산경남] 진시황의 방사(方士) 서복의 일생일대와 불로초의 비밀을 밝힌다」, 남해연합뉴스, 2009년 8월 21일.
9 장대우, 「[부산경남] 진시황의 방사(方士) 서복의 일생일대와 불로초의 비밀을 밝힌다」, 남해연합뉴스, 2009년 8월 21일.
10 강석기, 「진시황이 찾았던 불로장생 약초는 바로 이것」, 더사이언스, 2012년 8월 15일.
11 김동률, 「오래된 문명을 찾아서 대륙을 누비다」, 『KTX magazine』, 2012년 10월호.
12 현준만, 『이야기 세계사 여행』(실천문학사, 2001).
13 베른트 잉그마르 구트베를레트, 이지영 옮김, 『역사의 오류』(열음사, 2008).
14 존 리처드 스티븐슨, 류경희 옮김, 『기이한 역사』(예문, 1998).
15 이종호, 『세기의 악당』(북카라반, 2011).
16 리처드 셍크먼, 임웅 옮김, 『세계사의 전설, 거짓말, 날조된 신화들』(미래M&B, 2001).
17 김향, 『악녀의 세계사』(가람기획, 2010).
18 김향, 『악녀의 세계사』(가람기획, 2010).
19 조문윤, 『무측천 평전』(책과함께, 2004).
20 안효상, 『상식 밖의 세계사』(새길, 1993).
21 「측천무후를 역사 흐름 속에서 분석해보자」, http://historia.tistory.com/2153.
22 유철종, 「측천무후 능에 금은보화 500t」, 『중앙일보』, 2007년 1월 17일.
23 키류 미사오, 홍성민 옮김, 『뒤바뀐 세계사의 진실』(베텔스만, 2004).
24 시앙스신, 임지영 옮김, 『세계 역사 속의 49가지 미스터리』(집사재, 2009).
25 시앙스신, 임지영 옮김, 『세계 역사 속의 49가지 미스터리』(집사재, 2009).
26 캐시 뉴먼, 「12가지 독 이야기」, 『내셔널지오그래픽』, 2005년 5월호.
27 키류 미사오, 홍성민 옮김, 『뒤바뀐 세계사의 진실』(베텔스만, 2004).
28 민융기, 『풀리지 않는 세계사 미스터리』(하늘출판사, 1995).
29 이종호, 『세기의 악당』(북카라반, 2011).
30 키류 미사오, 홍성민 옮김, 『뒤바뀐 세계사의 진실』(베텔스만, 2004).
31 캐시 뉴먼, 「12가지 독 이야기」, 『내셔널지오그래픽』, 2005년 5월호.
32 함혜리, 「나폴레옹은 의료사고로 사망했다」, 『과학과 기술』, 2004년 9월호.
33 캐시 뉴먼, 「12가지 독 이야기」, 『내셔널지오그래픽』, 2005년 5월호.

02 역사 인물 미스터리

1 이종호, 『과학삼국지』(북카라반, 2009).
2 제갈량편집팀, 허유영 옮김, 『제갈량 문화유산 답사기』(에버리치홀딩스, 2007).
3 이중톈, 김성배·양휘웅 옮김, 『삼국지 강의』(김영사, 2007).
4 제갈량편집팀, 허유영 옮김, 『제갈량 문화유산 답사기』(에버리치홀딩스, 2007).
5 나관중, 리동혁 옮김, 『본 삼국지 11』(금토, 2005).
6 이형구, 『발해 연안에서 찾은 한국 고대문화의 비밀』(김영사, 2004).
7 국가과학기술자문회의, 『과학이 세상을 바꾼다』(크리에디트, 2007).

8 크리스 피어스, 황보종우 옮김, 『전쟁으로 보는 중국사』(수막새, 2005).

9 민승기, 『조선의 무기와 갑옷』(가람기획, 2004).

10 이규태, 「왜 여궁인가」, 『조선일보』, 2004년 8월 19일.

11 조일문, 『남선북마 중국대륙을 돌아드니』(삼화출판사, 1994).

12 아담 호크쉴드, 이종인 옮김, 『레오폴드왕의 유령』(무우수, 2003).

13 김윤진, 『동아프리카사』(미래엔출판사, 1994).

14 이종호, 『세기의 악당』(북카라반, 2011).

15 모리 이즈미, 「데이비드 리빙스턴」, 『뉴턴』, 2004년 6월호.

16 『세계사의 100대 사건』(리더스다이제스트, 1995).

17 김윤진, 『동아프리카사』(미래엔출판사, 1994).

18 아담 호크쉴드, 이종인 옮김, 『레오폴드왕의 유령』(무우수, 2003).

19 『세계사의 100대 사건』(리더스다이제스트, 1995).

20 아담 호크쉴드, 이종인 옮김, 『레오폴드왕의 유령』(무우수, 2003).

21 와타히키 히로시, 윤길순 옮김, 『질투하는 문명』(자작나무, 1995).

22 아담 호크쉴드, 이종인 옮김, 『레오폴드왕의 유령』(무우수, 2003).

23 이종호, 『세기의 악당』(북카라반, 2011).

24 시앙스신, 임지영 옮김, 『세계 역사 속의 49가지 미스터리』(집사재, 2009).

25 『세계사의 100대 사건』(리더스다이제스트, 1995).

26 이종호, 『세기의 악당』(북카라반, 2011).

27 제프리 버튼 러셀, 박태선 옮김, 『날조된 역사』(모티브, 2004).

28 김성근 감수, 『대세계사 8』(정한출판사, 1980).

29 제임스 W. 로웬, 남경태 옮김, 『선생님이 가르쳐 준 거짓말』(휴머니스트, 2010).

30 제임스 W. 로웬, 남경태 옮김, 『선생님이 가르쳐 준 거짓말』(휴머니스트, 2010).

31 와타키 히로시, 윤길순 옮김, 『질투하는 문명』(자작나무, 1995).

32 필리프 반덴베르크, 최상안 옮김, 『네로 광기와 고독의 황제』(한길사, 2003).

33 페터 크뢰닝, 이동준 옮김, 『오류와 우연의 역사』(이마고, 2005).

34 강강희, 「콜럼버스는 잔인한 폭군이었다」, 『조선일보』, 2006년 7월 17일.

35 시앙스신, 임지영 옮김, 『세계 역사 속의 49가지 미스터리』(집사재, 2009).

36 요미우리신문사, 이종주 옮김, 『20세기의 드라마』(새로운 사람들, 1996).

37 이종호, 『세기의 악당』(북카라반, 2011).

38 Vann Nath, 『One Year in the Khmer Rouge's S-21』(White Lotus Press, 1998).

39 David Chandler, 『Voice from S-21』(Silkworm Books, 1999).

40 이종호, 『세기의 악당』(북카라반, 2011).

41 「크메르 루주 공산반군 근거지 관광지로 탈바꿈」, 연합뉴스, 2003년 8월 26일.

42 이종호, 『세기의 악당』(북카라반, 2011).

43 「안경 썼다고 외국어 쓴다고 학살… 킬링필드 전범, 27년 만에 법의 심판대에」, 국민일보 쿠키뉴스, 2006년 1월 17일.

03 문화 인물 미스터리

1 김환영, 「라트비아서 발명, 독일인이 전파 종교·교파 뛰어넘는 희망의 상징」, 『중앙선데이』, 2010년 12월 19일.

2 심영주, 「한국과 이런 인연이? '성탄절 트리의 진실'」, 『중앙일보』, 2012년 12월 22일.

3 「산타를 추적하라!! 크리스마스트리와 전기」, 『사이언스타임스』, 2005년 12월 23일.

4 하인리히 찬클, 박소연 옮김, 『과학을 훔친 29가지 이야기』(말글빛냄, 2010).

5 김광호, 「진짜 산타는 황인종」, 『내일신문』, 2004년 12월 21일.

6 한스 크리스티안 후프, 이민수 옮김, 『역사의 비밀 2』(오늘의책, 2004).

7 이종호, 『세계를 속인 거짓말(문명과 전쟁)』(뜨인돌, 2011).

8 마르코 폴로, 정운용 옮김, 『동방견문록』(을유문화사, 1974).

9 시앙스신, 임지영 옮김, 『세계 역사 속의 49가지 미스터리』(집사재, 2009).

10 마이크 에드워즈, 「마르코 폴로의 대여정」, 『내셔널지오그래픽』, 2001년 5월호.
11 마르코 폴로, 정운용 옮김, 『동방견문록』(을유문화사, 1974); 한스 크리스티안 후프, 이민수 옮김, 『역사의 비밀 2』(오늘의책, 2004).
12 시앙스신, 임지영 옮김, 『세계 역사 속의 49가지 미스터리』(집사재, 2009).
13 콜린 윌슨, 황종호 옮김, 『풀리지 않은 세계의 불가사의』(하서, 2003).
14 『세계상식백과』(리더스다이제스트, 1983).
15 콜린 윌슨 외, 황종호 옮김, 『풀리지 않은 세계의 불가사의』(하서, 2003); 콜린 윌슨, 황종호 옮김, 『세계의 불가사의 백과 1』(하서, 1995).
16 콜린 윌슨, 황종호 옮김, 『풀리지 않은 세계의 불가사의』(하서, 2003).
17 파퓰러사이언스, 『미스터리 사이언스』(양문, 2011).
18 슈테판 츠바이크, 나누리 옮김, 『츠바이크가 본 카사노바, 스탕달, 톨스토이』(필맥, 2005).
19 김준목, 『감각의 순례자 카사노바』(시공사, 2002).
20 슈테판 츠바이크, 나누리 옮김, 『츠바이크가 본 카사노바, 스탕달, 톨스토이』(필맥, 2005).
21 김준목, 『감각의 순례자 카사노바』(시공사, 2002).
22 「카사노바 – 역사적 변화가 낳은 이단아」, http://historia.tistory.com/2935.
23 슈테판 츠바이크, 나누리 옮김, 『츠바이크가 본 카사노바, 스탕달, 톨스토이』(필맥, 2005).
24 『잡학사전』(동아출판사, 1989).
25 박광규, 『셜록 홈스』, 네이버캐스트, 2011년 9월 27일; 박광규, 『아서 코난 도일』, 네이버캐스트, 2011년 9월 27일.
26 『잡학사전』(동아출판사, 1989).
27 이종호, 『조선 최대의 과학수사 X파일』(글로연, 2011).
28 이종호, 『조선 최대의 과학수사 X파일』(글로연, 2011).
29 『잡학사전』(동아출판사, 1989).
30 우찬제, 「우주적 동경과 인간적 진실의 신화 – 생텍쥐페리의 어린왕자」, 강대진 외, 『서양의 고전을 읽는다 3』(휴머니스트, 2006).
31 루돌프 첼민스키, 「어린 왕자의 마지막 비행」, 『리더스다이제스트』, 2005년 5월호.

04 비운의 인물 미스터리
1 김정미, 『역사를 이끈 아름다운 여인들』(눈과마음, 2007).
2 볼프 슈나이더, 박종대 옮김, 『위대한 패배자』(을유문화사, 2006).
3 이종호, 『세기의 악당』(북카라반, 2011).
4 콜린 에번스, 이종인 옮김, 『음모와 집착의 역사』(이마고, 2002).
5 시앙스신, 임지영 옮김, 『세계 역사 속의 49가지 미스터리』(집사재, 2009).
6 김향, 『악녀의 세계사』(가람기획, 2010).
7 볼프 슈나이더, 박종대 옮김, 『위대한 패배자』(을유문화사, 2005).
8 김정미, 『역사를 이끈 아름다운 여인들』(눈과마음, 2007).
9 콜린 에번스, 『음모와 집착의 역사』(이마고, 2002).
10 시앙스신, 임지영 옮김, 『세계 역사 속의 49가지 미스터리』(집사재, 2009).
11 볼프 슈나이더, 박종대 옮김, 『위대한 패배자』(을유문화사, 2005).
12 닐 파킨, 남경태 옮김, 『우리 세계의 70가지 경이로운 건축물』(오늘의책, 2004).
13 비비안 그린, 채은진 옮김, 『권력과 광기』(말글빛냄, 2008).
14 클라우스 라이홀트 외, 이영아 옮김, 『세상을 바꾼 건축』(예담, 2006).
15 비비안 그린, 채은진 옮김, 『권력과 광기』(말글빛냄, 2008).
16 클라우스 라이홀트 외, 이영아 옮김, 『세상을 바꾼 건축』(예담, 2006).
17 비비안 그린, 채은진 옮김, 『권력과 광기』(말글빛냄, 2008).
18 클라우스 라이홀트 외, 이영아 옮김, 『세상을 바꾼 건축』(예담, 2006).
19 비비안 그린, 채은진 옮김, 『권력과 광기』(말글빛냄, 2008).
20 클라우스 라이홀트 외, 이영아 옮김, 『세상을 바꾼 건축』(예담, 2006).
21 닐 파킨, 남경태 옮김, 『우리 세계의 70가지 경이로운 건축물』(오늘의책, 2004).

22 허용선, 『불가사의 세계문화유산의 비밀』(예림당, 2005).
23 민웅기, 『풀리지 않는 세계사 미스터리 1』(하늘출판사, 1995).
24 비비안 그린, 채은진 옮김, 『권력과 광기』(말글빛냄, 2008).
25 민웅기, 『풀리지 않는 세계사 미스터리 1』(하늘출판사, 1995).
26 비비안 그린, 채은진 옮김, 『권력과 광기』(말글빛냄, 2008).
27 민웅기, 『풀리지 않는 세계사 미스터리 1』(하늘출판사, 1995).
28 클라우스 라이홀트 외, 이영아 옮김, 『세상을 바꾼 건축』(예담, 2006).
29 비비안 그린, 채은진 옮김, 『권력과 광기』(말글빛냄, 2008).
30 비비안 그린, 채은진 옮김, 『권력과 광기』(말글빛냄, 2008).
31 닐 파킨, 남경태 옮김, 『우리 세계의 70가지 경이로운 건축물』(오늘의책, 2004).
32 볼프강 코른, 장혜경 옮김, 『클라시커 50 고고학』(해냄, 2004).
33 시앙스신, 임지영 옮김, 『세계 역사 속의 49가지 미스터리』(집사재, 2009).
34 양지에, 문소라 역, 『세계 역사의 미스터리』(북공간, 2008).
35 시앙스신, 임지영 옮김, 『세계 역사 속의 49가지 미스터리』(집사재, 2009).
36 정석범, 「정석범의 유럽 문화기행(8) 파리 근교 오베르 시르 우아즈」, 『한국경제』, 2009년 3월 16일.
37 김순응, 「김순응의 미술과 시장」(19) 밀레와 고흐의 그림값」, 『동아일보』, 2003년 1월 12일.
38 이경란, 「미술품, 1억 달러는 돼야 '흥행'」, 『헤럴드경제』, 2012년 5월 7일.
39 양지에, 문소라 역, 『세계 역사의 미스터리』(북공간, 2008).
40 조지프 해리스, 「고흐와 고갱」, 『리더스다이제스트』, 2002년 8월호.
41 신정선, 「고흐의 귀 자른 건 고갱이었다, 독 미술사학자 주장」, 『조선일보』, 2009년 5월 6일.
42 이주헌, 「이주헌의 캔버스 세상, 반 고흐의 귀 · 네페르티티의 흉상 논란」, 『서울신문』, 2009년 5월 12일.
43 양지에, 문소라 역, 『세계 역사의 미스터리』(북공간, 2008).
44 윤주애, 「전설의 술 '압생트' 한국서 판매 금지된 사연은?」, 소비자가만드는신문, 2010년 4월 25일.
45 김정미, 『역사를 이끈 아름다운 여인들』(눈과마음, 2007).
46 김정미, 『역사를 이끈 아름다운 여인들』(눈과마음, 2007).
47 제인 빌링허스트, 석기용 옮김, 『요부, 그 이미지의 역사』(이마고, 2005).
48 전성원, 『누가 우리의 일상을 지배하는가』(인물과사상사, 2012).
49 귀도 크노프, 이동준 옮김, 『광기와 우연의 역사 2』(자작나무, 1996).
50 김정미, 『역사를 이끈 아름다운 여인들』(눈과마음, 2007).
51 안효상, 『상식 밖의 세계사』(새길, 1993).
52 양지에, 문소라 역, 『세계 역사의 미스터리』(북공간, 2008).
53 민웅기, 『풀리지 않는 세계사 미스터리』(하늘출판사, 1995).
54 김정미, 『역사를 이끈 아름다운 여인들』(눈과마음, 2007).
55 베른트 잉그마르 구트베를레트, 이지영 옮김, 『역사의 오류』(열음사, 2008).
56 민웅기, 『풀리지 않는 세계사 미스터리』(하늘출판사, 1995).
57 베른트 잉그마르 구트베를레트, 이지영 옮김, 『역사의 오류』(열음사, 2008).
58 민웅기, 『풀리지 않는 세계사 미스터리』(하늘출판사, 1995); 박윤수, 「섹스 심벌에 묻힌 참모습」, 『여성신문』, 2006년 6월 10일.